EN MUCHOS LUGARES Y TODOS LOS DÍAS

Vírgenes, santos y niños Dios.
Mística y religiosidad popular en Xochimilco

CENTRO DE ESTUDIOS SOCIOLÓGICOS

EN MUCHOS LUGARES Y TODOS LOS DÍAS

Vírgenes, santos y niños Dios. Mística y religiosidad popular en Xochimilco

Vania Salles
José Manuel Valenzuela

EL COLEGIO DE MÉXICO

291.0972521
S168m

Salles, Vania

En muchos lugares y todos los días : vírgenes, santos y niños Dios : mística y religiosidad popular en Xochimilco / Vania Salles y José Manuel Valenzuela.- - México : El Colegio de México, Centro de Estudios Sociológicos, 1997.

240 p. ; 21 cm. ; il.

ISBN 968-12-0703-3

1. Xochimilco (Delegación)-Religión. 2. Xochimilco-Vida social y costumbres. 3. Ayunos y fiestas eclesiásticas-Xochimilco (Delegación). 4. Folklore-Xochimilco (Delegación).

Portada de Mónica Diez-Martínez
Fotografía de Carla Torres

Primera edición, 1997

ISBN 968-12-0703-3

Impreso en México

Se puede decir que nosotros los mexicanos celebramos La Virgencita en muchos lugares y todos los días. Pero cuando hablamos de Xochimilco podemos decir lo mismo del Niñopa, lo celebramos a diario [...] lo mismo. En muchos lugares y todos los días usted verá manifestaciones dedicadas a este niño Dios.

Un trajinero de Xochimilco

ÍNDICE

Reconocimientos 13

Antecedentes 14

Organización del libro 17

I. Referentes fundadores 21

II. Xochimilco: espacio heterogéneo de gran importancia histórica y agraria 39

III. Reflexiones sobre conceptos básicos: identidad cultural, religiosidad y mística popular, secularización 57

IV. Sobre las entrevistas y los procedimientos adoptados para analizarlas 81

V. Fiestas y culto popular: el calendario festivo de Xochimilco 147

VI. El Niñopan entre los niños Dios 187

VII. Un elenco de efemérides marcantes 205

VIII. Capítulo final 225

Bibliografía 233

Dedicamos este libro
a Gustavo
a Patricia
cumpliendo viejas promesas

A los habitantes de Xochimilco
a las personas que creen en el Niñopan
que han participado
y seguirán participando
en sus fiestas

Reconocimientos

La elaboración de este libro no habría sido posible sin el apoyo de los habitantes de Xochimilco, quienes generosamente nos brindaron atención y dedicaron parte de su tiempo a recibirnos, a conversar sobre sus creencias, las vírgenes y sus fiestas, los santos y sus milagros, los niños Dios y sus encantos. Agradecemos especialmente a Jaime Anzures, Fernando Arenas, Juan Rubí, Beatriz Molina, doña Guadalupe Ovalle Lozano, don Ángel González, Gerardo Gómez Farías, Rufina Barca y Carlos Payno Sánchez.

Kirsten Appendini, Carolina Martínez, Rosa María Rubalcava y María Luisa Tarrés son referencias indispensables, pues con ellas compartimos varias experiencias e ideas. Orlandina de Oliveira, directora del CES durante las etapas iniciales del trabajo de campo, apoyó de múltiples maneras la investigación. Francisco Zapata, actual director del CES, proporcionó facilidades para la realización de nuevas salidas al campo necesarias para la terminación del libro. Con Rodolfo Stavenhagen y Cynthia Hewitt discutimos planteamientos del proyecto y de ellos recibimos ideas de importancia. Elia Gutiérrez nos acompañó en el seguimiento de la fiesta de la Virgen de Guadalupe en las chinampas. Benjamín Nieto, Martha Ramírez y Eugenia Ramírez –becarios de investigación del CES– desarrollaron labores indispensables para el buen término de la investigación y también contamos con la eficiencia de Ana Lilia Hernández. Con nuestro querido amigo fallecido en 1996, Alejandro Figueroa, Gustavo Viniegra, Patricia Vargas, Gilberto Giménez, Julia Flores, Raquel Bialick, Ricardo Salles, Paulo Salles, Claudia Agostoni e Irina Ize, comentamos partes del manuscrito. Ellos y ellas aportaron valiosas sugerencias.

Finalmente queremos destacar la importancia de las observaciones hechas por los lectores anónimos del libro, cuyos dictámenes fueron sumamente estimulantes. Para integrar los cambios y ampliaciones requeridos, diseñamos una tercera etapa de trabajo de campo, llevada a cabo a lo largo de los meses de diciembre de 1994, febrero y julio de 1995.

A todas estas personas nuestro sincero agradecimiento.

ANTECEDENTES

Caminando por las calles de Xochimilco en 1991 para hacer contactos y seleccionar contextos adecuados que cumplieran con los objetivos de una investigación por hacer,[1] nos encontramos con una procesión que se hacía acompañar por una poblada comparsa de chinelos y una banda de música.

La procesión estaba encabezada por una pareja que cargaba la imagen de un niño Dios, vestido de blanco con encajes y bordados de oro. Algunos de los participantes de este paseo solemne de carácter religioso (hombres y mujeres de distintas edades, jóvenes y niños) cargaban flores o velas.

No toda la gente que circulaba en la calle se conmovía con esta manifestación, sin embargo algunas personas interrumpían lo que estaban haciendo, se persignaban entonando cantos, rezos y otras más engrosaban las hileras de los integrantes de la procesión acomodándose en las últimas filas. Esta celebración que tenía lugar en la zona céntrica de Xochimilco desquiciaba el tránsito.

[1] Esa investigación, titulada "Mujer, salud y medio ambiente", se encontraba en etapa de iniciación en tres países (Kenia, Malasia y México) con el apoyo de United Nations Research Institute for Social Development (UNRISD). La investigación mexicana, coordinada por Vania Salles, se elaboró en el Centro de Estudios Sociológicos de El Colegio de México con el estudio de Xochimilco. Los resultados del análisis de la encuesta aplicada a 145 hogares ubicados en el barrio de San Francisco Caltongo y en el pueblo de San Gregorio Atlapulco, ambos pertenecientes a la delegación de Xochimilco, así como las primeras formulaciones sobre el contexto local –hechas con base en fuentes secundarias de información– se encuentran publicados en el informe final del proyecto, redactado por Kirsten Appendini, Carolina Martínez, Rosa Ma. Rubalcava, Vania Salles, Ma. Luisa Tarrés, Ma. Luisa Torregrosa, José Manuel Valenzuela, titulado *Érase una vez un gran lago*, Centro de Estudios Sociológicos de El Colegio de México-UNRISD, México, 1993.

Más tarde nos enteramos de que se trataba del Niñopan en peregrinación, saliendo de la casa del mayordomo para ir de visita, en atención a la solicitud de algún creyente.

Aunque la finalidad de nuestro recorrido nada tenía que ver con este tipo de acontecimientos, la procesión nos impactó. Nuestro equipo fue seducido por el poder de convocatoria, el colorido, la música y la alegría inherentes a la festividad.

Así es que mientras terminábamos el informe general del proyecto auspiciado por UNRISD, titulado *Érase una vez un gran lago*, una parte del equipo volvió a Xochimilco para investigar *por qué* era posible en pleno martes en la mañana, en una de las importantes delegaciones del Distrito Federal –Xochimilco– y en los límites de la ciudad más poblada del mundo –la de México– encontrarse con una procesión que solemnemente paseaba la imagen de un niñito, trajeado de prendas bordadas en tejidos muy ligeros y labrados. Nos surgieron muchas preguntas: ¿Quiénes habían organizado la procesión y con qué finalidad? ¿Qué motivaba a los organizadores y también a los participantes fortuitos a dedicar parte de su tiempo a este lento y solemne paseo? ¿Quiénes eran los músicos? ¿De dónde venían los chinelos y quién los entrenaba? Y en fin, ¿cuáles eran las creencias que los animaban?

Con estas inquietudes nos adentramos no sólo en las fiestas del Niñopan, sino más bien –y sin saberlo de antemano– en un conjunto importante de fiestas y celebraciones que día con día tienen lugar en Xochimilco. Ancladas en creencias profundas, orientadoras de prácticas complejas, las manifestaciones que estudiamos evidencian la existencia de identidades culturales de índole religiosa que –a pesar de la modernización y de los procesos de secularización en ella implicados– se reproducen mediante un conjunto de instancias socializadoras entre las cuales encontramos las fiestas.

Estas celebraciones y las creencias que las orientan se reproducen no como una herencia del pasado –aunque algo de esto exista– sino como prácticas actualizadas y ajustadas a su entorno contemporáneo.

Este trabajo es parte de una investigación más amplia sobre las tradiciones de índole popular que marcan la cultura contemporánea. Aquí presentamos los análisis de las fiestas y celebraciones religiosas que diariamente acaecen en Xochimilco, delegación sureña del Distrito Federal.

La información y las observaciones requeridas para el análisis de las cuestiones apegadas a temas de orden cultural y religioso tuvieron lugar en diferentes momentos. La primera etapa de esta labor culminó con el seguimiento de las fiestas que giran en torno al Niñopan y al día de muertos (octubre de 1991; febrero de 1992). En el segundo periodo de trabajo de campo, que tuvo lugar entre noviembre de 1992 y febrero de 1993, ampliamos el abanico de observaciones referidas a los eventos mencionados e incluimos las celebraciones de la Virgen de Guadalupe que se realizan en la zona chinampera. No obstante, el proceso de levantamiento de las entrevistas fue más corto, empezó a finales de 1991 y concluyó en junio de 1992, cuando terminamos la última sesión de trabajo con el artesano don Manuel. Finalmente hemos organizado una tercera etapa –diciembre de 1994, febrero de 1995 y julio de este mismo año– para recabar datos absolutamente necesarios para reescribir algunos aspectos e integrar nuevos elementos (como el calendario festivo por ejemplo); en términos generales, no obstante, las evidencias y documentos adicionales complementaron el ya amplio abanico de información, proporcionando así nuevos medios para el análisis.

Optamos por el procedimiento de la observación participante[2] y utilizamos técnicas de investigación conducentes a la preparación de materiales e información cualitativa a través de entrevistas en profundidad. También elaboramos un registro fotográfico que nos permitió retener imágenes de las celebraciones, sus protagonistas y los espacios de realización.

La observación participante se inició con un acercamiento a los barrios, observando las interacciones cotidianas y las estrategias grupales asumidas para la organización de algunas fiestas relevantes. Aunque pase muchas veces inadvertido, es co-

[2] Hay muchas maneras de definir tal procedimiento. Usamos este término para referirnos al trabajo de seguimiento de los fenómenos (en el caso de las celebraciones y fiestas) que nos interesaba estudiar en el marco de la investigación. Dichos seguimientos exigían nuestra participación en eventos tales como misas, procesiones, comidas, etcétera.

nocido el fenómeno de que los barrios puedan poseer una configuración simbólica cuando las calles, viviendas, plazas y monumentos constituyen espacios o edificaciones cargados de sentido para sus moradores. Éste es el caso de los espacios formadores del Xochimilco céntrico. Por tal razón, el empezar por escudriñar los barrios fue de suma utilidad para el desarrollo de la investigación.

Organización del libro

Aludimos a los procesos de configuración de las identidades que surgen a partir de la interacción social desarrollada en las fiestas populares de índole religiosa. Los relatos y contenidos que dan cuerpo a dichas fiestas, a pesar de estar inculcados en los individuos, tienen una dimensión colectiva en la medida en que la comunidad se identifica con ellos.

Debido a la naturaleza multifacética de las fiestas, estas identidades incorporan de manera abigarrada elementos sacros y profanos,[3] novedosos y tradicionales, oficiales y populares, de integración y de resistencia cultural. Sin pretender desarrollar nuestro análisis en el marco de características binarias, nos interesa de manera específica el hecho de que las fiestas se inserten y participen en la construcción de un orden social significativo.

Presentamos en el primer capítulo elementos que ubican el origen legendario de los xochimilcas, sus mitos fundadores y algunos pasajes que aluden a la memoria colectiva. En dicho capítulo nos apoyamos en materiales de diversas fuentes. Con base en procedimientos eclécticos, reunimos (como mejor nos pareció) un conjunto de datos para el capítulo en cuestión y también para la descripción de la chinampería, tomada como un referente histórico y cultural de gran importancia.

[3] En Xochimilco es difícil separar los componentes sacros de los profanos, involucrados ambos de manera simultánea en las fiestas. Una posada, por ejemplo, cuyo motivo central se vincula con lo sagrado, se cierra en la noche con un gran baile, bebidas alcohólicas, comidas típicas, cohetes. A pesar de que la posada sólo tiene sentido en función de los motivos religiosos, hay una serie interminable de características que refuerzan los aspectos cívicos y profanos.

En el segundo capítulo, proporcionamos un acercamiento a Xochimilco que destaca las transformaciones que ha sufrido en el marco de la modernización urbana verificada en la ciudad de México. Las ampliaciones de ésta hacia las regiones agrarias aledañas ha introducido cambios paulatinos en Xochimilco que se aceleran en las últimas décadas.

La descripción general del contexto más amplio, con la que empezamos el capítulo, enfatiza algunas características peculiares de Xochimilco, entre las que sobresalen sus rasgos agrarios. Estos últimos son importantes, a pesar de que la delegación esté en el área de influencia de la ciudad de México. La ruralidad implicada en la conformación del contexto facilita el mantenimiento de las tradiciones en términos de cultura y religiosidad. En Xochimilco se mantienen vivos una serie de ritos y ceremonias vinculados a cosmovisiones y construcciones simbólicas del pasado, que se manifiestan en un conjunto amplio de expresiones culturales.

Pero hemos constatado que para explicar la pervivencia de tales tradiciones, recurrir al componente rural del contexto demostró ser ampliamente insuficiente. Por esto, sostenemos que dichas expresiones reflejan sincretismos que combinan herencias de culturas pretéritas con rasgos contemporáneos.

En el tercer capítulo presentamos algunos ejes teóricos que explican nuestra posición en relación con la identidad cultural y la mística popular subalterna. Discutimos también propuestas conceptuales sobre la secularización, sobre la relación entre religiosidad y mística popular y establecemos vínculos interpretativos a partir de la realidad observada en Xochimilco.

En el capítulo cuarto exponemos ideas que respaldan la importancia de los métodos cualitativos de investigación e indicamos los fundamentos que subyacen a la sistematización de las entrevistas. Constan allí las entrevistas organizadas según temas y los cuadros cuantitativos extraídos del examen de los relatos previamente sistematizados. Este capítulo es de gran importancia en la estructura del libro, pues en él condensamos y organizamos el material empírico que será retomado (mediante el establecimiento de cuadros resúmenes) en los análisis de los capítulos subsecuentes.

Ubicamos el papel de las fiestas y los cultos fundamentales

de los xochimilcas en el capítulo quinto. Proponemos un conjunto de rasgos que definen las fiestas religiosas, a partir de lo cual profundizamos en la relevancia social de las mismas. Las fiestas, a pesar de que no se agotan en la religiosidad popular, encuentran en ella un universo expresivo fundamental. En nuestro trabajo de revisión histórica recabamos indicaciones sobre la existencia de fiestas semejantes a las actuales desde el periodo colonial temprano. Estas indicaciones encuentran apoyo en la investigación de Charles Gibson, que además de proporcionar elementos puntuales sobre las fiestas de antaño, ofrece una bibliografía fundamental sobre el tema. El capítulo incluye igualmente el calendario de las fiestas que se realizan en Xochimilco a lo largo del año.

El capítulo sexto está dedicado al estudio del culto al Niñopan. Allí se destaca la relevancia de este niño Dios en el elenco de otras creencias y celebraciones. Pero es indispensable ubicar al Niñopan –su culto y las fiestas organizadas– en el marco de las creencias y rituales implicados en la veneración de los niños Dios en general. Además de los análisis de las entrevistas en profundidad, previamente sistematizadas, ilustramos con fotos la presencia de otros niños Dios (el día de La Candelaria) que difieren del Niñopan en múltiples detalles, entre los cuales encontramos marcadas distinciones físicas.

En el capítulo séptimo las alusiones a la multiplicidad de sucesos festivos que tienen lugar en Xochimilco pretenden mostrar la riqueza y la variedad de la simbología constitutiva de la cultura local. De la mencionada multiplicidad, hemos seleccionado algunas fiestas que, al articular un importante conjunto de acciones de naturaleza sacra y profana, confluyen en la configuración de un orden social significativo. Las escogimos también debido a su importancia cohesionadora y reproductora de prácticas simbólicas que participan en la actualización de la identidad de los xochimilcas. Además de una aproximación puntual a algunas de las fiestas, nos detenemos más en la peregrinación a Chalma y en la fiesta de los muertos. Cerramos este capítulo con relatos sobre las leyendas, para lo cual nos apoyamos en datos originales tomados de las entrevistas y en la revisión de fuentes secundarias, que a pesar de ser restringidas, apoyan muchos de los señalamientos proporcionados por los lugareños.

Finalmente, en el octavo capítulo se presentan algunas reflexiones no conclusivas, que tienen como base no sólo los análisis desarrollados a lo largo del libro sino también algunas de las aseveraciones de índole teórica presentadas en diversos pasajes del texto.

I. REFERENTES FUNDADORES

Pues como caminamos para Suchimilco, que es una gran ciudad, y en toda la más della están fundadas las casas en la laguna de agua dulce, y estará de México obra de dos leguas y media [...] acordó Cortés de parar a la sombra de unos pinares, y mandó a seis de a caballo a que fueran adelante, camino a Suchimilco, e que viesen que tanto allí había de población o estancias [...] y pasando obra de media legua adelante, había muchas estancias y caserías de los de Suchimilco en unas laderas de unas sierrezuelas [...] e obra de las ocho llegamos a Suchimilco. Saber yo ahora decir la multitud de guerreros que nos estaban esperando, unos por tierra e otros en un paso de una puente que tenían quebrada, e los muchos mamparos y albarradas que tenían hecho en ellas, e las lanzas que traían hechas, como dalles, de las espadas que hubieron cuando la gran matanza que hicieron los nuestros en lo de las puentes de México [...]. Digo que estaba toda la tierra firme y al pasar de aquella puente estuvieron peleando con nosotros cerca de media hora, que no les podíamos encontrar, que ni bastaban ballestas ni escopetas ni grandes arremetidas que hacíamos [...] y peleaban de tal manera con los nuestros, que les aguardaban con las lanzas a los de a caballo, e hirieron a cuatro de ellos [...] y fue acordado que para otro día saliésemos de aquella ciudad y no aguardásemos más batallas; y aquel día se nos fue en curar heridos y en adobar armas y hacer saetas; y estando de aquella manera, pareció ser que, como en aquella ciudad eran ricos y tenían unas casas muy grandes llenas de mantas y ropa y camisas de mujeres de algodón, y había en ella oro y otras muchas cosas y plumajes.

Bernal Díaz del Castillo[1]

[1] Bernal Díaz del Castillo, *Historia verdadera de la conquista de la Nueva España*, México, Patria, 1983, pp. 465 a 486.

Un aspecto central en la delimitación de la identidad cultural de un grupo son sus referentes históricos que lo anclan a un pasado frecuentemente mitificado. El mantenimiento de la memoria colectiva participa de manera importante en el proceso selectivo a través del cual se establecen vínculos entre pasado, presente y futuro.

Hablar de los referentes fundadores de Xochimilco implica destacar el origen mítico de los pobladores de la región de los lagos, quienes llegaron de partes lejanas. Fernando Alvarado Tezozómoc, nacido durante la década de los años veinte del siglo XVI, señala en su *Crónica Mexicáyotl*:

> Algunos de estos mexicas, de aquella lejana patria de donde vinieron, unos en pos de otros, con quienes primeramente se apalabraron aquellos ocho grupos macehuales (colonos servidores), cuando salieron y partieron de su patria, llamada 'La gran ciudad de Aztlan' del Colhuacan antiguo. Pero no fue en una sola vez que vinieron, ni en una partida que salieron, ni en una sola jornada de sol que llegaron, ni una sola la ocasión en que se pusieron en camino. Y aquí están aquellos ocho grupos de macehuales que abandonaron sus pueblos y pertenencias, cada grupo de por sí. A causa de aquel apalabramiento vinieron llegando, no en un día, sino poco a poco. Aquí están los que primero llegaron: el grupo de los xochimilcas; el segundo grupo que llegó fue el de los chalcas; el tercer grupo que llegó fue el de los tepanecas (fundaron Tlacupan, cuya cabeza de señorío fue Azcapotzalco); el cuarto fue de los acolhuas (se asentaron en Acolhuan Tetzcuco); el quinto en llegar fue el de los tlalhuicas; el sexto fue el de los tlaxcaltecas; el séptimo el de los teotenacas, y el octavo el de los amaquemes.[2]

Los primeros habitantes de las riberas del lago de Xochimilco pertenecieron a las culturas preclásicas del valle, y luego vivieron bajo las sucesivas influencias teotihuacana y tolteca.

[2] Fernando Alvarado Tezozómoc, *Crónica Mexicáyotl*, compilado por Salvador Novo, en *Seis siglos de la ciudad de México*, México, FCE, 1974. Sobre la fundación de Tenochtitlan, véase también Domingo Francisco de San Antón Chimalpahin Cuauhtlehuanitzin, *La fundación de México*, en Salvador Novo, *op. cit.*

> De acuerdo con los datos arqueológicos la ocupación humana del Valle de México tiene una antigüedad mayor a los 6 000 años, aproximadamente. Se sabe que antes [de] que llegaran los mexicas se habían establecido y desarrollado varias culturas importantes, tales como la teotihuacana, la tolteca y la chichimeca (Jiménez *et al.*, 1995, p. 24).[3]

Los mitos fundadores xochimilcas se ubican en la peregrinación de la tribu que salió de aquilazco o ahuilazco (lugar de las aquilazcas o xochiquilazcas: "los que tienen flores espinosas")[4] hacia la región de los lagos, conducida por el viejo sacerdote Huetzalin, el de ropaje de colibrí (también se señala: "el de ropaje hermoso", o "el grande que está entre nosotros"), vicario que condujo a su tribu hasta el asiento Xochiquilazco, fundando la ciudad de la sementera de flores hacia 1156. Farías Galindo amplía la información sobre la fundación de Xochimilco:

> Al pisar lo que ahora es el Distrito Federal –Tlacotenco, Santa Anna, Milpa Alta–, llegaron ladereando hasta Huipulco y Coapan, pero su destino estaba en Cuahilama o cerro que está frente a Santa Cruz Acalpixcan, donde se encuentran los restos arqueológicos. Ahí se establecieron hacia 1196 de nuestra era. Su peregrinar fue de un poco más de 200 años indígenas [...]. En Cuahilama estuvieron hasta 1352, año en que la Ciudad Sagrada se traslada al islote de Tlilan –hoy Parroquia de Xochimilco (Farías Galindo, 1979, p. 15).

Esta ciudad formaba parte de la cadena de poblados que asentaban en el curso de la antigua ribera de los lagos de Xochimilco y Chalco.[5] A diferencia de los poblados menores ubicados en las laderas de los cerros, las poblaciones ribereñas eran de

[3] Juan Jiménez, Teresa Rojas, Silvia del Amo, Arturo Gómez-Pompa, "Conclusiones y recomendaciones del taller" en *Presente, pasado y futuro de las chinampas*, Teresa Rojas (coord.), CIESAS-Patronato del Parque Ecológico de Xochimilco, México, 1995.

[4] Irene López Medina, "Xochimilco prehispánico: 866-1196 d.C.", en *Huetzalin*, núm. 6, México, 1981.

[5] Véase Rebeca Ramos, Ludka de Gortari, Juan Manuel Pérez-Zevallos, *Xochimilco en el siglo XVI*, Cuadernos de la casa Chata-CIESAS, México, 1981.

tamaño considerable y de alta densidad, debido al proceso de desarrollo de centros de población grandes y compactos en el área lacustre. Ello acompañó al auge de la agricultura chinampera durante la época azteca, lo que representó un cambio en relación con los periodos previos en los que la ocupación del territorio se "limitaba a pequeñas islas o terrenos más altos en las orillas de los pequeños ríos o dentro de los pantanos [...] el uso antiguo o intermitente de la chinampa hasta la época tolteca culminó con este auge ocurrido entre 1400 y 1600" (Ramos, 1981, p. 31).

Ramos analiza el periodo 1587-1650, y además de cuestiones relativas al poblamiento, se interesa por la transformación del asiento tlatoani en cabecera colonial. Por otra parte, Gibson señala que

> cada una de estas divisiones mantuvo una dinastía distinta durante y después de la conquista. Después de la conquista, por la existencia de dichas divisiones, los españoles se encontraron con un problema de designación de cabecera pues Xochimilco parecía ser una sola comunidad; no obstante, si entrara en vigencia el principio tlatoani sería necesario el mantenimiento de tres cabeceras [...]. Por estas razones, los documentos españoles del siglo XVI se refieren algunas veces a Xochimilco como una cabecera y a Olac, Tepetenchi y Tecpan como barrios [...]. En otras ocasiones las referencias a Xochimilco se ajustaban al principio tlatoani e indicaban las tres subdivisiones como cabeceras.

A su vez Rebeca Ramos (1981, p. 21) afirma de modo más tajante que

> el antiguo señorío xochimilca estaba integrado por tres cabeceras o asientos tlahotoani (Olac, Tepetenchi y Tecpan), con una serie de unidades menores dependientes de alguna de las tres. A la llegada de los españoles empezaron a surgir criterios de organización administrativa diferentes, que crearon unidades que se trataron de implantar sobre las unidades indígenas existentes. En el caso de Xochimilco se respetó el asentamiento principal, la ciudad de Xochimilco, con algunos de los pueblos aledaños.[6]

[6] Hemos respetado la manera en que cada autor escribe el término: Gibson, tlatoani y Ramos, tlahotoani.

Los xochimilcas edificaron su imperio sobre las aguas, experimentando periodos de auge y fortaleza, sin que existan posiciones definitivas sobre su decadencia.[7] Construyeron sus casas de carrizo, tula y morillas de árboles, mientras que las principales actividades económicas correspondían a una agricultura orientada hacia el cultivo de maíz, calabaza, chile, frijol, verduras y legumbres. Completaban su dieta a través de la recolección de plantas, la caza y la pesca.[8] Eran diestros artesanos y excelentes lapidarios, ceramistas, tejedores de cestos o esteras con tule, carrizo o vara, y destacados en la orfebrería y el labrado de piedras preciosas.[9]

[7] Según Gibson

> el pueblo de chinampas de Xochimilco se convirtió en capital de un extenso territorio. Se dice que en una época este territorio fue más grande que el de los chalca y la mitad del de los acolhuaque condiciones que ya no regían en 1519 [...]. Los xochimilca estaban relacionados genealógica o políticamente con los habitantes de Ocuituco, Tlayacapan, Totolapa y otros pueblos del moderno estado de Morelos, así como con la población de Chimalhuacán, Ecatzingo y Tepetlixpa en las partes sur de la región chalca. Al este, aún en el periodo último de las conquistas mexica, se describía la extensión de la región de los xochimilca hasta Tuchimilco (Ocopetlayuca) o hasta un punto justamente al sur de la cumbre del Popocatépetl. Estos pueblos (Culhuacán, Cuitláhuac y Mixquic) eran considerados como subordinados o descendientes de los xochimilca [...]. En sus primeras etapas, la decadencia xochimilca parece haber sido no tanto el resultado de un ataque mexica como de un ataque desde el exterior del valle. Los pueblos xochimilca de Totolapa y Tlayacapa guerrearon con Huejotzingo, Tlaxcala y Cholula al este. Los xochimilca fueron "destruidos" por los pueblos "chichimeca" y cuauhtinchan a fines del siglo XII. Con el creciente poder de los pueblos al norte de Xochimilco, el centro de oposición se trasladó entonces al propio valle. Los xochimilca estaban en guerra con los culhuaque en el siglo XIII. Los ataques mexica y tepaneca a Xochimilco se registraron a fines del siglo XIV. Netzahualcóyotl y los acolhuaque, ayudados por Itzcóatl y los mexica, sometieron a Xochimilco en el siglo XV, en la época de sujeción del Azcapotzalco tepaneca. Bajo la autoridad azteca la verdadera zona de influencia de Xochimilco se redujo a la orilla del lago entre el pedregal y el extremo de Cuitláhuac hasta las comunidades adyacentes de tierras altas al sur, *op. cit*, pp. 17, 18, 45.

[8] Cihuacóatl, A.C., "Xochimilco: una ciudad típica del México de ayer y de hoy", mimeo. agosto de 1974.

[9] J. Farías Galindo "Nuevos enfoques para la historia de Xochimilco",

Áreas lacustres y pueblos principales de la cuenca de México. Tomado de Jiménez, Rojas, Del Amo y Gómez-Pompa (1995:21), figura 2.

En el proceso de edificación de su imperio sobre las aguas, cobran especial importancia las *chinampas*, construidas sobre el nivel de los lagos mediante una suerte de islotes.

> La palabra chinampa se deriva de *chinámitl* que significa "seto o cerca de cañas" y *pan* "sobre". Probablemente , el nombre se debe al origen de su construcción, ya que se utilizaba una empalizada o estacada que se asentaba sobre el fondo del lago rellenándose con diferentes materiales como piedra, lodo, césped y plantas acuáticas, y sus orillas se protegían con entretejidos de diversos materiales vegetales (Jiménez *et al.*, 1995, p. 26).[10]

En Parsons (1976 y 1982) hay un sinnúmero de valiosas referencias sobre la chinampería y entre ellas encontramos la afirmación de que la caída del estado de Teotihuacan y la presión de las ciudades indígenas funcionaron como elementos reforzadores de la chinampería.

Las chinampas tuvieron profusa presencia en el valle de México de los periodos prehispánicos, han constituido un recurso para producir alimentos en un entorno marcado por la escasez de tierras y por la abundancia de agua, permitiendo una eficaz realización de actividades agrícolas con altos niveles de productividad en espacios dominados por los lagos.[11]

---

en *Huetzalin*, p. 8. Además, el profesor Farías señala que en la época prehispánica había en Xochimilco cinco barrios con actividades características; para el siglo XVIII, se dividían en barrios que mantenían oficios característicos. En San Pedro (el barrio más viejo de Xochimilco), vivían los herreros, en San Antonio, los ceramistas y paneleros. En San Marcos, otro de los barrios antiguos, había pedreros, lapidarios y ceramistas, quienes hacían incensarios y braceros funerarios. En La Concepción, otro barrio antiguo, habitaban escultores. En La Asunción o Tlacoapa radicaban los fabricantes de cestos y los chiquihuiteros. En Caltongo (viejo) vivían cesteros y carriceros. En San Juan, otro de los viejos barrios xochimilcas, estaban los floricultores y los portaderos.

[10] Véase Juan Jiménez, Teresa Rojas, Silvia del Amo, Arturo Gómez-Pompa, *op. cit.*, 1995.

[11] Sobre los orígenes de las chinampas, según algunos especialistas, probablemente surgieron en forma limitada unos 200 años a.C. Otros las consideran un fenómeno más tardío, que sitúan hacia el año 800. El hecho es que entre 1400 y 1600 tuvo lugar el apogeo de la expansión de las chinampas.

Con ecosistemas muy variados abarcando zonas subtropicales, áridas y templadas de montaña, además de una importante región lacustre (ocupada con los lagos Texcoco, Xaltocan, Zumpango, Chalco y Xochimilco), la cuenca de México brindó a su población posibilidades para el ejercicio del trabajo agrícola (Sanders *et al.* 1979; Palerm, 1990). Además de las ventajas otorgadas por los sistemas de riego que aprovechaban la abundancia de agua, las chinampas construidas ampliaban las condiciones para la agricultura.

West y Armillas (1980, pp. 102 y 111), a pesar de reconocer que resulta difícil establecer el origen y la antigüedad de las chinampas en México, refieren que posiblemente la zona "más antigua sea la que se extiende a lo largo de las orillas meridionales de los lagos de Chalco y Xochimilco". Estos mismos autores, luego de hacer consideraciones sobre la gran productividad de la agricultura chinampera y las ventajas de la transportación de los productos por agua, indican la incidencia de estos aspectos en la concentración de la población en el valle de México "que los conquistadores y cronistas españoles proclamaron y que los estudios más recientes aceptan" (otros elementos tales como el relieve, el clima, el estilo de vegetación y el agua que también favorecieron históricamente una modalidad densa de poblamiento, son destacados por Garza, 1986, p. 11).[12]

En diferentes fuentes se afirma que existían chinampas en todos los lagos del valle, incluso en los de agua salada (Zumpango y Xaltocan) y hay pruebas arqueológicas de su antigüedad en el lago de Texcoco, aunque su ubicación privilegiada se encuentra en las aguas frescas del sur; la región de Xochimilco, sin lugar a dudas, concentró desde siempre una parte importante de la chinampería.

Según Armillas (1971, p. 660), la expansión de la agricultura chinampera a lo largo de los siglos XIV y XV, y en los tiempos cercanos a la conquista, estaría relacionada con el aumento sostenido de la población.[13] Desde sus etapas más distantes,

[12] Para referencias sobre la existencia de chinampas en contextos distintos al mexicano, véase la investigación de Rojas (1983).

[13] Según este mismo autor, cerca de 9 mil hectáreas de suelo productivo se construyeron sobre desperdicios naturales.

La cuenca de México a la llegada de los españoles. Ángel Palerm, *México Prehispánico. Evolución ecológica del valle de México*, Consejo Nacional para la Cultura y las Artes, México (1990:33).

las chinampas que se apoyaban en los ahuejotes, alcanfores, eucaliptos y sauces, fueron la base para la principal actividad económica xochimilca –la agricultura–, destacando el cultivo de flores, hortalizas y maíz. Tanto las hortalizas como el maíz constituían los principales recursos gastronómicos de los xochimilcas, aunque también se alimentaban de ranas, ajolotes, tortugas, serpientes y lagartijas.[14]

[14] Sergio Cordero, *Huetzalin*, núm. 7.

Las formas y métodos utilizados para la construcción de las chinampas han sido objeto de la curiosidad de diferentes tipos de observadores y por ello abundan las descripciones de las técnicas creadas, perfeccionadas y transmitidas de generación en generación (De Alzate y Ramírez, 1791; Tylor, 1861; Santamaría, 1912; Schilling, 1938; Aguilar, 1987; Vera, 1991).

Asimismo, el control del proceso de creación y distribución de las chinampas ha sido objeto de discusión en el pasado, y el interés al respecto sobrevive hasta hoy día. Una referencia al tema se encuentra en Rebeca Ramos, 1981, p. 28. Esta autora afirma que tal discusión "gira en torno a la siguiente pregunta: ¿Su desarrollo obedece a una iniciativa espontánea o a una empresa estatal?" Según evidencias arrojadas por investigaciones recientes, existen un patrón uniforme y otro irregular. "El primero denota control político a nivel regional y predomina para las chinampas construidas en la época azteca." El irregular corresponde a la época anterior a la azteca y refleja la implantación de núcleos poblacionales en las cercanías de la laguna, lo que indica más bien el incremento de los habitantes de la zona, sin guardar un vínculo, como en el caso anterior, con el ejercicio de un control político superior en el ámbito local (Rebeca Ramos, 1991, p. 13).

Durante los primeros años del dominio español algunos acontecimientos atestiguan la importancia brindada a la antigua zona Xochimilco-Chalco, pues en el marco de la estructuración política del territorio del valle, los españoles catalogan a Xochimilco, en 1559, como ciudad (González- Martínez, 1990, p. 46), lo que evidentemente funcionó como un elemento reforzador de la agricultura de las chinampas.

En la época colonial –a diferencia del periodo prehispánico marcado por la presencia de diques que evitaban las inundaciones– la ciudad se inundaba con el exceso de lluvias. En 1607, con la gran inundación, durante el virreinato se inicia "el desagüe artificial de la cuenca, con las obras de Huehuetoca, que más tarde provocó la desecación de Chalco y parte de Xochimilco" (Jiménez *et al.*, 1995, p. 24).

En relación con la productividad, se afirma que el sistema de chinampas era más eficaz que cualquier método agrícola creado por los españoles: "la chinampa combinaba la intensidad del cultivo con el control indígena sobre la producción y el suministro" (Gibson, 1967).

Esta productividad dependía mucho más de la naturaleza y la calidad de los suelos recreados que de su extensión, pues las chinampas en general medían de "largo (...) 100 o hasta 200 metros, pero de ancho nunca (...) más de 10 metros" (Aguilar, 1987, p. 30).

A fines del periodo colonial la principal región de chinampas se concentraba al sur de la ciudad de México, pero independientemente de esta restricción, los españoles nunca lograron intervenir en la zona de concentración chinampera del sur que preservó estilos y modos de producción con un matiz eminentemente autóctono. Para explicar la persistencia y durabilidad de las chinampas a inicios del periodo colonial, Gibson (1967) alude al mercado urbano de productos alimenticios vegetales y flores.[15]

Además de los elementos señalados, se han destacado los efectos visuales agradables y el placer estético que las chinampas brindaban al visitante, por los hermosos ahuejotes que les servían de sostén (Vera, 1990, p. 39). La región tenía un aspecto bello, con predominio de árboles altos y verdes que se presentaban al espectador como una suerte de bosque (véase también artículos en Rojas, 1983). Se habla igualmente del "proceso de transformación del paisaje natural al paisaje cultivado" y de los "jardines flotantes"[16] de Xochimilco (Schilling, 1938).

Por todo lo dicho, es difícil referir a los orígenes y a los elementos del pasado que intervienen en la formación de iden-

[15] En el periodo colonial se cultivaban entre otras variedades de flores, nomeolvides, claveles, crisantemos. Además, según Alzate (1967), otros productos de las chinampas en los tiempos coloniales eran nabos, cebollas, zanahorias, lechuga, col, chía, chiles, calabaza, tomates, quelites, jitomate, cilantro, romeros.

[16] En su *Viaje a las regiones equinocciales del Nuevo Continente,* Humboldt hace referencias a las chinampas móviles aún existentes a mediados del siglo XIX. Se encuentran referencias sobre este aspecto en los relatos actuales, pero pareciera que este contenido (referido a la movilidad de las chinampas o al carácter flotante de los jardines por ellas formados) tiene algo de mítico. Por las modalidades requeridas para su construcción, sería difícil pensar en la movilidad o en la posibilidad de hacerlas flotar.

tidades culturales en Xochimilco sin aludir a las chinampas, pues son espacios fundantes. Tienen una función simbólica que se vincula de manera imbricada con la historicidad local, sintetizando parte de las herencias culturales. Las chinampas, además de una forma de producción que secularmente se ha basado en el despliegue del trabajo familiar, son un medio artificialmente construido, e implican toda una serie de elementos tradicionales de producción anclados en la vida cultural comunitaria.

A la llegada de los españoles, las culturas nahuas tenían una rica tradición medicinal herbolaria, gran parte de la cual fue compendiada en el importante Códice de la Cruz Badiano, mejor conocido como *Códice Badiano*, el famoso *Herbolario Azteca*, traducido al latín en 1522,[17] que presenta una detallada descripción de plantas medicinales, entre las cuales destacan las que son útiles para el tratamiento de enfermedades de la cabeza, evitar la caída del pelo, la caspa, el catarro, curar enfermedades de los ojos, del corazón, mentales; también aparecen consejos para embarazadas y parturientas, etcétera.

Los xochimilcas poseían diferentes dioses, tales como Chantico, diosa del hogar; Quilaztli, diosa de la vida y la muerte; Chicomecóatl, diosa de la fecundidad y del parto; Xochiquetzali, diosa de las flores; asimismo, tenían dioses de los labradores y de la lluvia, de los ancianos, de los jóvenes, de los comerciantes y del vino, entre otros.[18]

Los presagios que tanto preocupaban a Moctezuma cobraron forma y presencia con la llegada de los españoles; sin embargo, sus visiones premonitorias no derivaron en el retorno de Quetzalcóatl, sino en la colonización de los pueblos del llamado nuevo continente.[19] Las señales eran contundentes, poderosas, devastadoras: la espiga de lumbre que punzaba el cie-

[17] En 1552, "Juan Badiano, indio nacido en Xochimilco, traduce al latín el *Códice Badiano*. Este personaje fue catedrático del Colegio de la Santa Cruz de Santiago Tlatelolco". Historia de Xochimilco, folletos editados por El Patronato del Parque/DDF/ Parque Ecológico, México s/f.

[18] Irene López Medina, *Ibid*.

[19] Es importante recordar que la población de Xochimilco era tributaria de Azcapotzalco y Tenochtitlan (los xochimilcas fueron derrotados por el ejército mexica en 1323).

lo; el fuego enardecido que consumió la casa de Huitzilopochtli; el rayo que desde el cielo sereno cayó como golpe de sol sobre el templo de Xieuhtecuhtli; el fuego que descendió tocando cascabeles en pleno día; el agua hirviente que destrozó las casas; los llantos y gritos lastimeros de una mujer (Cihuacóatl) que de manera premonitoria gritaba ¡Hijitos míos, ¿adónde os llevaré?!; el pájaro ceniciento en cuya cabeza se atisbaba el cielo, las estrellas; los guerreros españoles montados en sus caballos y diferentes imágenes de seres monstruosos y deformes. Sin embargo, estos presagios no reflejaban del todo lo que sería un enorme periodo de muerte y en algunos casos de exterminio de pueblos nativos.[20]

En el epígrafe que abre este apartado, Bernal Díaz del Castillo narra (con el sesgo que le imprimen sus lealtades) la batalla entre los españoles dirigidos por Cortés, contra miles de guerreros xochimilcas en uno de los combates donde los nativos armados con flechas y piedras se enfrentaron a las armas de fuego de los conquistadores. Fray Juan de Torquemada también narra esta batalla:

> Llegaron al otro día a vista de Xochimilco, gentil ciudad, asentada en la laguna dulce, cuatro leguas de México y bien fortificada de fosos y trincheras; y no habiendo hecho caso de el ofrecimiento que se les hizo con la paz, cometieron los castellanos la primera trinchea y la ganaron en media hora; y siguiendo la victoria, pasaron una gran acequia y aunque mojados, ganaron la mitad de la ciudad. Peleábase con gran vocería, unos decían, mata, otros pedían paz...[21]

Con un estudio referido al periodo 1541-1619 Ludka de Gortari (1981: 90) indica que la población de Xochimilco fue explotada "lo mismo por la élite indígena que por la corona, la Iglesia

[20] Estos presagios fueron descritos a Sahagún por informantes nativos y aparecen en el *Códice Florentino*. Véase Miguel León Portilla, *Visión de los vencidos: Relaciones indígenas de la conquista*, México, UNAM, 1989.

[21] Fray Juan de Torquemada, *Monarquía indiana, de los veinte y un libros rituales y monarquía indiana, con el origen y guerras de los indios occidentales de sus poblazones, descubrimiento, conquista, conversión y otras cosas maravillosas de la mesma tierra*, México, UNAM, vol II, 1975.

y la población española en general", explotación que ocurría no sin resistencias por parte de los xochimilcas.[22]

Muchos de los eventos religiosos se realizaban mediante las acciones de cofradía de origen español, que durante la colonia se convirtió en un mecanismo de culto basado en un sistema de fiestas.[23]

> En 1922, a iniciativa de Hernán Cortés, los indios de Xochimilco destruyeron los templos dedicados a sus dioses, con esta acción comienza la implantación de la religión católica en la región (*Historia de Xochimilco*).[24]

La evangelización de los xochimilcas se realizó a través de los frailes franciscanos, quienes utilizaron el teatro como recurso de conversión religiosa. Los franciscanos iniciaron las actividades de conversión en 1524.[25] Sin embargo, la mística tradicional no fue erradicada. Dos visiones religiosas se integraron en

[22] Existen diversas referencias relativas a conflictos ocurridos en Xochimilco, protagonizados por "la categoría más baja de la rígida estratificación social imperante (los maceualtin), contra los detentadores del poder en el señorío (los pipiltin: señores, nobles)". (Ludka de Gortari, 1981, p. 91). Además, Gibson (1967) destaca que "el número de encomiendas en el valle a mediados de la década de 1850 se mantuvo en 30, con alrededor de 180 mil tributarios indígenas. La encomienda promedio contenía así unos 6 mil tributarios. La más grande era Xochimilco con cerca de 20 mil". Pocos años después de la epidemia que en 1545 afectó a los indígenas del valle y que provocó la muerte de un tercio de sus efectivos, la corona dictó medidas restrictivas que debilitaron las posibilidades de los encomenderos: podían recibir tributo mas no usar la mano de obra indígena, *op. cit.*, pp. 66, 67, 94.

[23] Con la ampliación de sus funciones, la cofradía se ocupó también del "manejo de asuntos colectivos y de los derechos de la comunidad y donde la problemática religiosa se encuentra constantemente entrelazada con la social." (Passanante, 1991, p. 159). Véase Antonio Passanante en *Hacia el nuevo milenio*, UAM, México, 1992.

[24] Véanse los folletos *Historia de Xochimilco, op. cit.* El Patronato del Parque, DDF, Parque Ecológico, México, s/f.

[25] Tenochtitlan, Tlatelolco, Texcoco, Tlalmanalco, Xochimlico, que constituían pueblos indígenas de importancia, fueron ocupados por franciscanos (Gibson, 1967, p. 101). En la revista editada en Xochimilco, *Huetzalin*, núm. 4, año 1, 1 de junio de 1984, se indica que los frailes franciscanos que se quedaron en Xochimilco fueron: fray Pedro de Gante, fray Francisco de Soto, fray Francisco Jiménez, fray Martín de Valencia, fray Gerónimo de Mendieta, fray Toribio de Benavente, fray Andrés de Olmos.

la cultura xochimilca, e independientemente de que una de ellas (la católica) poseía estatus oficial dominante, ambas incorporaban de manera fundamental la presencia de fuerzas divinas en los actos terrestres. Esto se observa claramente en el siguiente pasaje de Torquemada, durante la batalla entre las fuerzas de Cortés y los xochimilcas:

> Andando muy cansado el caballo de Cortés se echó, y a pie peleaba, rodeado de muchos enemigos que revolvieron con socorro que les vino. Llegó un tlaxcalteca a socorrerle con espada y rodela y dijo: no tengas miedo, que soy tlaxcalteca. Pelearon un rato; desembarazándose de los enemigos y ayudóle a levantar el caballo, que estaba ya algo alentado; miró al indio, parecióle valiente y de buen cuerpo; acudieron castellanos y indios, que acabaron de romper los enemigos. Recogida la gente durmió en la ciudad, aunque con vigilancia. Otro día buscó Cortés al indio, que le socorrió, y muerto, ni vivo, no pareció; y Cortés, por la devoción que tenía de San Pedro, juzgó que él le había ayudado.[26]

El proceso de conversión religiosa de la población nativa, implicó sesiones bautismales de carácter masivo;[27] sin embargo, la adopción de una nueva catequesis no fue un acontecimiento lineal ni automático, sino que fue contradictorio, negociado y sujeto a procesos de adopción selectiva; no todos los elementos del culto católico eran aceptados y retomados por los xochimilcas. Lo anterior se ilustra de manera conspicua a partir del relato de Torquemada en relación con los "nuevos santos" católicos: Santiago Apóstol fue el santo patrón impuesto a los xochimilcas; sin embargo, sus poderes no fueron suficientes para erradicar las enfermedades que afectaron a la población en 1576 motivo por el cual fue rechazado por los feligreses, quienes solicitaron un nuevo santo patrono, el cual tampoco les satisfizo, y finalmente se les asignó a San Bernardino de Siena.[28]

[26] Fray Juan de Torquemada, *ibid.*, p. 265.

[27] Torquemada consigna en diferentes pasajes la costumbre colonial de realizar bautizos masivos e incluye el caso de los xochimilcas: "En la ciudad de Xuchimilco, cuatro leguas de esta de México, entre otros muchos que se bautizaron y casaron fueron tres mil..." Fray Juan de Torquemada, *Monarquía indiana*, México, UNAM, vol V, 1977.

[28] Andrés de Olmos, *Huetzalin*, núm. 4, año 1, 1 de junio de 1984. En

La conversión religiosa efectuada por el catolicismo en los pueblos indios –mediante una catequesis que ponía en juego muchos recursos y modalidades para alcanzar resultados positivos– no logró una transformación en profundidad de las creencias previas[29] ni tampoco su sustitución total por los valores y la fe cristianos. Más bien se instala un proceso de adopción selectiva de aspectos del culto y de las imágenes de santos católicos, lo que se refleja en la persistencia de la cultura prehispánica y en los valores que orientaban la vida cotidiana. Esta situación de permanencia de prácticas culturales y religiosas anteriores a la conquista, no sólo posee relevancia para el periodo colonial, sino que tiene vigencia en amplios espacios mexicanos, entre los cuales destaca el caso de Xochimilco.[30]

Otro aspecto relevante en la configuración de la identidad xochimilca lo constituye la memoria social. León Portilla destaca en su *Visión de los vencidos* la importancia que los pueblos prehispánicos le atribuían a la memoria como vehículo de mantenimiento grupal. Los xochimilcas han conservado tal preocupación y han realizado importantes esfuerzos por mantener viva esa memoria, al mismo tiempo que buscan recuperar y reconstruir elementos olvidados o distorsionados.

> A partir de 1521 [...] Xochimilco se convierte en encomienda de Pedro Alvarado. Este personaje fue el brazo derecho de Cortés durante la conquista y por lo tanto hombre de confianza, a quien se le podía asignar la tarea de continuar con el abastecimiento de la ciudad de México a través de la producción de las chinampas (Historia de Xochimilco).[31]

---

los folletos que componen la *Historia de Xochimilco* se menciona sobre 1576 que: "en este año una gran epidemia de cocolixtli afectó a la población de la Nueva España y en especial a la de Xochimilco. El cocolixtli era una enfermedad consistente en copiosos sangrados nasales, fiebre intensa y muerte en los 3 o 4 días siguientes".

[29] Denominadas paganas por su naturaleza politeísta.

[30] Sobre estas formas actuales de sincretismo cultural religioso, véase J. Lafaye, *Quetzalcóatl y Guadalupe: la formación de la conciencia nacional en México*, México, FCE, 1977. Véase también, William Madsen: *The Virgen's Child. Life in an Aztec Village today*, Austin, Texas, 1960.

[31] Véase los folletos *Historia de Xochimilco*, editados por El Patronato del Parque, DDF, Parque Ecológico, México, s/f.

No es sino en 1541, a raíz de la muerte de los encomenderos de Xochimilco (Pedro de Alvarado y su mujer Beatriz de la Cueva), que este pueblo pasa a ser corregimiento de la ciudad de México.[32]

Otro acontecimiento importante y que, como el anterior, está presente en los relatos actuales, es el otorgamiento en 1559 del rango de ciudad a Xochimilco.[33]

Xochimilco mantiene otros referentes modernos vinculados con importantes efemérides que constatan la importancia de su pueblo como grupo, lo cual sirve como elemento de cohesión cultural. De 1786 a 1794, Xochimilco pasó a ser corregimiento de la Intendencia de México.[34] Entre sus tradiciones históricas se señalan también, de manera destacada, la inundación de chinampas por los xochimilcas en 1847 con el objetivo de detener la invasión estadunidense. En 1900, durante el porfiriato, se establecen medidas para el desazolve de la zona lacustre con el objetivo de mejorar sus condiciones para llevar agua de los manantiales locales a la ciudad de México que en aquellos momentos crecía.[35]

Los xochimilcas consideran que tuvieron una importante participación durante la Revolución mexicana, enfatizándose el histórico encuentro que ahí se realizó entre Zapata y Villa el 4 de diciembre de 1914, en el cual establecieron su alianza militar. Sobre ello se dice:

> Uno de los acontecimientos más importantes en la historia de Xochimilco fue la firma del pacto entre Francisco Villa y Emiliano Zapata contra el gobierno constitucionalista. A este acuerdo se le llamó Pacto de Xochimilco y se firmó poco antes de que Villa y Zapata avanzaran a la ciudad de México.[36]

En verdad, durante el actual siglo, Xochimilco funcionó como escenario de "numerosas acciones de guerra" que tuvieron lu-

[32] *Historia de Xochimilco, op. cit.* (varios números).

[33] En *Historia de Xochimilco, op. cit.*, se informa: en 1559, "Felipe II, Rey de España da escudo de armas, el título de nobleza y el rango de ciudad a Xochimilco". Véase también la revista *Huetzalin* (varios números).

[34] *Idem.*

[35] *Idem.*

[36] *Idem*, p. 2.

gar durante la Revolución (1911-1917). Cabe indicar la que "se suscitó entre el Ejército Libertador del Sur y las tropas federales o constitucionalistas" [*sic*].[37]

El antes indicado proceso de explotación de las aguas locales para el beneficio de la ciudad capital se amplía paulatinamente. Alrededor de 1930, con el afianzamiento de la concentración urbana en algunas delegaciones del Distrito Federal, se requiere de crecientes cantidades de agua, y es en este marco que se planea la construcción de nuevas plantas de bombeo. Tanto en la mencionada década como en la de 1940 surge la necesidad de construir pozos más profundos, mismos que serán inaugurados algunos años más tarde, provocando con ello efectos desastrosos sobre el canal de La Viga, que representaba para los lugareños uno de los símbolos más importantes de la antigua producción chinampera y su histórico destino en la parte más citadina del valle de México: el abastecimiento de productos agrícolas. Asimismo, para los habitantes locales, otro símbolo característico en su capacidad de rebelarse contra el autoritarismo del gobierno. En este sentido, hemos captado en nuestro trabajo de campo reiteradas referencias a los hechos ocurridos entre 1948 y 1951.[38]

La importancia que los pueblos prehispánicos otorgaban a la memoria y a su cultivo (según hemos mencionado) prosigue en el periodo reciente. Las preocupaciones actuales por mantener esfuerzos y medidas que preserven la memoria se vinculan con el concepto de que ella es considerada como vehículo de conservación del grupo. En Xochimilco se realizan importantes esfuerzos por mantener tanto los referentes fundadores como otros más actuales.[39]

[37] *Idem*. Véase también *Huetzalin* (varios números).

[38] Como veremos más adelante, estas fechas no coinciden con datos recabados por GEA Fundación Friedrich Ebert (FFE).

[39] Véase en el último capítulo del libro algunas referencias a este respecto.

II. XOCHIMILCO: ESPACIO HETEROGÉNEO DE GRAN IMPORTANCIA HISTÓRICA Y AGRARIA

Según hemos mencionado, es durante el porfiriato y con el crecimiento poblacional de la ciudad de México (verificado a fines del siglo pasado e inicios del actual), que tiene lugar un proceso de transferencia del recurso natural más preciado de Xochimilco: el agua, con lo cual se establecen vínculos marcados por la integración forzada, entre el espacio xochimilca y la ciudad capital, con predominio de las necesidades de dicha ciudad sobre los intereses locales.

En este capítulo aludimos a algunas de las transformaciones acaecidas en Xochimilco y que en el seno de procesos acumulativos y persistentes desde la segunda década del presente siglo, imponen grandes transformaciones en la zona y en los nexos que guarda con la ciudad de México y con los demás espacios que hoy día conforman las delegaciones con las que colinda. En las últimas décadas, transformaciones de envergadura provocan nuevos cambios no sólo dentro de Xochimilco (ejemplo de ello son las alteraciones observadas en el uso del suelo de agrícola a residencial) sino también en la composición de la población, con el incremento inusitado del número de personas que emigran de otros contextos del DF para habitar las áreas recientemente habilitadas por la construcción de nuevas vías (como por ejemplo el periférico) que extienden el ámbito de influencia de la ciudad hacia el sureste del Distrito Federal.

Por todo lo anterior, sostenemos que los cambios que se aceleran en el periodo más reciente, marcados por un creciente e incontrolable proceso de urbanización y de integración a la ciudad de México, deben ser abordados desde una perspectiva histórica y como resultado de una multiplicidad de medidas tomadas en distintos momentos y no todas favorecedoras de los intereses de Xochimilco y su gente.

Este tipo de acercamiento a Xochimilco, que desemboca en el señalamiento de sus rasgos actuales, es indispensable para adentrarnos posteriormente en el estudio de fiestas y creencias, pues tanto la religiosidad como los eventos rituales y festivos que participan en la conformación del sentido de la vida cotidiana, están articulados a la organización social y al espacio histórico en que se insertan.

El pasado es de gran importancia para Xochimilco y sus habitantes. A uno de los legados más visibles, la chinampería –construida en la época prehispánica, pero reforzada y ampliada a lo largo de todo el periodo colonial–, se suman numerosos elementos culturales; unos objetivados en edificaciones y en la organización espacial de los barrios y pueblos, otros reflejados en creencias y costumbres heredadas que forman parte de las disposiciones subjetivas de los xochimilcas.

Todos estos elementos marcan la cotidianidad de los moradores, sobre todo de los que se denominan "naturales", pertenecientes a las familias locales, y que viven en los rincones más antiguos de Xochimilco como son el centro histórico de la delegación y los pueblos en donde predominan las actividades agrarias.

Además de lo anteriormente dicho, para abordar las cuestiones relativas a las identidades culturales –tema de crucial importancia en esta investigación– este tipo de acercamiento a Xochimilco es de utilidad, pues algunos de los elementos que indicamos participan en la conformación de las identidades culturales, constituyendo los mojones que señalan un origen compartido. También, las identidades culturales se refrendan mediante el reconocimiento de espacios colectivamente construidos o apropiados que funcionan como referentes identitarios.

Finalmente, como la memoria social de los xochimilcas se asocia de manera insoslayable con sus espacios social y culturalmente construidos, una aproximación a ellos nos pareció indispensable.

1. Los cambios y algunas de sus características

La integración de Xochimilco a la zona urbana del Distrito Federal constituye un fenómeno lento y paulatino que, acompañado por un proceso local e interno de modernización urbana, representó una fuerte agresión y destrucción de espacios agrarios y de zonas de urbanización antigua heredadas desde la época colonial.

Con la construcción de obras para llevar agua de los manantiales de Xochimilco a la ciudad de México, se "rellenaron y terraplenaron algunos manantiales de Nativitas a fin de permitir que aquéllos bajo explotación, como el de Quetzalapa, proporcionaran más agua. Estas obras referidas al acueducto Nativitas-Molino del Rey fueron iniciadas en 1902, durante el gobierno de Porfirio Díaz, y fueron inauguradas en 1914 por Francisco I. Madero" (GEA-FFE, 1990 pp. 86 y 87).[1] Otras zonas de los manantiales también se rellenaron durante las obras de introducción del tren que iría de Xochimilco a Tulyehualco. En 1935 se construyó la planta de bombeo de Xotepingo para ampliar la conducción de agua a las zonas de mayor concentración urbana del Distrito Federal. Como resultado de este proceso, y de la construcción de pozos aún más profundos en 1943, prácticamente se desecó el canal de La Viga, por donde transitaban las canoas de Xochimilco a Jamaica, siendo obstruido a mediados de la década de los cuarenta. El tránsito por los canales aún es evocado o recordado por muchos de los viejos residentes de la región, como se ilustra en la entrevista que realizamos a un campesino de 35 años, quien trabaja por lo menos dos veces a la semana en una de las trajineras de su tío, conduciendo a turistas por los canales: "mis abuelitos me contaron que seguido iban al mercado [...] ellos iban en chalupas [...] el viaje duraba mucho rato". Un chinampero de edad avanzada, pero aún activo como chinampero recuerda:

[1] El problema del agua puede visualizarse de múltiples maneras y en periodos remotos. Con especial énfasis en el año de 1883, la *Historia de Xochimilco (op. cit.)* señala lo siguiente: "es claro que la sobreexplotación de los lagos y principalmente el de Xochimilco se comenzó a observar desde tiempo atrás, pero nunca fue tan evidente como en este siglo, ya que desde este año escaseaba el agua potable en Xochimilco".

"casi siempre mis padres me llevaban [...] me gustaba mucho ir al mercado por el viaje [...] era bonito pero era cansado".[2]

Como se sabe, por esas fechas se comenzó a dragar periódicamente los canales mayores para agilizar la circulación de canoas turísticas. La tierra y todo el material extraído eran depositados en canales menores, desvirtuando su utilidad para la irrigación de chinampas (Reyes, 1982; Rodríguez, 1986; GEA-FFE, 1990, p. 88; Mecatl, s/f).

Entre 1949 y 1950 se llevó a cabo la desecación casi total de Xochimilco y Mixquictetelco. Esto provocó manifestaciones de descontento y protesta de la población xochimilca, que trascendieron el ámbito local. Además de incrementar la vigilancia militar ejercida a nivel regional, las autoridades permitieron la apertura de nuevos pozos y la construcción de la presa de San Lucas destinada a bloquear el paso del río Santiago y a controlar las inundaciones en avenidas construidas o ampliadas en la recién desecada zona sur de la chinampería. En 1957 las tierras de cultivo y la agricultura de Xochimilco tuvieron un proceso más agudo de contaminación con la llegada de aguas negras al área del lago. Éstas recibieron un tratamiento superficial, incluso en la planta que se construyó posteriormente en el cerro de La Estrella (1969) y que comenzó a funcionar en 1971 (Mecatl, s/f; Reyes, H., 1982).

En 1983 el Departamento del Distrito Federal bloqueó los puentes de Xilopa y Caltongo buscando conformar canales con niveles diferenciados en Santa Cruz y el centro de Xochimilco, y en 1985, en el contexto del terremoto, con la fractura del fondo de un canal, se formó en San Gregorio un resumidero que absorbió el agua del compartimiento lacustre de San Gregorio (GEA-FFE, 1990, p. 89).

A finales de 1987, la UNESCO otorgó a Xochimilco el estatus de patrimonio cultural de la humanidad. Pero a pesar de ello, las expropiaciones se convirtieron en tema crucial, ya que dos años más tarde salieron en el *Diario Oficial* los decretos referidos a los ejidos de San Gregorio y Xochimilco, como base para la instrumentación del Plan de Rescate Ecológico de Xochimilco, propuesto por el DDF en 1989 (Vera, 1991; González-

[2] Entrevista realizada en diciembre de 1991.

Martínez, 1991; Federico, 1991). Ese mismo año se divulgó el *Plan alternativo ejidal,* elaborado por ejidatarios de la región y sus asesores, y al año siguiente los ejidatarios consiguieron que se declarara procedente la solicitud de derecho de amparo levantada contra la expropiación del ejido de San Gregorio (Vera, 1991; González Martínez, 1991; Federico, 1991).

Los acontecimientos brevemente reseñados respaldan la idea de que los problemas del deterioro ecológico de Xochimilco y su debilitamiento como zona agraria están históricamente ligados a las necesidades de la ciudad de México y a los requerimientos de los cambios internos, aspectos enmarcados desde hace mucho tiempo en el crecimiento de la población de la capital y su urbanización, fenómenos que se extendieron hacia los espacios circunvecinos.

2. La ruralidad agredida

Hace algunas décadas, la región de Xochimilco estaba constituida por asentamientos humanos rurales separados de la ciudad de México (Canabal, Torres y Burela 1989, p. 61). El desmesurado crecimiento de la mancha urbana de la ciudad de los palacios fue absorbiendo zonas aledañas, espacios rurales que se fueron integrando a la ciudad más poblada del mundo, conformando campos de interacción con fronteras imprecisas entre lo rural y lo urbano (Vera, 1991, pp. 39 y 42).

Localizada aproximadamente a 23 km del centro de la ciudad de México y por mucho tiempo considerada parte de los alrededores de la capital, Xochimilco actualmente se encuentra integrada a la zona urbana del Distrito Federal, sobre todo a las partes norte y noroeste que colindan con las delegaciones de Coyoacán, Iztapalapa y Tlalpan. Con estas áreas, Xochimilco comparte problemas típicamente urbanos, mientras que en sus áreas limítrofes con Milpa Alta (al sur) y Tláhuac (al este), comparte problemas rurales.

Diferentes situaciones ilustran el proceso de transformación de los rasgos de la urbanización heredada en Xochimilco; entre ellos destaca la desaparición de los empedrados tradicionales conocidos como adoquinados de macadam; la pavimentación y creación de puentes (San Marcos y San Antonio) y avenidas, que como sucede con el tramo La Noria-Centro de Xochimilco, por tener un trazado recto desaprovechan el viejo camino real de Tepepan, ocasionando la destrucción de chinampas y el relleno de superficies lacustres.[3]

Los albores de la década de 1970 se caracterizaron por una más intensa integración de Xochimilco a la zona urbana del Distrito Federal a partir de la infraestructura urbana creada. El rasgo sobresaliente fue la ampliación de los ejes y vías de comunicación, lo que posibilitó la multiplicación de espacios para la construcción de nuevos núcleos de viviendas.

A partir de 1970 se inició la ampliación de la infraestructura urbana hacia el sur, construyéndose obras viales importantes como la carretera México-Xochimilco-Tulyehualco y la prolongación de la avenida División del Norte y el Anillo Periférico. Vera (1991, p. 42) destaca que ha sido a partir de este periodo cuando "los trazos de los nuevos ejes viales desorganizan la trama local: la referencia a barrios y pueblos. Se rompe la referencia simbólica y formal de la estructura social regional o en otras palabras, desvinculan no sólo geográfica sino culturalmente a los pueblos tradicionalmente conformados y los somete a un ordenamiento mayor: la ciudad".[4]

La influencia de este "ordenamiento mayor" sobre Xochimilco es heterogénea (Canabal, Torres y Burela, 1989, p. 64), e incide desigualmente en sus tres regiones geográficas básicas,[5] que mantienen claros contrastes demográficos (crecimiento poblacional diferenciado) y urbanos, lo cual participa en la supervivencia de lo rural, que en las zonas de mayor integración presenta grados más agudos de deterioro y disminución

[3] A pesar de que desde 1966 Xochimilco es considerada zona de monumentos históricos, en 1973 se terminó la demolición del Palacio Nacional ("una joya arquitectónica"). Asimismo, en 1974, la ampliación de la avenida Guadalupe Ramírez una de las principales vías urbanas del centro histórico local, requirió que se rellenaran con piedra y tierra zonas lacustres circunvecinas (GEA-FFE, 1990).

[4] Para una exposición más amplia de estas cuestiones, véase Vera, 1991, p. 42 y González-Martínez, 1991.

[5] Éstas corresponden a "las chinampas y ciénegas, asentadas en el antiguo vaso del lago de Xochimilco, la zona montañosa y el corredor de los poblados ribereños cercanos a Tláhuac". (Canabal, Torres y Burela, 1989, p. 66). Véase también Garza (comp.), 1986, *Atlas de México*.

de espacios agrícolas, debido al impacto del uso habitacional del territorio.

La delegación de Xochimilco es extensa; cuenta con una área de 116.64 km^2 que representa 7.9% de la superficie total del Distrito Federal (INEGI, 1991); ocupa el tercer lugar en extensión entre las 16 delegaciones que conforman el Distrito Federal. Los espacios xochimilcas son heterogéneos, están constituidos por áreas de urbanización recién consolidadas (incluso en zonas consideradas de protección ecológica), o de una importante condición rural.[6] La disputa por la asignación de usos del suelo a la zona xochimilca se ha reflejado en la pérdida de la mitad de la superficie dedicada a la agricultura de la región lacustre en las últimas dos décadas.

Canabal, Torres y Burela (1989, p. 65) destacan que "de las 9 700 viviendas establecidas en la zona ecológica, 6 654 ya se encuentran consolidadas. En esta zona y en la chinampería se localizan actualmente 65 de los 87 asentamientos irregulares de la delegación".

Según datos del INEGI (1991, p. 2), de los 116.64 km^2 de la delegación de Xochimilco, 31.21 pertenecen a zonas urbanas y 85.43 a zonas rurales, hecho que confiere a Xochimilco un estatus ampliamente agrario. Para estudiarlo es útil la especificación de tres posibles agroecosistemas: el de planicies, sobre todo con cultivos de maíz que se producen en tierras de temporal; el de cerros, también dedicado a granos básicos, y el de chinampas con una especialización productiva predominantemente en hortalizas y flores (Canabal *et al.*, 1989; Garza, (comp.), 1986). Sin embargo, también hay chinampas que tie-

[6] La relación entre lo urbano y lo rural en general, que se ha manifiestado en distintos momentos del pasado en enfrentamientos entre intereses divergentes, se encuentra hoy día despojada de especificidades. Para el caso de Xochimilco, no obstante, cobran relevancia las luchas y formas de resistencia de los habitantes locales reunidos en organizaciones de distinta índole que buscan contrarrestar procesos desarticuladores de la producción y modalidades de vida rural. Para un acercamiento a formas de lucha y resistencia desarrolladas en el periodo reciente en el marco de la instrumentación del Plan de Rescate Ecológico del DDF, véase Vera, 1991 y González-Martínez, 1991. Para acciones y propuestas hechas con anterioridad a la coyuntura política abierta por el plan, véase, de varios autores, *Por la regeneración de Xochimilco*, México, 1981.

nen pequeñas áreas plantadas con maíz, y chinampas con viveros e invernaderos que representan el sector de productores más moderno dedicado a la floricultura.

Este tercer agroecosistema –el chinampero– es peculiar, no sólo porque integra una agricultura que utiliza técnicas modernas en los viveros e invernaderos, sino también porque sintetiza herencias que han marcado por generaciones a la población y al *modus vivendi* de los xochimilcas.

La importancia de la chinampería se debe a su peso histórico y al hecho de que, en la actualidad, parte de la producción agraria de Xochimilco se realiza aún en chinampas.

Rojas (1983, p. 181) haciendo referencia a los estudios de William Denevan, llama la atención sobre el hecho de que la agricultura chinampera "es uno de los pocos sistemas agrícolas indígenas que no fueron abandonados con la conquista española, sobreviviendo hasta nuestros días".

Todo ello hace posible remitir el asunto de las chinampas a un horizonte más amplio (que el del simple *performance* económico), que apunta hacia una particular e histórica relación hombre-naturaleza. Ésta ha sido culturalmente utilizada sin que su uso original (por los pueblos precolombinos) haya deteriorado o desvalorizado los entornos en los que se estableció.

La perspectiva estética que atestigua la belleza de la zona chinampera es recogida por Reyes (1982). En José Vérguez (1872, citado por Reyes, 1982, p. 30) se dice: "una de las excursiones más agradables por los alrededores de esta capital es ir a Santa Anita, ver las chinampas y seguir por el canal de Chalco hasta las lagunas de Xochimilco".

No obstante, el proceso de deterioro de la región es antiguo y en 1938 las observaciones de Schilling (1983) destacan su importancia cuando afirma: "de acuerdo con nuestros conceptos, el lago de Xochimilco ya no merece tal denominación porque ya sólo consiste de una enmarañada red de canales cuyo ancho no sobrepasa los 20 m y que a veces son tan angostos que las estrechas canoas de los indios apenas pueden pasar".

Tanto la concepción de las chinampas (que desde el principio han sido creadas para optimizar las posibilidades de la producción de alimentos en ambientes adversos) como las técnicas utilizadas para su construcción y para la producción agrícola, son casi impensables, aisladas del ambiente cultural y tradicional de la familia y de la comunidad campesina.

Cuando Aguilar (1982) explica el origen de las chinampas, recalca la idea de que han constituido un recurso para producir alimentos en un entorno caracterizado por la escasez de tierras y por la abundancia de agua. En este sentido, pueden ser integradas analíticamente a la perspectiva de las estrategias de sobrevivencia utilizadas desde periodos remotos y transmitidas de generación en generación. Evidentemente, este proceso de creación de estrategias de sobrevivencia, su transmisión y reproducción también debe pensarse como productor de nuevos elementos (en técnicas, métodos para producir, etc.). No sin razón, Rojas (1983, p. 181), al referirse a la prolongación en el tiempo y a la actualidad de la agricultura chinampera, se remite a los términos "antiguos creadores" y "modernos innovadores".

A pesar de haber sido demostrado que las últimas chinampas se construyeron hace más de cuarenta años, mediante documentos históricos y con el apoyo de relatos "de personas que recuerdan haber visto construir chinampas" (Vera, 1990, p. 38; Aguilar, 1987, p. 31), las descripciones actuales atestiguan la existencia de un proceso importante de transmisión y recreación transgeneracional de conocimientos de naturaleza secular.[7]

Tanto por la generalización de la agricultura chinampera, como por su perdurabilidad, resulta difícil concebirla como una figura simplemente económica. Diferentes autores aluden al hecho de que en esta suerte de estructura productiva se encuentran elementos para analizar la organización social de la época prehispánica y de los grupos que vivían en las zonas lacustres. Otros autores, que actualmente analizan la chinampería, sostienen la misma tesis y afirman que es gracias a la sobrevivencia de redes culturales, de formas productivas ancestrales, etc., que la chinampería sobrevive, no sin grandes

[7] Ejemplo de éstos son los que se utilizan en la actualidad para rehabilitar chinampas que estuvieron abandonadas, o los referidos al trabajo agrícola en la chinampa ya construida. Es a partir de esta compleja relación, que la tradición chinampera se transmite y se adapta a las condiciones actuales.

elementos de cambio respecto al pasado y en un ambiente de grave deterioro ecológico.

Al mencionado deterioro, debe añadirse una pérdida de importancia de la chinampería. Según Canabal *et al.* (1989), su área ha disminuido históricamente y esta disminución se acentúa de modo espectacular en el periodo reciente, pues de abarcar 5 690 hectáreas en los años setenta, decrece a sólo 1 200 en 1987. Además de esta contracción, la chinampería actual introduce varios cambios al *modus operandi* del trabajo y las actividades agrícolas en general. Cabe destacar, entre estos cambios, las técnicas de fertilización o el combate a las plagas con la introducción de productos de naturaleza química. Asimismo, la irrigación, debido al descenso de los niveles de agua en los canales, requiere en ciertos casos de la utilización de motobombas, lo que encarece el riego en las chinampas (GEA-FFE 1990).

En Xochimilco existen alteraciones en la estructura de cultivos, pues han disminuido los productos que ahí se siembran y la producción se ha concentrado. Además, ha descendido la productividad por la contaminación del suelo. Otro cambio importante se refiere a la disminución del número de productores chinamperos, y la concentración de la posesión de las chinampas (GEA-FFE, 1990, p. 91). Debido a que algunas de las chinampas se utilizan como asentamientos para vivienda, a los elementos señalados se suma, en el uso del suelo chinampero, una visible transformación y disminución.

En nuestro trabajo de campo hemos constatado las situaciones arriba descritas. Asimismo, a través de las entrevistas con los chinamperos, pudimos identificar la posesión de dos o más chinampas por un mismo productor. También observamos viviendas construidas en las chinampas; algunas se erigen al lado de los espacios de cultivo, mientras que otras ocupan casi la totalidad del área, excluyendo la posibilidad del trabajo agrícola.

Como se indicó en los incisos anteriores, varios de los problemas de Xochimilco (entre los cuales se encuentra el deterioro del medio ambiente), son ininteligibles enfocados aisladamente, o acotados por los límites de la delegación, pues gran parte de lo que sucede con la economía de Xochimilco involucra sus relaciones con otras delegaciones del Distrito Federal, y en particular con la ciudad de México, pues el área xochimilca ha vivido un lento proceso de integración a la influencia de la ciudad de México, lo cual ha provocado que en las últimas décadas se acentúe el creciente deterioro ecológico de la zona lacustre.

3. Algunas transformaciones internas

La población de Xochimilco creció de 50 mil habitantes en 1950, a 226 mil en 1980 (Rodríguez, 1986, p. 320), y a 344 658 en 1990 (INEGI 1990, cuadro 2.1). Tal incremento se debió en parte a la llegada de migrantes provenientes de diferentes regiones del país, pero sobre todo de otras delegaciones del Distrito Federal. Los motivos de estos flujos migratorios fueron variados, pues en la zona se encuentran desde personas que llegaron para trabajar como peones agrícolas en la chinampería (que se alojan primordialmente en asentamientos populares irregulares, ubicados en terrenos quitados al bosque y a las zonas agropecuarias) hasta quienes, con un nivel socioeconómico distinto, llegaron a los nuevos fraccionamientos de clase media.

Otros elementos que inciden en el deterioro ambiental y en las condiciones del trabajo agropecuario son generados por la dinámica interna de la propia delegación, que como ya se mencionó, en las últimas décadas ha pasado por un acelerado proceso de modernización urbana. Esto, además de los espacios asignados a nuevas viviendas (o tomados por los asentamientos irregulares) redefine algunos ejes organizadores de la parte citadina local, sobre todo en la cabecera delegacional, que alberga al centro histórico de Xochimilco.

La cuestión urbana se presenta como la punta de lanza de las transformaciones de Xochimilco y de sus entornos agrarios. En el ámbito rural, entre los efectos negativos que estos cambios generan se pueden destacar:

a) la sobreexplotación de los mantos acuíferos para el abastecimiento de la ciudad de México provoca escasez de agua tanto para fines productivos como para el consumo directo de la población;

b) la contaminación de la tierra apta para la agricultura, a través de la utilización de aguas residuales para riego insuficientemente tratadas y provenientes de los drenajes de la ciudad, provoca la presencia de plagas en los cultivos y daños a la salud de los consumidores de las hortalizas producidas en la zona lacustre;

c) esta contaminación del agua lacustre (y de la tierra por ella irrigada) se debe también a problemas locales derivados de la insuficiencia de drenajes, sobre todo en las partes más agrarias de la delegación;[8]

d) la erosión de los suelos, causada por la tala de bosques, por la apertura de nuevos espacios para habitaciones y zonas turísticas, o por el aprovechamiento de la madera con fines industriales;

e) el incremento de la población local y la demanda de viviendas provocan grandes tensiones entre áreas urbanas y rurales, con la consecuente elevación del precio de la tierra, acrecentado por la especulación inmobiliaria;

f) las políticas recientes del Estado hacia la región, que al insistir en temas como la expropiación de espacios rurales para promover proyectos de urbanización y de actividades turísticas, reactualizan problemáticas y políticas previamente puestas en práctica que han generado una incorporación insuficiente de las reivindicaciones campesinas y de la población nativa local.

Stephen-Otto (1995, p. 176), destaca la agudización del deterioro chinampero reconocidamente verificado en los últimos años, al indicar que hay un agravamiento de la situación local exactamente a raíz de que "las políticas gubernamentales y los urbanistas descubren la parte sur de la cuenca de México como una salida a la fuerte presión de la llamada mancha urbana. Todo el territorio deja a su carácter local para globalizarse".[9]

[8] Varios problemas de Xochimilco –como la insuficiencia del sistema de los drenajes, por ejemplo– son comunes a otras regiones del país. Pero cuando se trata de zonas hidrológicas –como es el caso– el problema tiene que remitirse forzosamente a la contaminación del agua de uso colectivo. Esto se ilustra con los señalamientos de que "216 cuencas hidrológicas del país están contaminadas y en 20 de ellas el deterioro ha sido mayor debido a que ahí se vierte 79% de la carga orgánica total del país, estimada en un millón 775 mil 680 toneladas por año" (J. Ochoa, en *La Jornada*, 16 de enero de 1990).

[9] Véase Erwin Stephen-Otto,"Recreación del pasado, presente y futuro del hombre y las chinampas", en *Presente, pasado y futuro de las chinampas*,

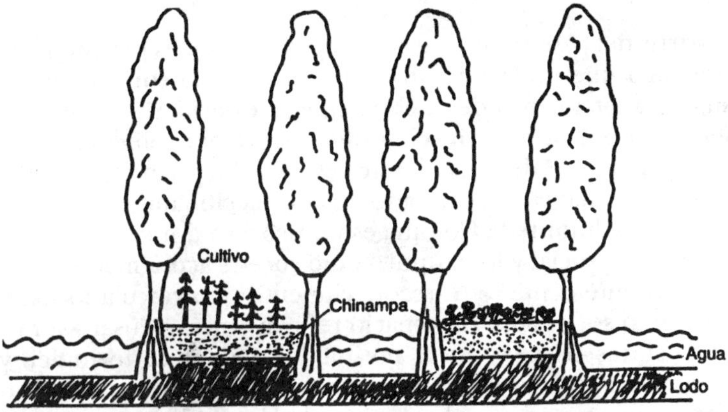

Esquema de la construcción y composición general de una chinampa (Claudio Romanini, 1981).

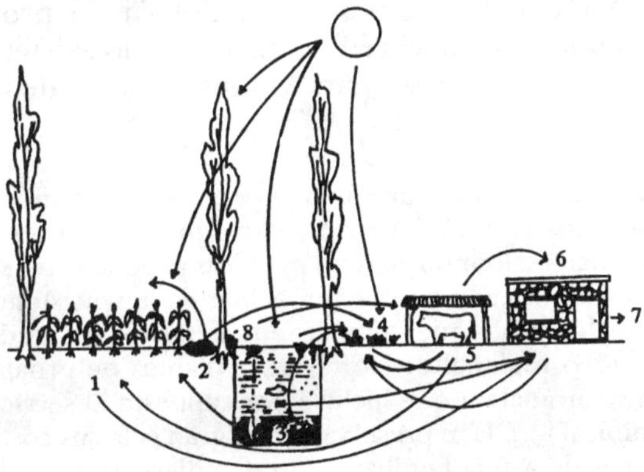

1. Suelos orgánicos
2. Almácigo
3. Agua-lodo
4. Legumbres
5. Animales domésticos
6. Hombre
7. Ingresos
8. Hierba

Reciclaje continuo de materiales y principales elementos de una chinampa. Tomado de Jiménez, Rojas, Del Amo y Gómez-Pompa (1995:21), figura 3.

4. ¿QUÉ PERSISTE? UN ACERCAMIENTO A LO HETEROGÉNEO

A partir del panorama que hemos presentado, es pertinente la pregunta que titula este apartado. El proceso combinado de auge y agotamiento de la chinampería es evidente, y ha sido señalado por la investigación que analiza el problema desde un doble punto de vista. A este respecto Stephen-Otto (1995, p. 176) afirma: el "crecimiento de la zona chinampera y su decaimiento durante la Colonia es un proceso donde se interrelacionan lo social y lo natural, como sucede actualmente".

Evidentemente, este reconocimiento que vincula lo natural con lo social abre un espacio reflexivo para pensar –a raíz de posturas críticas– en la posibilidad de que se formulen y pongan en práctica acciones explícitas con el fin de impedir o por lo menos matizar el progreso de las condiciones que dañan la situación local en su conjunto y muy particularmente a la chinampería.

Sin plantear la posibilidad de invertir el problema (lo que sería una utopía), el reforzamiento de lo existente (que es mucho) sentaría las bases para la consolidación de lo que persistió.

> Es asombroso observar cómo, a pesar de la integración de esta zona lacustre al área metropolitana, los pobladores originarios continúan realizando algunas prácticas productivas y sociales que aún los distinguen y permiten hablar de la persistencia del pueblo xochimilca: siguen practicando la tecnología tradicional y el mercadeo regional de hortalizas y plantas de ornato, con una vida semicanalera que incluye por supuesto el servicio turístico dominical [...]. Han preservado con gran celo sus costumbres cotidianas de ayuda familiar e intrafamiliar, así como las ceremonias, reflejadas en un sinnúmero de celebraciones religiosas a lo largo del año y que no están desconectadas de su entorno lacustre y productivo. Xochimilco no significa hoy para sus pobladores originales sólo un lugar de vivienda [...] es un espacio pro-

---

Teresa Rojas (coord.), CIESAS-Patronato del Parque Ecológico de Xochimilco, México, 1995.

> ductivo cuyo manejo ecológico les es familiar [...] Xochimilco tiene diversos significados, [...] para la población nativa es el espacio social e histórico que permite su reproducción.[10]

Se registra una cada vez mayor diversificación ocupacional, característica que por dar contenido al concepto de sociedad compleja excluye la posibilidad de que la delegación Xochimilco sea caracterizada como un espacio rural, aunque haya contextos más marcados por la ruralidad que por rasgos citadinos. No sin razón Canabal *et al.* (1995) señalan, en relación con la fuerza de trabajo, que "una parte de ella continúa habilitando y utilizando los espacios productivos tradicionales, chinampas y ejidos, y otra tiene diferentes ocupaciones pero continúa viviendo en los barrios y reproduciendo este modo específico de convivencia".[11]

Dicho de otra manera, a pesar de un vasto abanico de cambios experimentados, Xochimilco constituye un espacio que mantiene vivos muchos ritos y ceremoniales atados a universos simbólicos, que se manifiestan tanto en las fiestas de pueblos y barrios, como en aspectos vinculados al trabajo.[12]

Sería equivocado etiquetar estos fenómenos como si fueran costumbres premodernas, pues reflejan sincretismos que combinan herencias de culturas pretéritas con rasgos derivados de la contemporaneidad, cuya importancia relativa es difícilmente mensurable.

Operan costumbres ancestrales reflejadas en la actual producción agraria. La persistencia misma de la chinampa que combina el hecho de constituir una herencia del pasado con realidades vinculadas a la producción agraria actual, ilustra la afirmación. Además, cabe destacar que en algunas etapas de la producción agraria se guardan íntimos vínculos con prácticas reli-

[10] Tomado de Beatriz Canabal, Pablo Torres Lima, Gilberto Burela Rueda, "Xochimilco, espacio productivo y social", en *Presente, pasado y futuro de las chinampas*, Teresa Rojas (coord.), CIESAS-Patronato del Parque Ecológico de Xochimilco, México, 1995.

[11] Véase Beatriz Canabal, Pablo Torres Lima, Gilberto Burela Rueda, *op. cit.*

[12] Esta referencia, relativa a Xochimilco, es aplicable a varias regiones del Distrito Federal.

giosas. Éstas orientan sobre los días adecuados para el inicio de la siembra y de la cosecha, ya que las pautas de selección para tales labores se refieren a eventos religiosos (días de santo, santos patronos del local) y a prácticas consuetudinarias de naturaleza mítica. Además de lo anterior, para lograr una buena cosecha se realiza la bendición de las chinampas por el cura,[13] lo que indica la existencia de prácticas religiosas que prescriben cómo y cuándo organizar el trabajo y la producción agrícola. Tales prácticas, no obstante, no pueden ser generalizadas a todos los núcleos de productores de Xochimilco, pues ahí también existen quienes adoptan métodos distintos a los aludidos para lograr buenas cosechas. Entre estos productores encontramos tanto a los que no son creyentes como a los nuevos residentes, inmigrantes, que no comparten con los "naturales" de Xochimilco ciertas costumbres. Constataciones de este tipo permiten destacar la heterogeneidad de los contextos, lo que se relaciona también con la persistencia de diferentes posturas frente a lo sagrado y lo religioso.

Así, la vida de Xochimilco posee una relación intensa y no siempre exenta de aporías entre tradiciones comunitarias y modernización, situación que evoca la vieja preocupación intelectual que motivó las reflexiones de Tönnies sobre los cambios de las comunidades frente a las sociedades, o las de Durkheim sobre el paso de las sociedades de solidaridad mecánica a las de solidaridad orgánica.

La construcción de los barrios y pueblos xochimilcas presenta las discontinuidades propias de toda heterogeneidad socialmente fundada. Por ello se conjugan y combinan de manera abigarrada aspectos modernos y tradicionales, rurales y urbanos, sacros y profanos. Estos fenómenos sintomatizan por ejemplo, a través del congestionamiento de automóviles que disputan el espacio a las numerosas manifestaciones de culto y procesiones a los santos del lugar; en la existencia simultánea de modernos supermercados, de estéticas unisex y la presencia del mercado tradicional ocupado por personas ligadas a

[13] Hecho observado en el trabajo de campo realizado en el día de San Francisco, en el Barrio de Caltongo (4 de octubre).

múltiples oficios y formas tradicionales de trabajo, derivadas de la chinampería, la medicina y la herbolaria tradicionales.

Existe una suerte de entretejido entre lo que se sostiene y lo que cambia, en términos de la economía y las formas de vida, fenómenos enmarcados en las transformaciones de la relación campo-ciudad. Sin que sea atribuible solamente a las modificaciones en la sociedad agraria, la perdurabilidad de las tradiciones culturales se vincula con la naturaleza y los ritmos de dichas modificaciones. Para comprender los sentidos culturales de estos cambios, se requiere examinar desde campos de observación cualitativos las sincréticas combinaciones simbólicas de lo actual y lo heredado, y su resignificación en la matriz cultural xochimilca.

III. REFLEXIONES SOBRE CONCEPTOS BÁSICOS: IDENTIDAD CULTURAL, RELIGIOSIDAD Y MÍSTICA POPULAR, SECULARIZACIÓN

1. Identidades culturales

Cuando hablamos de identidades culturales hacemos referencia a relaciones sociales semantizadas históricamente, que situadas de tal manera, vinculan al individuo con la colectividad. Estas identidades sólo cobran sentido dentro de contextos sociales específicos, pues son conformadas históricamente en relación concomitante con la construcción de demarcaciones simbólicas, las cuales son tanto objetivas como subjetivas y permiten la identificación del grupo diferenciándolo del resto, es decir, de aquellos que no comparten los rasgos ponderados como definitorios de la identidad.

Cuando señalamos que las identidades son relacionales, cuestionamos las visiones esencialistas que consideran a las culturas como atributos museográficos que permanecen inmutables e impertérritos frente a los cambios históricos y sociales. Las identidades se construyen y reconstruyen en la interacción social, y es dentro de ella que se refrendan o modifican. A su vez, al modificarse suscitan cambios en los contextos de los que forman parte.

Las identidades culturales aluden a diferentes niveles de agrupamientos socioeconómicos, pero también a adscripciones que conciernen a pactos simbólicos o a comunidades imaginarias que rebasan el contexto de los ámbitos cotidianos. Los grupos sociales interiorizan o resisten las diversidades culturales; esto resulta particularmente conflictivo cuando los vínculos entre grupos con diferentes características culturales encierran relaciones de poder y subordinación.

Las identidades se encuentran sujetas a procesos de cambio, lo cual no conduce de manera inevitable a la atenuación de identidades tradicionales frente a las nuevas construcciones identitarias; sino que los elementos tradicionales de cohesión social pueden reinventarse, reactualizarse. Esto es lo que –según nuestro punto de vista– ocurre en Xochimilco.[1]

Es por todo ello que las identidades aluden y se construyen desde referentes reales (o inventados mediante procesos de resignificación derivados de la memoria), objetivos y subjetivos, autoconstruidos y seleccionados por el grupo, o heteroconstruidos por otros grupos sociales; elementos que se elaboran dentro de ámbitos de disputa por la participación en la producción del sentido social.

Las identidades culturales refieren a realidades internamente diferenciadas, donde también coinciden otros elementos de cohesión identitaria, de esta manera, se puede ser mexicano, xochimilca, hombre, católico, joven, comerciante, soltero, etc., adscripciones que cobran relevancia situacional a partir de los ámbitos específicos de interacción en donde participan. Las identidades pueden estar referidas a elementos culturales tradicionales que son referentes fundadores de identidades grupales, fuertemente anclados en las prácticas usuales del grupo. También pueden derivarse de respuestas a condiciones inéditas desde las cuales se establecen nuevos nexos de identidad.

Las identidades culturales se construyen en diferentes ámbitos donde adquieren sus características específicas, y entre las cuales es menester destacar aquellas que se constituyen en el contexto cotidiano (mundo-de-vida) y cara a cara, y las que se forman en el ámbito macrosocial, constituidas por relaciones de carácter sistémico, en donde las personas se adscriben a comunidades imaginarias, entre las cuales encontramos las

[1] Con esta afirmación no se quiere matizar el hecho de que las identidades atadas a valores y mundos-de-vida tradicionales pueden ser sustituidas (y muchas veces lo son) por nuevos elementos que participan en la edición de posturas distintas.

identidades nacionales, patrióticas, culturales, religiosas, étnicas, de género, etcétera.

Las diferentes alteridades y otredades cobran sentido dentro de un campo relacional y se construyen como tales a partir de su inserción en un contexto específico de interacción, distinguiéndose de la mera diferencia en que la alteridad implica un proceso de interpelación dentro de relaciones sociales estructuradas. En el sentido utilizado, las identidades culturales se construyen dentro de ámbitos de concertación, discusión y conflicto, en los cuales las identidades culturales subalternas insertas en relaciones subordinadas con las culturas oficiales, se definen a partir de contrastaciones y de manera recurrente. Las culturas oficiales y las subalternas son realidades que se complementan, se rechazan, se superponen, se niegan.

Los procesos identitarios tienden a reconocerse o diferenciarse a partir de una mayor o menor similitud en las condiciones objetivas de vida, donde las clases sociales poseen un peso importante, pero no definitivo. Los procesos estructurales juegan un papel fundamental en las delimitaciones identitarias, pero han perdido la fuerza definitoria que tuvieron en la ordenación social y cultural frente a complejos procesos mediados por las instituciones sociales y las industrias culturales. La identidad cultural de los habitantes de Xochimilco se presenta fuertemente cohesionada mediante su mística popular subalterna.

2. Mística popular subalterna

La dimensión mística, que abarca más que la dimensión religiosa, alude a la presencia de fuerzas sacras supranaturales, que no siempre reproducen los contenidos y los límites impuestos por la religión. La mística se refiere a la vida espiritual en su conjunto, que obviamente va más allá de lo religioso. Puede implicar una especie de contemplación que une a la persona mística con eventos intangibles y entes sobrenaturales, en general de índole sagrada, que inspiran profunda veneración. Por ejemplo, para los católicos esta unión misteriosa se da con Dios, pero en términos generales un místico no forzosamente tiene como referente al catolicismo o a Dios. El término religiosidad se relaciona con el carácter religioso de alguien o de alguna práctica o creencia que guarda un vínculo imprescindible con la religión.

Hechas estas aclaraciones diferenciadoras, cabe mencionar que en frecuentes ocasiones los términos mística y religiosidad son tomados como sinónimos, aunque todo lo referente a la religión no siempre se remite al catolicismo o al cristianismo en general.[2] Todo ello hace que los límites que separan los conceptos sean muy sutiles.

En Xochimilco, como veremos más adelante, las creencias populares derivadas del catolicismo conviven con gran cantidad de relaciones con lo supranatural[3] cuyo carácter ecléctico impide que sean reducidas al término religiosidad. En el marco de nuestro estudio y en el espacio de referencia, lo religioso se remite no a cualquier religión, sino más bien a la católica.[4] Tal es el caso del culto al Niñopan que sólo puede ser entendido en el marco de la religiosidad popular derivada directamente de la religión católica, aunque se introduzcan elementos (tales como la comida, los bailes, etcétera) que evidentemente no emanan del catolicismo, fenómeno que otorga al culto en cuestión un aspecto sincrético.

Para la precisión de los términos incluidos en la expresión mística popular subalterna es preciso considerar que en el ámbito de la mística encontramos elementos ordenadores de la vida y la cosmovisión de la gente que no se derivan de materialidades, sino más bien están anclados en acciones y prácticas que no sólo invocan lo sobrenatural, sino también se explican a partir de esta dimensión. Lo popular en cambio (con todo lo polémico que el término encierra), se aplica a ese sec-

[2] A este propósito, véase más adelante las referencias de Durkheim sobre la religión.

[3] Creen en los chamanes y, más aún, los frecuentan; cuando se enferman acuden a los curanderos; resignifican muchas de las prácticas religiosas derivadas del catolicismo. Las celebraciones preparadas para el día de los muertos son un claro ejemplo de lo último. Además, representan posturas sincréticas con creencias y celebraciones que sobrepasan y no recogen todos los principios católicos.

[4] En nuestro trabajo de campo hemos encontrado creyentes vinculados con los Testigos de Jehová, pero esta constatación no invalida lo antes dicho, pues hasta el momento aquéllos tienen poca representación local.

tor difuso de la población que no ocupa los estratos altos de la estructura social, ni controla los mecanismos de poder y de coerción social macroinstitucionalizados. Por subalterna, aludimos a la relación dialéctica (no exenta de asimetrías) entre la cultura de los grupos populares y la de los dominantes.

De esta manera, la mística popular subalterna se conforma —a diferencia de las religiones dominantes— integrando y resignificando aspectos centrales de dichas religiones mediante complejos procesos de "socialización religiosa". Esta mística también se construye mediante el surgimiento de hábitos reproducidos en las prácticas cotidianas que se encuentran fuertemente ligados a las tradiciones. Es por ello que muchos de los elementos presentes en la mística popular de los habitantes de Xochimilco mantienen importantes referentes prehispánicos.

La transmisión-recepción-recreación de la mística popular se realiza principalmente mediante la vivencia en los ámbitos de relaciones sociales de naturaleza íntima: la familia, el barrio, los grupos de amigos que terminan por ser espacios socializadores y formadores de las identidades profundas.[5] En estos ámbitos se transmiten las creencias colectivas de acuerdo con pautas tradicionales.[6]

Esta transmisión se refuerza enormemente en las fiestas religiosas que pueden ser conductos —como otros eventos colectivos de naturaleza profana—[7] para la reproducción de iden-

[5] Véase Vania Salles, 1992 para un desarrollo sobre los vínculos entre familia/socialización/identidades. Sobre las identidades véase Manuel Valenzuela, 1993. Los sectores populares en México van a la escuela pública y laica, por lo tanto la religiosidad no es adquirida sistemáticamente a través de la escuela.

[6] Ariès Phlylippe en "Culture orale et culture écrite" nos habla de las solidaridades y de las oralidades, las cuales configuran este ámbito de la tradición, que es a su vez transmitido bajo modalidades no escritas. Véase Phylippe Ariès en B.Plongeron y R. Pannet (coords.), *Le Christianisme populaire*, París, 1976, pp. 227-229.

[7] Si en el pasado era rara la existencia de eventos colectivos con incidencia en la formación de identidades que no fueran de carácter religioso, hoy día, con el proceso de secularización, éstos son múltiples: por ejemplo, partidos de futbol, conciertos de rock. Evidentemente las identidades generadas mediante tales eventos guardan pocos vínculos con lo religioso.

tidades, así como para la participación directa de las nuevas generaciones en múltiples actividades y ritos religiosos.

Las identidades culturales se conforman en las relaciones periódicas y reiterativas en ámbitos de naturaleza íntima, donde se inscriben las fiestas que implican un involucramiento familiar y de las redes afectivas.

Las aseveraciones que se presentan en este capítulo, bajo la modalidad de hipótesis, ganan en precisión con el análisis de las entrevistas. Dicho análisis, que se incluye del capítulo IV en adelante, permite constatar tanto la importancia de las fiestas religiosas como su relación con la formación de las identidades culturales.

3. Mística y religiosidad popular

En su trabajo fundamental *Las formas elementales de la vida religiosa*, Durkheim orientó el estudio de las religiones hacia lo que él consideraba la religión más primitiva y más simple, idea con la cual aludía a religiones de sociedades menos complejas que se deberían explicar sin requerir elementos correspondientes a religiones previas.

Durkheim define a la religión como un "sistema solidario de creencias y de prácticas relativas a las cosas sagradas, es decir, separadas, interdictas", y que además deberán ser colectivas. En un sentido más amplio, Durkheim considera que para la explicación de los aspectos humanos en un momento dado, tales como creencias religiosas, reglas morales, preceptos jurídicos, técnicas estéticas, regímenes económicos, se debería analizar dichos aspectos desde sus formas más primitivas y simples, para posteriormente explicar su desarrollo y proceso de complejización.

En estas ideas está presente la convicción de que las religiones arcaicas son las más adecuadas para lograr explicar la naturaleza mística del hombre, con lo cual Durkheim se ubica en una posición ontologista que reconoce aspectos esenciales y permanentes de la humanidad. Del reconocimiento de estas esencialidades y aspectos perennes del hombre deriva el hecho de que los ritos "más bárbaros" o extraños traducen alguna necesidad humana, o algunos aspectos individuales y sociales que la sociologia debe explicar, concluyendo que no existen religiones falsas en la medida en que todas derivan de ciertas condiciones inherentes a la existencia humana, y responden a necesidades similares.

La priorización del análisis de las formas religiosas más simples obedece a que Durkheim considera que en las religiones complejas resulta difícil distinguir lo principal de lo secundario, o lo esencial de lo accesorio. Asimismo, las religiones arcaicas, en la medida en que los elementos individuales se encuentran poco desarrollados, permiten que exista una menor diferenciación y son menores las variaciones entre los miembros del grupo. La cohesión colectiva, donde "todo es de todos", propicia que desde esta perspectiva se presente una suerte de confusión entre el tipo individual y el genérico, mientras que lo esencial aparece de manera transparente, pues según la imagen de Durkheim, "todas las conciencias son arrastradas en los mismos remolinos".

Durkheim concluye que la religión constituye un hecho eminentemente social; las representaciones religiosas, por lo tanto, son representaciones colectivas, que a su vez expresan realidades grupales de las cuales emanan los ritos, como acciones cuyas funciones son propiciar, preservar o recrear ciertos estados mentales colectivos. Al mismo tiempo identifica las creencias y los ritos como las categorías principales de fenómenos religiosos que implican la diferencia entre pensamiento y movimiento.[8]

Desde la perspectiva de Durkheim, el elemento común a todas las religiones lo constituye el hecho de que suponen una clasificación de las cosas, sean reales o ideales. De esto derivan dos tipos de representaciones que invocan clases o géneros opuestos: lo profano y lo sagrado, por lo cual esta dicotomización del mundo en los dominios de lo profano y lo sagrado es lo que distingue al pensamiento religioso.

Se acostumbra hacer dos tipos básicos de críticas a los planteamientos de este autor. La primera de ellas –referida a la concepción óntica de Durkheim– que apuesta a una esencia

[8] Las creencias serían "estado de la opinión" y consisten en representaciones, mientras que los ritos son "modos de acción determinados".

humana de carácter suprasocial y suprahistórica, encierra una visión lineal de las sociedades. La segunda crítica relevante para nuestro trabajo se refiere a la dimensión binaria y dicotomizante entre los espacios sacros y los profanos, sobre la cual abundaremos más adelante.

En sus investigaciones sobre sociología de la religión, Max Weber consideró la existencia de una "ética económica" de las religiones, concepto con el cual aludía a "tendencias prácticas de la acción que se basan en el nivel psicológico y pragmático de las religiones".[9] De esta manera, se presenta una vinculación no lineal entre religión y ética económica, las cuales se influyen recíprocamente, pero no se determinan de manera exclusiva, pues el estilo de vida implica diferentes factores que lo condicionan –entre ellos se encuentra la religión–, y que participan en la conformación de la ética económica.

Teniendo como telón de fondo al materialismo, Weber cuestiona que la religión sea una "función" de la estructura social, y que ésta refleje los intereses materiales o los ideales de un estrato social, pues para él la ética religiosa, más allá de las influencias económicas, políticas y sociales, obtiene sus características de fuentes religiosas, así como del sentido de "su anunciación y de su promesa".

Weber considera que la necesidad de redentores y profetas es más fuerte entre los oprimidos y los miserables. Esta religiosidad se convirtió en un complemento o sustituto racional de la magia, lo cual incide en diferentes conformaciones del orden social, principalmente sobre las formas de dominio carismático, pues el carisma se define como una cualidad de carácter extraordinario que posee el líder, no importa si ésta es real, presunta o supuesta.[10]

[9] Weber señala que "modalidades de organización económica externamente semejantes pueden corresponder a éticas económicas muy diferentes y que estas modalidades de organización económica pueden dar lugar a resultados históricos muy distintos según la peculiaridad de sus éticas económicas. Una ética económica no es una mera 'función' de un modo de organización económica; y, a su vez, tampoco las éticas económicas determinan unilateralmente el modo de la organización económica".

[10] Desde la perspectiva weberiana, la autoridad carismática "aludirá a un poder sobre los hombres, ya sea primordialmente interno o externo, al cual se subordinan los gobernados en virtud de su fe en la cualidad excepcio-

A partir de lo anterior, Weber concluye que la legitimidad del líder carismático se encuentra en "la fe y la devoción por lo extraordinario, lo sobrenatural, lo mágico, atributos que deberán demostrarse ante los seguidores a través de milagros, éxitos, y en 'el bienestar de los gobernados', pues si estas demostraciones se atenúan o desaparecen, se pone en peligro la fe y la autoridad carismática".[11]

Nuestro planteamiento acerca de la mística popular se vincula de manera importante con los planteamientos de Weber –brevemente indicados–, pero sobre todo con el concepto de lo numinoso de Rudolf Otto, apropiado y desarrollado por Cazeneuve (1972). Lo numinoso alude a lo sobrenatural y lo sagrado, pero no queda contenido en esos conceptos, sino que posee implicaciones mayores. Lo numinoso alude al misterio; a reacciones frente a elementos sobrenaturales, símbolos que producen angustia, y frente a los cuales, igual que en el concepto freudiano de tabú, se presenta una relación doble, en la medida en que son generadores de angustia y de fascinación; son producidos y productores de deseos, y por lo tanto construyen espacios de seducción y de atracción.[12] Lo numinoso se

---

nal de la persona específica. El brujo, hechicero, el profeta, el jefe de incursiones de caza y de saqueo, el caudillo guerrero, el denominado gobernante 'cesarista' y, en determinadas circunstancias, el jefe personal de un partido, todos ellos son dirigentes de este tipo respecto de sus discípulos, secuaces, tropas alistadas, partidos, etcétera. *Ibid.*

[11] Conjuntamente con la forma de dominio carismática, Weber identifica al tradicionalismo como "conjunto de actitudes psíquicas ajustadas a la vida cotidiana habitual y a la fe en la rutina diaria como patrón de conducta inviolable", de la cual emana la autoridad tradicionalista; o la dominación de tipo legal, en donde "el sometimiento a una autoridad legal se apoya, preferentemente, en un lazo 'impersonal' con la 'obligación del cargo' funcional", y la dominación normativa.

[12] Este planteamiento amerita una breve referencia al concepto de tabú desarrollado por Freud. Igual que Durkheim, Freud elige como núcleo de observación en sus análisis sobre el tótem y el tabú, a los grupos "salvajes", considerando al tótem como antepasado del clan, cuyo espíritu protector es generalmente una especie de animal, aunque también puede ser una planta o una fuerza natural que protege al grupo. Además, el tótem se transmite hereditariamente. Freud destaca que en casi todos los lugares donde funciona el sistema totémico se presentan leyes exogámicas, pues los miembros de un mismo tótem no deben tener relaciones sexuales, ni casarse entre sí. Para él,

desdobla en los rituales de impureza donde se encuentran los tabúes y la purificación, y los de potencia mágica que aluden a eventos permeados por la magia. Cazenueve señala que entre los primitivos, a diferencia de los ritos que intentan preservar "la condición humana" separándola de lo numinoso, se encuentra una amplia utilización de la magia, como forma de ubicar al hombre en un mundo que evade la regla, frente a los ritos de la impureza que buscan desterrar lo anormal.[13]

El rito es un acto individual o colectivo sujeto a reglas, repeticiones o inercias que lo constituyen, independientemente de lo que en él existe de innovación o de improvisación, por lo cual puede integrar tiempos diferentes. Los ritos se vinculan con elementos sobrenaturales, pero también refieren a hábitos y costumbres sociales, por lo cual, igual que el mito, constituyen lenguajes o sistemas simbólicos que remiten a estructuras.[14]

Cazeneuve cuestiona la diferenciación durkheimiana entre sacro y profano impugnando la oposición entre fuerzas puras e impuras, pues Durkheim creía que ambas obedecen a

---

el tabú se manifiesta en prohibiciones y restricciones, y tiene el fin de proteger de fuerzas sobrenaturales o de figuras con poder al grupo o a una parte de él. Así, el tabú tiene dos significados opuestos: el sagrado o consagrado y lo "inquietante, peligroso, prohibido o impuro". Los tabúes son un conjunto de limitaciones o prohibiciones que se atribuyen a los grupos sociales, son impuestos por una autoridad, y a su vez producen temor y deseo, por lo cual permanece la tendencia a transgredirlos. En la sociedad, el tótem fundante sería el asesinato del padre envidiado y temido por sus hijos, por lo que posteriormente se tuvo que instituir la prohibición del incesto. Aquí ubica Freud el punto de partida de las organizaciones sociales, de las restricciones morales y de la *religión*. Sigmund Freud, *Tótem y tabú*, Madrid, Alianza Editorial, 1980.

[13] Asimismo, desde la perspectiva de Cazeneuve (1972, p. 259) la religión "recoge y hace suyos a un mismo tiempo, los ideales de la magia y el tabú [...], aquélla está hecha de tabúes porque garantiza la estabilidad de la condición humana. También está hecha de magia, porque maneja las 'potencias numinosas'".

[14] Jean Cazeneuve, *Sociología del rito*, Argentina, Amorrortu, 1972. Asimismo, Cazeneuve diferencia a los ritos de control (que incluyen a las interdicciones y aquellos que buscan influir en los fenómenos naturales), y los ritos conmemorativos que intentan una recreación de la "atmósfera sagrada". De esta manera, él establece dos tipos de ritos: aquellos que se refieren a comportamientos tanto positivos como negativos que se presentan en la vida cotidiana, y los ritos que se presentan como vínculos entre el mundo cotidiano y el de los antepasados y las divinidades.

hipostatizaciones de sentimientos sociales. Por el contrario, Cazeneuve señala que es la naturaleza misma de la relación entre sociedad y fuerzas numinosas la que difiere, según se trate de lo sagrado o de lo impuro. En el primer caso la sociedad se justifica y se presenta como reflejo de estas fuerzas. En el caso de lo impuro, en cambio, se defiende contra fuerzas que la amenazan.[15]

Cazeneuve (1972, p. 225) sostiene esta idea: "la finalidad de los verdaderos ritos consiste unas veces en ahuyentar la impureza, otras en manejar la fuerza mágica y otras en colocar al hombre con un principio sagrado que lo trascienda".

Nos ubicamos en un campo analítico en el cual se excluye la relación dicotomizada entre lo sagrado y lo profano, en la medida en que los símbolos de lo sagrado deben estar vinculados con el orden humano y con la potencia suprahumana. Lo sagrado es sintético y convoca a la consagración de lo profano.

La identificación de ámbitos *sacros y profanos o puros e impuros* constituye referentes importantes para la ordenación taxonómica de las prácticas rituales. Sin embargo, la mística popular conforma abigarrados espacios de diferenciación y coincidencia entre lo sacro y lo profano; profanación de lo sagrado y sacralización de lo impuro; relación sin la cual se difuminan sus características fundamentales.

Consideramos la dimensión no cronológica del tiempo ritual. Un tiempo signado por la reproducción de lo extraordinario, con lo cual el tiempo se corresponde con ciclos semantizados de la vida social. Por ello, frecuentemente los tiempos de la cosecha, o efemérides fundamentales de la vida colectiva se insertan en la ritualización de las actividades festivas sacralizadas. Este tiempo mítico incluye sincronía y diacronía que, de acuerdo con Lévi Strauss, se cruzan y operan en el presente.[16]

[15] Cazeneuve señala: "Que lo profano se vuelva sagrado por medio del ritual de consagración, es algo que ciertamente podría comprenderse en una teoría que ofreciera de lo sagrado una definición que la distinguiese en esencia de la impureza. Así, lo sagrado corresponde a una sublimación, una síntesis entre la impureza y lo que constituye su contrario, ya que no [se] mantiene por referencia a la sociedad que lo aborda en sus ritos, ni a los carácteres exclusivos de la impureza". (*Ibid.*, p. 187).

[16] Véase Jacques Le Goff, *Pensar la historia: modernidad, presente, progreso*, Barcelona, Paidós, 1991.

El ritual también se ancla en el origen compartido y los viejos y antepasados participan como continuadores, reproductores y consagradores del orden social, conformando una conciencia de permanencia y de reconocimiento grupal.

Para profundizar en los elementos que estamos considerando, creemos oportuno recuperar la posición de Gilberto Giménez, quien analiza la religión popular rural en México. Según este autor, los elementos y estructuras antiguas de la religión prevalecen, donde el pueblo o la comunidad local constituye la unidad importante de los procesos sociales, económicos, políticos y culturales.[17] Por ello, Giménez define la religiosidad popular como "el conjunto de todas las prácticas simbólicas consideradas como religiosas por los campesinos pueblerinos tradicionales dentro del conjunto de sus prácticas y de sus relaciones sociales".[18]

Las prácticas religiosas, tomadas como procesos simbólicos, participan en la producción y reproducción de sentidos sociales, son producciones colectivas, acotadas en un contexto espacio-temporal, con estructuras de significación, y sustentadas en bases materiales. Lo religioso tanto es producto como incide en contextos culturales y simbólicos amplios que cargan de sentido a las interacciones sociales. Igual que Cazeneuve (1972), Giménez (1978) analiza lo religioso en cuanto generador de sistemas de significados que aluden tanto a la vida cotidiana, como a lo que la trasciende y forma parte del sistema cultural de una sociedad, delimitando "modelos del mundo".[19]

[17] Giménez polemiza con las posiciones de los pastoralistas latinoamericanos sobre el catolicismo popular –para quienes éste posee prácticas con un limitado contenido litúrgico y sacramental frente a la religiosidad oficial–, y destaca la constelación devocional o protectora, por lo cual sus prácticas se orientan sólo de manera relativa hacia la búsqueda de beneficios utilitarios. Giménez plantea una alternativa a las posiciones que caracterizan a la religiosidad popular como una "expresión deformada de la religiosidad oficial", producto de la baja escolaridad y la deficiente evangelización, cuando analiza la religión rural-popular desde sus características internas, enmarcadas por las relaciones sociales en las que se presenta. Véase Gilberto Giménez, *Cultura popular y religión en el Anáhuac*, México, Centro de Estudios Ecuménicos, 1978.

[18] *Ibid.*, p. 20.

[19] *Ibid.*

Hemos utilizado el concepto de mística popular para referirnos a creencias que involucran tanto preceptos emanados de las disposiciones eclesiásticas, como otros elementos que muchas veces no son aceptados por las iglesias. La creencia en los brujos, brujas y chamanes; la concepción sobre la muerte y sus rituales, son algunos de los múltiples ejemplos que ilustran esta idea. Por lo tanto, no existe homología entre el mensaje religioso propuesto por las teologías y los contenidos y prácticas místico-populares.[20]

La mística popular subalterna se encuentra contenida dentro de estructuras culturales que participan como marcos simbólicos de ordenación del sentido social e involucran elementos sacros y profanos, místicos y seculares, mesiánicos y fatalistas. La soterilogía cristiana (doctrina referente a la salvación), se decodifica en la religiosidad popular, como parte de una visión mística integrada en estructuras culturales múltiples y complejas, donde la hierogamia (revelación de lo sagrado) encuentra la mediación de íconos e imágenes santificadas por los sectores populares, que frecuentemente difieren de los favoritos de la religión oficial.[21]

El análisis de la recuperación de tradiciones religiosas no aceptadas, no debe agotarse en la determinación de patrones espurios, o falseadores de la religión oficial. Creemos necesario emprender el análisis de la religiosidad popular a partir de dos elementos interrelacionados.

[20] En una reflexión sobre este problema, José del Val en *Hacia el nuevo milenio*, México, UAM, 1991, p. 131, habla de la actitud religiosa para indicar las creencias que rebasan "ampliamente el marco de las religiones institucionalizadas y los códigos visibles, trasmutándose mediante la secularización y reemergiendo con otras manifestaciones no fácilmente reconocibles como religiosas". A su vez, Gilberto Giménez plantea que la matriz de transformación de las prácticas-creencias en el ámbito religioso contemporáneo es producto de una particular inserción en la estructura económico-social.

[21] De acuerdo con Elías Zamora Acosta, santos y santas son seres de carácter divino o divinizado que se representan iconográficamente y que constituyen una imagen sagrada a la que se rinde culto; en este sentido, "el santo es un dios para el mundo y no un dios para el más allá; resuelve problemas de aquí y ahora, que son los que preocupan al hombre ordinario". Los principales santos de Sevilla señalados por Zamora son: san Nicolás, santa Marta, santa Rita de Casia, san Cayetano, santa Rosalía, san Blas, san Onofre, san Martín, san Pancrasio, san Judas Tadeo. También señala que en la doc-

El primero reconoce, por un lado, la existencia de una solución sincrética derivada de los procesos fuertemente impositivos de inculcación de la religión católica en su periodo inicial en México y, por otro lado, la dificultad de eludir esta presión y la fuerza de las religiones autóctonas, las múltiples creencias asociadas con ellas y su impresionante persistencia.

El segundo refiere la religiosidad popular que se desarrolla en el seno de una cultura viva, en proceso de construcción y de cambio, guardando una relación no exenta de tensiones entre sus núcleos, contenidos y prácticas constitutivas. La religiosidad, por estar inserta en la cultura viva, es capaz no sólo de reproducir ritos y signos religiosos, sino también de instrumentar acciones creativas, producir ámbitos sacros apropiados y de responder a inéditas condiciones socioculturales. De esta manera, la emergencia de prácticas místicas conlleva la incorporación de nuevos elementos rituales y un amplio proceso de resignificación simbólica.[22]

4. Mística y religiosidad popular frente a la secularización

En las sociedades modernas se manifiesta una tendencia hacia la atenuación del carácter sagrado tanto de las instituciones, como de los valores, normas y actitudes frente a la vida.

Esta afirmación no significa que el creciente proceso de secularización, característico de las sociedades modernas, esté por borrar las tradiciones y creencias religiosas, culturalmente transmitidas de generación en generación, y sus cosmovisiones influidas por elementos simbólicos del pasado. La racionalización de los ámbitos constitutivos de la sociedad demostró ser

---

trina oficial a los santos se les debe culto de veneración o de *dulía*, mientras que sólo a Dios se rinde culto de adoración o *latría*. Elías Zamora Acosta, "Aproximación a la religiosidad popular en el mundo urbano: el culto a los santos en la ciudad de Sevilla", Teresa Rojas (comp.), 1983.

[22] Esta perspectiva es subrayada por Giménez, quien se propone analizar el fenómeno de la religiosidad popular "no en función de una forma determinada de catolicismo considerada forma-modelo, sino a partir de sus características internas y dentro del conjunto de las relaciones sociales que le sirven de base y contexto". Véase Gilberto Giménez, 1978, p. 25.

bastante desigual, tanto en términos espaciales como temporales. De esta manera, se preservan contextos que guardan vínculos profundos con tradiciones culturales y religiosas, escapando a la vocación homogeneizadora de los procesos de secularización.

En tales circunstancias se recrea el carácter sagrado de creencias, normas y valores tradicionales, propiciando una ruptura incompleta con el pasado tradicional. Esta suerte de discontinuidad entre el pasado sagrado y las ideas, valores, normas, e instituciones de nuevo tipo ilustra las dificultades del proceso secularizador. Esta afirmación no significa que las tradiciones posean una suerte de impermeabilidad frente a lo nuevo, pues las costumbres, además de guardar referentes heredados y de estar permeadas por rasgos místico/religiosos, participan en campos culturales más amplios, definidos de manera relevante por la incorporación de elementos culturales provenientes del mundo sistémico (Habermas, 1990) y por procesos mundiales de circulación de información y referentes simbólicos propalados por los medios masivos de comunicación y las industrias culturales.

La secularización implica la pérdida de poder, espacios y capacidad explicativa del campo religioso frente a la ciencia y los crecientes campos de lo profano que participan en la definición de los sentidos de la vida en sociedades crecientemente heterogéneas y plurales, atravesadas por el importante crecimiento de los procesos de división social del trabajo, industrialización, urbanización, individualización y fragmentación de los sentidos colectivos tradicionales. La secularización no es un proceso lineal o unívoco, sino que se presenta heterogéneo, y diverso, y en algunos casos las tendencias se invierten produciendo nuevos campos sacralizados o desecularizados.

La secularización, cuya condición prístima se encuentra en las batallas físicas y simbólicas entre las religiones, alude a los cambios territoriales y de propiedades del control de las autoridades eclesiásticas. Concepto con connotaciones binarias, la secularización ha sido definida tanto de manera positiva como negativa, como ha señalado Peter Berger,[23] pues por un

[23] Peter Berger, *The sacred canopy. Elements of a sociological theory of religion*, Nueva York, Anchor Books, 1990.

lado denota procesos de separación del tutelaje religioso, mientras que desde las perspectivas religiosas se le ubica como el incremento de los elementos paganos de las sociedades. Sin embargo, más allá de las adjetivaciones valorativas de la secularización, sus complejos y sinuosos procesos forman parte importante de los grandes fenómenos socioculturales del mundo contemporáneo.

Berger (1990) define a la secularización como formada por los procesos a través de los cuales los sectores sociales y los culturales son separados de la dominación de instituciones y símbolos religiosos, lo cual trasciende a los procesos socioestructurales, incidiendo en la totalidad de la vida cultural y las representaciones, situación que se observa en la declinación de los contenidos religiosos en las artes, en la filosofía, en la literatura, y en la ciencia, por lo cual la secularización social y cultural conlleva la secularización de las conciencias.

La secularización, dinamizada por el desarrollo del capitalismo industrial, es un proceso mundial heterogéneo que define y es definido por la conformación de sentidos sociales desde afuera de los campos religiosos y sus interpretaciones, produciendo también crisis fundamentales de credibilidad en la religión y sus definiciones tradicionales de la realidad (Berger, 1990).

Lo anterior ha propiciado en el hombre de la calle un doble proceso de secularización, subjetivo y objetivo. El primero se define por la incertidumbre acerca de los temas religiosos, mientras que el segundo alude a una oferta religiosa plural y a otras agencias que participan en la producción de sentidos de la realidad. Este pluralismo, definido por la libre competencia entre diversos grupos religiosos tolerados por el Estado, está socioestructuralmente relacionado con la secularización de la conciencia interior o los sentimientos internos. La secularización se encuentra fuertemente vinculada a la desmonopolización de las tradiciones religiosas y a la tendencia hacia situaciones plurales, en donde la definición del mundo y del sentido de la vida incluye a grupos religiosos y no religiosos, la burocratización de las organizaciones religiosas y la relativización de sus contenidos, además de un desfasamiento o atraso cultural entre la secularización de la economía frente a la del Estado y la familia (Berger, 1990).

Analizando la secularización en México, Roberto Blancarte (1993) destaca algunas de las características definidas por Karel Dobbelaere para explicar la multidimensionalidad del concepto que involucra procesos de laicización, la disminución de la participación eclesial, e importantes cambios religiosos, lo cual produce una constante reorganización y redefinición del sistema de creencias. Para los pueblos latinoamericanos lo anterior ilustra una modernización religiosa tardía, externa e incompleta.[24]

El proceso de separación Iglesia-Estado, establecido con las reformas juaristas de la segunda mitad del siglo pasado, inició un amplio periodo de distanciamiento y en ocasiones de profundo conflicto entre las instituciones religiosas y las del Estado mexicano, como sucedió durante el movimiento cristero.

No obstante la adscripción masiva de mexicanos en la religión católica y en el fuerte sentido simbiótico de ésta con la simbología del naciente Estado mexicano independiente, existe poca integración normativa de los fieles en la Iglesia católica que incorpora al 80% de los mexicanos. Este proceso de secularización nacional es analizado por Blancarte (1993) quien señala:

> Los sistemas simbólicos que permiten la integración de la sociedad mexicana están cambiando, por lo menos desde los años cuarenta y [...] lo están haciendo en el sentido de una creciente secularización. Esta tendencia no se limita al proceso de laicización de las instituciones y de la vida pública de los mexicanos, que se remonta al siglo XIX. Comprende también un alejamiento de los creyentes en relación con las normas doctrinales eclesiales, la individualización del sistema significante existencial y un proceso de cambio religioso, que produce efectos tanto en las iglesias como en su entorno social. Si a este "cristianismo secularizado" le agregamos el hecho de una presencia tradicionalmente baja del clero en nuestro país, en medio de una población numerosa, aparece ante nosotros la imagen de una religión ritualista pero con baja

[24] Roberto Blancarte, "Modernidad, secularización y religión; la iglesia católica, el Estado y la sociedad mexicana en el umbral del siglo XXI", en José Joaquín Blanco y José Woldenberg (comps.), *México a fines de siglo*, México, CNCA-FCE, 1993.

> presencia sacerdotal, espiritual pero con poca influencia doctrinal, de masas pero al mismo tiempo [con] un débil control eclesiástico, por lo menos para todo aquello que concierne las implicaciones a nivel individual.

En los contextos con bajo nivel de secularización se presenta una mayor permanecia de valores religiosos compartidos, aunque pueda haber individuos o conjuntos de personas que se aparten de ellos. Los procesos de secularización se presentan de manera diferenciada en distintos grupos sociales. Además de que dentro de ellos mismos existen prácticas y espacios que propician encuentros sacros de mayor intensidad, influyendo de manera concomitante en los rasgos fundamentales de esos procesos de secularización.[25]

La conformación sincrética de elementos sacros y seculares no es exclusiva de los sectores populares, sino que atañe al conjunto de los grupos sociales. En relación con esta idea, Habermas (1990), al plantear un posible diagnóstico de nuestro tiempo, afirma que la sociedad moderna requiere vínculos con el "horizonte histórico de los viejos protectores". Como la modernidad no ha producido de manera adecuada el contrapeso creador de sentido que se precisa para lograr enfrentar adecuadamente los problemas, avatares o vicisitudes de la vida, las tradiciones participan como elementos continentes, o de contrapeso a los problemas de pérdida de sentido de la modernidad. De acuerdo con Habermas, esto expresa la prevalencia y necesidad de lo tradicional, muchas veces investido de religión, para los sectores populares, o de metafísica "para los más cultos".[26]

[25] Se ha señalado ampliamente la existencia de una tensión intrínseca a la sociedad moderna que surge de la contradicción entre el ritmo de crecimiento expansivo de la secularización (y de los cambios en ella implicados) y la necesidad de preservar un núcleo colectivo de valores, normas y costumbres socialemente aceptados. En autores como Toynbee, Tönnies, Sorokin, encontramos referencias señalando que el declive y desmoronamiento de las grandes civilizaciones ocurre en momentos de un acelerado proceso de secularización, aunque el fenómeno no sea reductible a dicho proceso.

[26] Jürgen Habermas, *Pensamiento postmetafísico*, Taurus, México, 1990.

Dentro de este mismo campo de problematización se ubican los comentarios de Carlos Monsiváis, cuando señala que

> en sociedades donde la vida de las mayorías está sujeta a miseria y persecución, la gente busca consuelo de sufrimientos y frustraciones en su práctica religiosa, y a todas las manifestaciones de la cultura nativa –económicas, sociales, políticas o filosóficas– las impregna el pacto con las fuerzas extraterrenas.[27]

Algunas de las múltiples características de esta suerte de tránsito a las sociedades modernas son la pérdida de los lazos comunitarios que atañen el funcionamiento de instituciones básicas (como por ejemplo las que se organizan con base en los grupos primarios), fenómenos que se presentan concomitantemente con la superación y desuso de valores y normas internalizados en la socialización primaria.[28] El concepto de modernización que muchas veces se presenta de manera simplificada a través de los procesos de industrialización y urbanización y los cambios estructurales que implican, también se acompaña de importantes transformaciones culturales referidas a construcciones colectivas del sentido de la vida, que implican tanto valores, creencias y conformación de poderes como la transformación de las prácticas familiares y sexuales, y la relación con el medio ambiente.[29]

La secularización como proceso inconcluso[30] que participa en la definición de la vida xochimilca, incluye la formación de sentidos en el ámbito de la vida cotidiana, lo cual no ha logrado impedir el mantenimiento y la defensa de formas de solidaridad establecidas a través de sólidos vínculos con los elementos tradicionales.

[27] Véase Carlos Monsiváis en varios autores, *Hacia el fin del milenio*, UAM-Iztapalapa, México, 1991.

[28] Berman elabora una crítica a las versiones nostálgicas que presentan una imagen idealizada de la sociedad preindustrial y destacan su estabilidad. Véase Marshall Berman, *Tudo o que é sólido se volatiliza no ar*, 1990.

[29] *Idem.*

[30] En ocasiones este término se utiliza para referir procesos en verdad inconclusos, pero en vías de concluirse. El término en nuestro texto no incluye previsiones de conclusión, pues un sinnúmero de observaciones sobre la fuerza de la secularización en Xochimilco indican más un retorno a lo sagrado y lo intangible que su destrucción total por el fenómeno secularizador.

También se presentan acciones reactivas que surgen del ámbito cotidiano, cuyo centro de activación se encuentra en la tradición compartida, que por su amplitud puede ser tomada como un fenómeno que no se circunscribe a prácticas de grupos pequeños. Es debido a estas acciones que se preservan creencias y costumbres escasamente intervenidas por la secularización, y organizadas en torno a estructuras simbólicas que les permiten resistir sin ser absorbidas por el torbellino de los cambios. La fuerza fundamental de estos campos cotidianos posibilita que muchas de las tradiciones culturales logren escapar parcialmente a los imperativos de la modernización.

Como hemos indicado, en Xochimilco la religiosidad ha participado como elemento crucial de la cultura popular, situación que fortalece la posición de todas las investigaciones que destacan la religiosidad popular como elemento constitutivo de una cultura popular. Esta preocupación de analizar la dimensión cultural de los fenómenos religiosos, presente en autores actuales como Giménez y Geertz, por ejemplo, forma parte de los temas de interés de vertientes clásicas de la antropología y de la sociología, pues está presente en Durkheim, Malinowski y Weber, para citar apenas algunas.

Frente a un proceso agudo de modernización, la religiosidad popular se puede afianzar y en ocasiones se presenta en franco estado de crecimiento, no únicamente en áreas rurales sino también en algunas zonas urbanas.[31] Pareciera que en algunos sectores resurge un acercamiento al misticismo y a formas de religiosidad que se reencuentran con sus tradiciones, las recrean, las renuevan, desestimando la lógica desarrollista que apostó a un mundo cada vez más orientado por la ciencia y la razón, que inevitablemente substituirían al pensamiento mágico y a la religiosidad.

En la actualidad existe una gran cantidad de personas de todos los sectores sociales que continúan cultivando sus tradiciones –entre las cuales la dimensión mística tiene un papel

[31] Es importante enfatizar que con los nuevos asentamientos populares de Xochimilco se introducen, en el periodo reciente, religiones no vinculadas a la Iglesia católica. Este fenómeno no se circunscribe a Xochimilco, y entre los estudios que destacan su presencia en otros contextos, encontramos el de Guillermo de la Peña y René de la Torre (1990).

relevante– no sólo como aspectos importantes para la definición colectiva de los sentidos de la vida, sino también, como elementos que participan fragmentariamente en la estructuración personal frente al desmoronamiento de antiguas formas de vida.[32]

Con el fracaso de las instituciones sociales que funcionan en los órdenes seculares, y del proyecto moderno de sociedad para resolver necesidades fundamentales de la vida del sector popular –permeado por enfermedades, hambre, dificultad para conseguir empleo, violencia, pobreza– las relaciones con lo divino mantienen su vigencia.

La modernización inconclusa participa en el mantenimiento de lo tradicional. En contextos como el de Xochimilco, marcados por una modernización inconclusa, la percepción del agotamiento y la desilusión se reflejan en formas de vida en las que se observa la persistencia de la mística popular, que participa en la búsqueda del equilibrio personal o grupal en un mundo de desarraigos, miseria y trastocamiento en la definición de sus sentidos. Para quienes la modernización no ha cambiado la dinámica central de su cotidianeidad, la preservación de lo tradicional no constituye un retorno, sino una"inercia" de vida, por lo cual lo tradicional permanece a pesar de sus cambios y recreaciones.

La necesidad de creer en un poder mágico, no terrenal, es un rasgo muy importante de las concepciones populares que implican una visión de mundo donde existen relaciones imbricadas con lo sagrado, que participa e interviene directamente en los asuntos terrenales y de naturaleza personal.[33]

[32] Esta idea se puede ampliar de la siguiente manera: vivir en sociedades complejas, con los desarraigos y la multiplicidad de mensajes, discursos, contextos vivenciales con incidencia en los procesos identitarios, hace que la autoafirmación de la identidad y la atribución de sentido a la vida se vuelva algo problemático.

[33] Cuando preguntamos a uno de los posaderos de Xochimilco sobre sus expectativas de la posada, nos respondió: "Quién sabe; todo depende del Niñopan". Evidentemente el posadero había tomado todas las disposiciones para que la posada fuera todo un éxito. Pero de todos modos la cosa podía variar en función de la intervención del Niñopan. Otra ilustración de esta idea se refiere a la curación de los enfermos. Marcel Mauss, cuando investiga sobre el pensamiento mágico, produce una serie de argumentos interesantes

Los pensamientos religiosos y místicos pueden ser interpretados como producción de acciones simbólicas referidas a una realidad que trasciende a lo humano, que buscan explicar lo inexplicable y otorgar sentido a la vida, cuyo contenido varía según determinantes socioculturales históricamente definidas.[34]

La mística y la religiosidad sólo son discernibles ubicándolas dentro de la situación en la cual se producen y reproducen; tienen una connotación situacional integrada a la cultura en la cual participan; de esta manera, la mística popular y la religiosidad subalternas son estructuradas y estructuradoras del orden y el sentido social de los sectores populares y en ocasiones también de grupos transclasistas. Sin embargo, las estructuraciones sociales no delimitan de manera homogénea las demarcaciones culturales que pueden atravesar los linderos socioeconómicos y establecer adscripciones.

Tales demarcaciones poseen referentes espaciales imprecisos que no obstante juegan un papel central en la constitución de vínculos intersubjetivos y de la realidad vivida; son espacios semantizados en los cuales se anclan los recuerdos y se reproduce la experiencia cotidiana. Por ser semantizados participan de manera activa en la configuración de la memoria mítica y social incorporando referentes reales o inventados, a través de los cuales las personas actualizan y ritualizan elementos culturales compartidos.

Los referentes seculares que marcan los ritos civiles no siempre se encuentran diferenciados de las efemérides vinculadas con el misticismo popular, sino que algunas fechas dedicadas al culto popular se integran a efemérides cívicas nacionales y muchas veces las festividades paganas encierran una fuerte carga mística. La historia novelada y la memoria selectiva destaca-

---

para interpretar esta visión de la ineludible intervención de lo sobrenatural en la vida cotidiana. Véase también la introducción de Claude Levi-Strauss al libro de Mauss.

[34] Geertz ha destacado que la religión es "...un sistema de símbolos que obra para establecer vigorosos, penetrantes y duraderos estados anímicos, y motivaciones en los hombres, formulando concepciones de un orden general de existencia y revistiendo estas concepciones con una aureola de efectividad tal que los estados anímicos y motivaciones parezcan de un realismo único".

das por la visión dominante de la cultura nacional, recurren a elementos del culto y misticismo popular como recurso de validación, condición que puede ejemplificarse de manera adecuada con la aparición de la Virgen de Guadalupe a Juan Diego, y con el papel de la guadalupana en las diferentes luchas sociales de nuestro país.[35]

[35] Lo anterior puede ilustrarse con el siguiente pasaje de Miguel Concha: "...el Primer Presidente de México, Félix Fernández, se impone simbólicamente el sobrenombre de Guadalupe Victoria, con el cual queda en nuestra historia nacional, y que Benito Juárez decretó que el 12 de diciembre fuera día de fiesta nacional. Los zacapoaxtlas empuñaron su imagen al defender a la nación de la intervención francesa. El popular caudillo revolucionario del Sur, Emiliano Zapata, volvió a abanderar con ella su movimiento..." Miguel Concha Malo, "La Virgen de Guadalupe y el nacionalismo mexicano desde las clases populares", en Varios autores, *Hacia el nuevo milenio: estudios sobre mesianismo, identidad nacional y socialismo*, vol. I, México, UNAM, 1986.

El Niñopan cargado por la mujer del posadero. Xochimilco, diciembre de 1991.
Foto de Carla Torres.

Chinelos bailando. Exhibición de algarabía en Xochimilco, diciembre de 1991. Foto de José Manuel Valenzuela.

El Niñopan en la casa del mayordomo. Xochimilco, diciembre de 1991. Foto de José Manuel Valenzuela.

Acudir a la fiesta en su tiempo extraordinario. Fiestas del Niñopan. Xochimilco, diciembre de 1991. Foto de José Manuel Valenzuela.

Señoras cargando flores en la procesión. Xochimilco, diciembre de 1991. Foto de Carla Torres.

El Niñopan en procesión con los posaderos. Xochimilco, 18 de diciembre de 1991. Foto de José Manuel Valenzuela.

Esmero y cuidado en la atención al Niñopan. Xochimilco, diciembre de 1991. Foto de Carla Torres.

El Niñopan con vestido bordado con hilos de plata. Xochimilco, 19 de diciembre de 1991. Foto de José Manuel Valenzuela.

El Niñopan en procesión. Xochimilco, diciembre de 1991. Foto de Carla Torres.

En una reunión para organizar la fiesta. Xochimilco, 1991. Foto de Carla Torres.

En medio del tránsito. Xochimilco, 1991. Foto de Carla Torres.

Luces de Bengala, gorritos y flores. Xochimilco, 1991. Foto de Carla Torres.

Al final de una posada en Xochimilco, diciembre de 1991.
Foto de Carla Torres.

Trajineras turísticas en un embarcadero. Xochimilco, 1991. Foto de Carla Torres.

Al final de una posada en Xochimilco, diciembre de 1991. Fotos de José Manuel Valenzuela.

IV. SOBRE LAS ENTREVISTAS Y LOS PROCEDIMIENTOS ADOPTADOS PARA ANALIZARLAS[1]

> La entrevista grabada posibilita "fijar lo dicho" y permite trabajar lo fijado en "términos susceptibles de consulta"
>
> GEERTZ

1. PRESENTACIÓN

En este capítulo analizamos la información recabada en entrevistas en profundidad, algunas aplicadas a personas encargadas de organizar las fiestas (posaderos, mayordomos)[2] y a otras quienes, sin hacerse cargo de tareas organizativas, participan de los eventos festivos. Entre los temas abordados destacan la importancia que tienen las fiestas religiosas tanto para los individuos como para la comunidad xochimilca.

El número de entrevistas recabadas fue delimitado por el momento en que la información empezó a repetirse (punto de saturación, conforme Bertaux, 1993), es decir, cuando ya no se obtenían datos nuevos.

El examen del material de las entrevistas explica un doble fenómeno referido a la formación/reproducción de procesos

[1] La parte metodológica del capítulo reproduce la ponencia preparada para el XVI Congreso Internacional de la Historia de las Religiones (Asociación Latinoamericana para el Estudio de las Religiones ALER) y realizado en la ciudad de México (6 al 12 de agosto de 1995).

[2] Estas entrevistas se realizaron en diferentes momentos cuya determinación obedeció a distintas lógicas que se describirán más adelante.

identitarios: es la existencia previa de una identidad marcada por la religión y la mística popular que permite otorgar importancia a las fiestas religiosas. Pero a su vez las fiestas son indispensables para la reproducción de identidades marcadamente religiosas y pautadas por el misticismo.

Las fiestas articulan un conjunto importante de acciones, unas de naturaleza sacra, otras de corte profano, pero todas confluyen hacia la construcción de un orden social significativo. Las acciones se inscriben en estrategias de largo plazo, como suelen ser las que están orientadas por la cultura.

Partimos de la idea de que el discurso individual –dado que se trata de individuos insertos en contextos culturalmente compartidos– no es un discurso aislado (o si se quiere exclusivamente del individuo), pues refleja lo colectivo en términos de vivencias, prácticas y maneras de hacer las cosas.

Desde esta óptica, el discurso sobre las fiestas está formado por un componente subjetivo, aunque también encierra un componente más amplio, la intersubjetividad, producto de la interacción entre los sujetos (y sus diferentes sujetividades) y de las distintas modalidades que adopta la comunicación (consensos, discensos, destrucción de argumentos, emergencia de otros).

La información denominada cualitativa implica un proceso de sistematización, sin el cual no tiene ningún valor heurístico ni sirve para inferir ideas aptas para la consecución de un análisis. Éste es uno de los múltiples puentes y afinidades que los métodos cualitativos guardan respecto a los cuantitativos. La información recabada, con base en entrevistas grabadas, se conforma como archivo y puede suscitar varios tipos de utilización.[3]

Entre las distintas iniciativas tomadas para preparar las entrevistas con fines de servir al análisis están:

a) la transcripción acompañada por el cotejo del texto transcrito con la entrevista grabada, y en su caso corrección de lo transcrito. A partir del proceso de transcripción, que puede ser *in extenso* o tomar la forma selectiva, y del ajuste de lo

[3] Véase Vania Salles y José Manuel Valenzuela, "Acerca de la interpretación", mimeo., CES, El Colegio de México, 1990.

transcrito mediante las múltlipes lecturas y cotejo del texto, hemos pasado a la presistematización de los materiales con el fin de irlos preparando para la codificación;

b) la presistematización implica la preparación de todo lo que se requiere como antecedente de la codificación, por ejemplo un conocimiento detallado del contenido de cada entrevista, la determinación de los posibles vínculos entre lo que se dice en las entrevistas y las hipótesis[4] e ideas teóricas desarrolladas previamente, y el establecimiento de los posibles nexos entre las distintas entrevistas;

c) la codificación, presente en todo tipo de investigación (cualitativa/cuantitativa), implica una transformación de los datos recabados con el fin de procesarlos como expresiones (con grados variables de imprecisión) de la realidad. La transformación inherente a los procesos de codificación permite también hacer que la información bruta sea apropiable por el discurso analítico y teórico. La codificación de las entrevistas en profundidad, proceso que puede tener varios desenlaces posibles, es imprescindible si el objetivo de la investigación es proporcionar un acercamiento sistemático. Todo ello –incluyendo la transcripción *in extenso*, pero sobre todo la selectiva– requiere de un esfuerzo analítico/interpretativo que toma vastas proporciones en el momento de la codificación. La codificación –considerada como evaluación nominal que hace posible realizar una clasificación del material de la entrevista– constituyó un esfuerzo preliminar de organización de los contenidos internos de cada texto.

Con esta labor intentamos clasificar un conjunto de cosas, como por ejemplo una frase, la referencia a un evento, a una fiesta, a un culto, a un santo, a una leyenda, etc. Como la función de cada código es registrar y hacer inventario de un vasto

[4] Aunque no ignoramos la maraña de definiciones al respecto, nosotros entendemos por hipótesis la formulación de una idea que, en nuestra investigación, adquiere la forma de una suposición intuitivamente planteada. No obstante tiene como trasfondo el conocimiento previo y acumulado que arroja la investigación y la teoría sobre el tema. Además, en nuestro caso, como recurrimos a la observación participante y nosotros mismos desarrollamos la labor de llevar a cabo las entrevistas en profundidad, al organizar el material recabado ya teníamos algunas hipótesis.

espectro de significados en forma relativamente arbitraria, posteriormente hemos procedido a detectar temas y subtemas. Cada tema puede ser tomado como una afirmación sobre un asunto que adopta la forma de una frase. Según Berelson (1971), el tema se desprende casi naturalmente de un texto en estado de interpretación y su detección por el intérprete de la entrevista está informada por la teoría subyacente o explícita, que en verdad es la guía para la lectura y el análisis de toda la información vertida en entrevistas en profundidad;

d) la preparación de los cuadros para posibilitar un acceso más sistemático (aunque muy incompleto) a la información. En este marco hemos elaborado varios tipos de cuadros que terminaron por representar procesos de cuantificación extraídos de información cualitativa, lo que nos demostró en la práctica los íntimos vínculos existentes entre procedimientos cualitativos y cuantitativos;

e) el análisis y la interpretación. Como en la construcción de los temas intervienen discursos de varias personas socialmente ubicadas que comparten vivencias en un contexto cultural dado, pensamos que los contenidos temáticos reúnen elementos de orden subjetivo irremediablemente imbricados con la interacción, y por ello, con lo intersubjetivo. Esto, creemos, confiere a los resultados y hallazgos un cierto grado de generalización. Cuando se da el paso del código a los temas que permiten esbozar elementos teórico-analíticos, validar hipótesis y preguntas previas, la información anteriormente codificada pasa en esta etapa por una reelaboración. En razonamientos analíticos o teóricos, no se busca forzosamente una consistencia *stricto sensu* o la trasformación de todo lo dicho (o todo lo captado) en la entrevista. Más bien, en nuestro trabajo de interpretación de las entrevistas, guardamos varios aspectos que quedan apenas como elementos de descripción, sea de las fiestas o de los contextos. Aunque al uso de las entrevistas como instrumento de trabajo sea inherente un empobrecimiento de la información, pensamos que el hecho de guardar aspectos descriptivos muchas veces irreductibles a una integración teórica contrarresta este proceso.

Nuestro material consiste en una muestra que no pretende una representación estadística sino más bien:

–recabar relatos locales de las personas que participan de las fiestas religiosas (con distintos grados de protagonicidad);

–recabar relatos sobre leyendas, vírgenes, santos y niños Dios;

–reunir datos sobre eventos y prácticas que pudieran apoyar las afirmaciones tanto sobre los vínculos entre religiosidad y mística popular como sobre las diferencias implicadas en dichos conceptos;

–proporcionar materiales para describir las creencias de los habitantes de Xochimilco a partir de su propio discurso;

–explorar los rasgos más sobresalientes de los rituales implicados en las fiestas religiosas, brindando además atención a sus aspectos sagrados que muchas veces se acompañaron de un conjunto de rituales profanos.

Además, la información proporcionada por las entrevistas funcionó como parámetro para la constitución de criterios por elaborar, con el fin de seleccionar las fiestas y celebraciones que posteriormente serían incluidas en la investigación.

El escenario de la investigación se orienta hacia el espacio de la acción recurrente, de la rutina; las relaciones ahí producidas tienen un componente vivo e instrumental: producir una fiesta. Sin embargo, este escenario es ininteligible si se encuentra aislado del nivel más amplio, que es el que da sentido a la fiesta: ésta es legítima no porque haya un grupo de productores/receptores[5] en un determinado momento, sino porque es la síntesis de tradiciones pretéritas que aún encuentran arraigo en la actualidad.

[5] El desdoblamiento de una celebración puede ser visto desde dos dimensiones articuladas: la producción de la fiesta y la recepción del evento. Esta perspectiva aplicada a sucesos de naturaleza política, por lo tanto diferentes a los estudiados, se encuentra desarrollada en Esteban Vernik, "Mirando los políticos por la televisión", mimeo., CES, El Colegio de México, 1992.

2. Contexto de la investigación, referencias a la información y perfiles de las personas entrevistadas

Para estudiar las fiestas religiosas en Xochimilco, además de las entrevistas en profundidad, hemos optado por el procedimiento de la observación participante, mediante varias y continuas visitas a la región.

Un primer acercamiento consistió en conocer los barrios, pues dicha dimensión da posibilidades de observar las acciones cotidianas y las estrategias grupales empleadas en la organización de la fiesta. En estas acciones están presentes, como ya hemos mencionado, aspectos intersubjetivos y por lo tanto derivados de la puesta en relación de por lo menos dos personas en estado de comunicación. Se trata de acciones enmarcadas en distintas configuraciones grupales.

Las personas y los grupos a los cuales pertenecen son los que se hacen cargo de organizar las fiestas y de convocar a la comunidad para que participe en ellas.

Aunque una fiesta no tenga como fin último convocar a un público, en las que observamos en Xochimilco la participación es importante tanto en términos sustantivos como comparativos. La calidad de la fiesta se mide, entre otros criterios, por la densidad del público que acude y que en ella participa.

El acercamiento inicial al barrio fue decisivo, pues no se trata de cualquier fiesta, sino de fiestas contextualizadas en espacios con características de barrio.[6] Consideramos al barrio (los barrios), como un espacio socialmente construido en términos históricos, pero reapropiado por los habitantes que comparten su vivencia en un periodo preciso (una o varias décadas, o periodos más cortos). En los barrios también se generan procesos distintos a los de carácter festivo, que anclados en hábitos y prácticas simbólicas, producen y reproducen elementos significativos de identidad cultural.

[6] En los barrios del Xochimilco céntrico y a diferencia de otros barrios modernos y clasemedieros establecidos en la delegación (que son monótonamente construidos), encontramos una riqueza de escenarios en los que comparten espacios: algunos monumentos de la época colonial, creaciones culturales prehispánicas (las chinampas), casas de gente acomodada, viviendas populares.

Desde el barrio se puede observar estilos de vida y horizontes culturales influidos por (mas no reductibles a) las condiciones objetivas de vida que van más allá de las que genera la inserción en los procesos productivos (inserción laboral). Los estilos de vida denotan prestigio social y cierto estatus, que en Xochimilco no guardan una relación directa con la inserción económica o con el oficio. El prestigio de un mayordomo, por ejemplo, guarda escasas relaciones con su ocupación.

Entre las configuraciones grupales encontramos a la familia y sus redes.[7] El hecho de pertenecer a una familia de estrechos vínculos con la parentela y amplias redes de relación, demostró en nuestras entrevistas ser crucial para el ejercicio y el éxito de determinadas funciones: el cargo de posadero, por ejemplo, puede ser asumido individualmente por el jefe de la casa o la pareja, pero es familiarmente ejercido.

Los criterios adoptados para la selección de fiestas y celebraciones a estudiar incluyen la relevancia de la participación cuantitativa y cualitativa de la población de Xochimilco, el radio de influencia que tienen, en general determinado por cuestiones de naturaleza histórica. Además de las referencias captadas en las entrevistas, influyó en la selección la revisión de la bibliografía sobre el tema (tanto en términos de resultados de investigaciones como de aportes teórico-metodológicos), procedimiento totalmente indispensable para evitar un sesgo empirista.

A pesar de que ocurran en un espacio determinado,[8] el significado e importancia de las fiestas y celebraciones religiosas sobrepasa los límites espaciales, ya que el conjunto abarca un amplio campo de acciones y de referentes, aunque no todos circunscritos localmente. Intervienen, por ejemplo, la memoria socialmente construida, los símbolos y relatos heredados, lo que hace que estas expresiones religiosas y culturales

[7] Estas redes tienen el atributo de poner en relación a personas pertenecientes a géneros y generaciones distintas, lo que hace que las fiestas, en cuya conformación las redes intervienen, abarquen la participación de adultos (en distintas etapas de vida, sobresaliendo una participación considerable de hombres y mujeres de mayor edad), jóvenes y niños.

[8] Como por ejemplo el barrio, la iglesia, las calles.

contemporáneas estén impregnadas de sincretismo que combina herencias pretéritas con rasgos derivados de acciones y prácticas actuales.

Las fiestas pueden funcionar como espacios de rescate de la tradición pues hacen actuales ciertos mitos y representaciones.[9]

La observación participante tuvo lugar en distintos momentos: la primera etapa culminó con el seguimiento de las fiestas que giran en torno al Niñopan y al día de muertos (octubre de 1991; febrero de 1992); la segunda tuvo lugar entre noviembre de 1992 y febrero de 1993. En este periodo ampliamos el abanico de observaciones referidas a los eventos mencionados e incluimos las celebraciones de la Virgen de Guadalupe realizadas en la zona chinampera. No obstante, el proceso de levantamiento de las entrevistas fue más corto; empezó a finales de 1991 y finalizó en junio de 1992, cuando terminamos la última sesión de trabajo con el artesano don Manuel. Organizamos una tercera etapa –diciembre de 1994, febrero de 1995 y julio de ese mismo año– para recabar los datos requeridos para la revisión del libro. Dichos datos complementaron el acervo de información previamente obtenida y facilitaron el planteamiento de nuevos análisis.

Además, el contenido de la observación varió según los requerimientos de las fiestas y celebraciones:

a) se siguió inicialmente una fiesta de un barrio particular, la de San Francisco en Caltongo, realizada el 4 de octubre y compuesta por: misa matutina,[10] procesión acompañada por música y cohetes, bendición de las chinampas por el cura, feria con productos comestibles y juegos, baile nocturno amenizado por dos conjuntos musicales;

b) para las fiestas del Niñopan fueron indispensables el periodo de las posadas (fiestas que se desarrollan varios días

[9] Obra en el mismo sentido la comunicación de leyendas populares, que al ser narradas no sólo retoman las tradiciones sino también las reproducen, pues se transmiten de generación en generación, haciendo actuales relatos del pasado.

[10] Acompañada por un trío, que además de música sacra tocaba baladas y boleros.

antes de Navidad y terminan el día 24) y el del cambio de mayordomía, realizado el 2 de febrero, día de La Candelaria;[11]

c) para las celebraciones de los muertos nos presentamos en Xochimilco del 31 de octubre al 2 de noviembre;

d) para el seguimiento de las fiestas de la Virgen de los Dolores (también Virgen de Xaltocan) la observación tuvo lugar en febrero y prosiguió durante las celebraciones;

e) para el seguimiento de la fiesta de la Virgen de Guadalupe en las chinampas, el trabajo se desarrolló los días 11 y 12 de diciembre.[12]

Los materiales recabados y el conocimiento adquirido a través de la observación participante, ofrecen la posibilidad de establecer una especie de tejido que contextualiza las diferentes acciones involucradas en la preparación de la fiesta. Esta preparación constituye una experiencia colectiva, requiere de un profundo conocimiento de los rituales y concluye con la producción de un suceso particular, es decir, una fiesta. En este sentido es de crucial importancia la vivencia compartida de un contexto cultural, en el que la fiesta se prepara y se desarrolla.

Hemos constatado que la reconstrucción de la fiesta, vía la observación de las acciones actuales, a pesar de ser densa en eventos, se remite apenas, en una coyuntura dada, a la producción de un suceso particular. Por tal razón nos dice poco de la historia y de la existencia de procesos de larga duración, en cuyo marco se origina la motivación de la fiesta. En el caso del Niñopan, por ejemplo, que se trata de una tradición secular, la comprensión del evento es impensable sin la mencionada referencia histórica.

El análisis de las entrevistas combinado con el apoyo de la historia nos permitió constatar que, en general, los relatos captados en las entrevistas tienen como referente un relato mayor: un "metarelato" que es interiorizado y en cierta medida actualizado.

[11] En las observaciones sobre el conjunto de fiestas relativas al Niñopan, hemos contado con la participación de Carla Torres, quien, junto con Manuel Valenzuela y Paulo Salles, se hizo cargo del registro fotográfico de las celebraciones.

[12] Las referencias a la perigrinación a Chalma fueron tomadas de material secundario y de las entrevistas. De las celebraciones estudiadas ésta fue la única que no pasó por un proceso de siguimiento.

Las fiestas (como las que estamos estudiando) son inintegibles en ausencia de referentes históricos más amplios. Dichos referentes tienen un aspecto central en la delimitación de la identidad cultural de los protagonistas y participantes; son ellos quienes actualizan un pasado frecuentemente mitificado, y por formar parte de la *memoria colectiva* funcionan también como elementos hiladores entre el pasado, el presente y el futuro.

Perfil mínimo de las personas entrevistadas[13]

Con base en un acercamiento previo, que tuvo como antecedente un gran número de visitas hechas durante la etapa preparatoria de la investigación,[14] estuvimos en condiciones de seleccionar a las personas que serían entrevistadas. Un criterio utilizado para ello consistió en el requisito de que nacieran y vivieran en Xochimilco. Dicha especificación apareció como necesaria por la intensa migración registrada en la delegación (véase capítulo anterior) y porque los no nativos (o sea los inmigrantes) tienen poco compromiso con las fiestas.

Los moradores de Xochimilco tienen visiones muy heterogéneas sobre las fiestas religiosas. En los polos extremos encontramos por un lado a los organizadores, y por otro a las personas que no participan bajo ninguna modalidad y que a veces desconocen que sucesos de dicha naturaleza (y de tal magnitud) existan en Xochimilco. Por lo tanto, la pertenencia a un espacio no explica el compromiso, éste más bien se deriva de compartir una cultura.

Las entrevistas fueron hechas a las siguientes personas (cuadro 1):

[13] Para mantener el carácter confidencial de las entrevistas 1, 2, 8 y 10, no mencionamos el año preciso en que el entrevistado protagonizó una función en los sistemas de cargo. Nada más dejamos constancia de que ejerció una mayordomía o el papel de posadero en el periodo reciente.

[14] Estas visitas preparatorias fueron realizadas por Kirsten Appendini, Martha Ramírez, Rosa Ma. Rubalcava, Vania Salles y Ma. Luisa Tarrés.

1. Artista xochimilca. 40 años, divorciado, se ha vuelto a casar y en su segundo matrimonio tiene un hijo pequeño. Realizó estudios universitarios, es activo protagonista de la vida cultural de Xochimilco, profundo conocedor de leyendas y fiestas locales con las que colabora año con año. Anteriormente ejerció funciones de posadero en el marco de las fiestas del Niñopan.

Entrevista realizada en su estudio, ubicado en Xochimilco (16 de diciembre de 1991).

2. Mayordomo del Niñopan. 42 años. Es casado y tiene prole. Además de trabajar en una oficina del gobierno ubicada en Xochimilco, es dueño de una tortillería. Tiene estudios de preparatoria, conoce pormenorizadamente la historia del Niñopan y es un divulgador del culto y de los rituales implicados en las fiestas. Fue mayordomo del Niñopan en el periodo reciente.

Entrevista realizada en su casa, ubicada en Xochimilco (14 de diciembre de 1991).

3. Entrenador de la comparsa. Salustio tiene 56 años, cuatro hijos y seis nietos. Es viudo, fue maestro de primaria y actualmente está jubilado. Tiene contactos con músicos locales y forma parte de una banda de viento. Es entrenador de comparsas desde hace aproximadamente una década y con un grupo de chinelos participa frecuentemente en las fiestas cívico-religiosas de Xochimilco.

Entrevista realizada en la calle, al finalizar el desfile de la comparsa (16 de diciembre de 1991).

4. Señora de 25 años. Rufina es maestra de primaria en una escuela de Xochimilco. Tanto ella como sus dos hijos participan en las comparsas de chinelos. Es también costurera y especialista en la elaboración de trajes de chinelo. Su marido, por no haber encontrado trabajo en Xochimilco, vive en Taxco y trabaja como asalariado en una platería, pero viene frecuentemente a Xochimilco donde participa en un conjunto de música de viento.

Lugar de la entrevista: casa de la entrevistada (8 de octubre de 1991).

5. Trajinero. Tiene 31 años, cursó primaria incompleta; es soltero. Pretende casarse dentro de dos meses; su novia tiene 19 años.

Mora en la casa de sus padres y después de casarse vivirá en este mismo lugar mientras consigue casa propia o en renta. Trabaja como asalariado para el dueño de una flotilla de trajineras. Participa en las fiestas de Xochimilco sin haber ejercido ningún cargo.

Lugar de la entrevista: el embarcadero, después del recorrido a lo largo de los canales (28 de noviembre de 1991).

6. Vendedora de flores en el canal (doña Juanita). Cuenta con 65 años, es viuda desde los 50, se casó a los 15; tuvo 10 hijos; tres se le murieron antes de cumplir dos años. Cotidianamente vende flores, trabajo que se incrementa en los días de fiesta. Con primaria incompleta, tiene un profundo conocimiento de leyendas, sobre cómo se hacen las fiestas y su significado.

Lugar de la entrevista: el mercado de Xochimilco (12 de diciembre de 1991).

7. Señora de 37 años. Hortensia tiene tres hijos y una hija, trabaja en un centro de documentación local, cursó la preparatoria completa, fue guía de turistas durante un periodo. Vive en Caltongo. Su marido la abandonó hace cinco años. Personalmente no participa en las fiestas; de vez en cuando asiste a una posada o acude a una misa; no obstante, se especializó en la confección de trajes de chinelos.

Entrevista realizada en la casa de la entrevistada (8 de octubre de 1991).

8. Posadero. Tiene 45 años de edad; cursó la secundaria completa, es dueño de una tienda de abarrotes ubicada en la zona céntrica de Xochimilco. Es casado; su mujer también trabaja en la tienda. Cuando fue posadero hace algunos años, organizó junto con sus amigos y familiares todos los eventos que componen una posada.

Lugar de la entrevista: tienda de abarrotes (10 de enero de 1992).

9. Elena. 32 años; vivió en Xochimilco hasta 1987, y a partir de esta fecha en Contreras. Estudió la primaria completa; se separó hace tiempo de su marido. En la actualidad pretende volver a casarse. No tiene hijos y trabaja como empleada doméstica.

Es profunda conocedora de las leyendas y los rituales involucrados en las fiestas.

Lugar de la entrevista: casa de la entrevistada (22 de enero de 1992).

10. Anciano, ex mayordomo. 78 años, es viudo, con estudios de preparatoria incompletos; fue mayordomo del Niñopan hace aproximadamente 20 años. Es agricultor, dueño de dos chinampas heredadas de sus padres. En su casa vive actualmente la hermana menor (65 años), quien nunca se casó.

Entrevistado en el atrio de San Bernardino (17 de junio de 1992).

11. Artesano. Se llama Manuel y tiene 38 años. Vive en unión libre sin hijos; es ebanista, produce muebles; su taller cuenta con obreros. En los ratos libres talla la madera para hacer imágenes de santos. Cuenta con cursos universitarios incompletos, estudió en la ENAH donde hizo investigación sobre la religiosidad popular. Es profundo conocedor de leyendas y asiduo frecuentador de las fiestas.

Lugar de la entrevista: el taller ubicado en Xochimilco (18 de junio de 1992).

12. Jeremías.[15] Tiene cerca de 30 años, estudió en la UIA. En el momento de la entrevista organizaba los materiales de su investigación sobre Xochimilco.

Lugar de la entrevista: Xochimilco, durante un recorrido por varios barrios (28 de septiembre de 1991).

13. Estudiante universitaria. Guadalupe tiene 21 años, es soltera, declara no tener novio, estudia en la UAM Xochimilco. Es la única mujer de una descendencia de cinco. Sus padres tienen una chinampa en donde primordialmente cultivan nochebuena. De pequeña acostumbraba ir a la peregrinación de Chalma con su familia.

[15] En esta entrevista (una de las primeras realizadas) no tomamos varios datos personales del entrevistado. Pero por la importancia de su discurso decidimos incluirla.

Lugar de la entrevista: UAM Xochimilco (marzo de 1992).

14. Señora protestante. Doña Carmen se convirtió hace cuatro años. Después de haber cumplido 40 años, dejó de ser católica y actualmente pertenece a los testigos de Jehová. Tiene primaria incompleta, seis hijos, y está separada de su marido, quien la abandonó hace cuatro años. Se desempeña como encargada de la limpieza de un centro médico local.

Lugar de la entrevista: casa de la entrevistada (10 de mayo de 1992).

15. Hombre de Caltongo. Francisco es mediero de dos chinampas que pertenecen a su cuñado y ahí cultiva plantas de ornato y varios productos, según la temporada. Tiene 48 años, es casado, con 5 hijos, y su mujer es profesora en la escuela primaria ubicada en Caltongo.

Lugar de la entrevista: chinampa (8 de octubre de 1991).

16. Segundo trajinero. Se llama Rubén, tiene 29 años, dos hijos y cursó primaria incompleta. Es casado, su señora trabaja como asalariada en un puesto de plantas de ornato en el mercado de Xochimilco. Hizo parte del sistema de cargos vinculado al desarrollo de las fiestas de la Virgen de los Dolores.

Lugar de la entrevista: mercado de Xochimilco (13 de diciembre de 1991).

3. Las entrevistas y sus temas

A continuación presentamos 13 de las entrevistas organizadas según los contenidos predominantes en cada una de ellas, extraídos de los materiales *in extenso*. Esta organización tiene un carácter selectivo, ya que en primer término discrimina y recorta, para luego reorganizar los relatos por unidades (o sea según temas clave). Tal procedimiento da como resultado no sólo la detección de coincidencias temáticas, sino también de temas marginales. En los análisis desarrollados en este libro no incluimos un examen pormenorizado de los últimos temas, aunque se presenten referencias a varios de ellos.

CUADRO I
Perfil de las personas entrevistadas; Xochimilco, 1991-1992

Número de entrevistado	*Sexo*	*Edad*	*Estado civil*	*Escolaridad*	*Rasgos profesionales*	*Participación en sistemas de cargo*
1	M	40	Casado	Estudios universitarios	Pintor y escultor	Posadero
2	M	42	Casado	Preparatoria concluida, dueño de tortillería	Funcionario público	Mayordomo del Niñopan
3	M	56	Viudo	s.d.	Maestro de primaria jubilado	
4	F	25	Casada	s.d.	Maestra de primaria	
5	M	31	Soltero	Primaria incompleta	Trajinero	
6	F	65	Viuda	Primaria incompleta	Vendedora de flores	
7	F	37	Separada	Preparatoria concluida	Guía de turismo, funcionaria del centro de documentación	
8	M	45	Casado	Secundaria	Propietario tienda de abarrotes	Posadero
9	F	32	Separada	Primaria completa	Empleada doméstica	
10	M	78	Viudo	Preparatoria completa	Agricultor, propietario de chinampas	Mayordomo
11	M	38	Casado	Estudios universitarios	Ebanista	
12	M	30	s.d.	Estudios universitarios	s.d.	
13	F	21	Soltera	Estudios universitarios	Ayudante de investigación	

Al finalizar esta parte integramos un cuadro sinóptico, elaborado después del examen detallado de las entrevistas ya tematizadas que partiendo de los temas clave proporciona una visión global de quienes fueron seleccionados y de su importancia en el elenco de las entrevistas analizadas. Añadimos un cuadro adicional que representa un ejercicio distinto al anterior, ya que se organiza a partir de las entrevistas y busca discrimar su participación en la generación de temas clave.

1. Sobre las fiestas en general

Entrevista número 12 (Jeremías): Son fiestas llenas de vida; ahí se conoce la gente, se forman parejas, hay celos, ilusiones. A veces hay pleitos, borracheras [...] se crean microambientes sociales [...] ahí se encuentran los compadres. La fiesta es una forma cohesionadora importante, un elemento cohesionador impresionante.

Entrevista número 1 (artista): Las fiestas de mi pueblo no son exclusivas de determinada clase social, sino que son para toda la gente. Te invitan la música y los cohetes que es la manera de invitación de nuestra gente; cualquier persona de cualquier clase social oye los cohetes y si no tiene qué comer, basta con seguir la fiesta y nuestros problemas de alimentación están solucionados. Mucha gente lo hace así, pero no todos los días por supuesto [...]. Tenemos más fiestas que días del año, se nos empalman; por ejemplo, las del Niñopan son de trescientos sesenta y cinco días, todos los días son de fiesta; cualquier día hay banda, hay chinelos, hay mole, hay chupe, hay de todo lo que son nuestras fiestas. Luego se empalman, pues por ejemplo el Niñopan sale y también sale la Virgen de los Dolores. Es muy curioso ver a la Virgen de los Dolores porque se maneja la religión, pero hay muchos antecedentes prehispánicos y también mucha ironía por parte de la gente de Xochimilco. Con el caso de la mayordomía de los cuatro barrios, San Lorenzo, la Santísima, San Esteban y la Guadalupita donde salen los "huehechones" o "huehuets" vestidos de prostitutas, de monstruos, de diablos. A ellos les corresponde representar la maldad con la cual vivimos cotidianamente, pero también tienen chance de ir a recibir la misa con la misma Virgen de los Dolores, pues entran hombres vestidos de prostitutas ironizando al mal [...] Ofrecerle una fiesta que para nosotros es más importante que regalarle una esclava de oro o un anillo de diamantes, que no nos saldría muy caro con relación a una banda que ahorita te viene costando tres millones de pesos[16] o más, y esos tres millones de pesos: ¿quién te los va a dar de limosna? No te los va a dar la gente, para nada. Aparte échate unos tamales de a mil varos, tu atole y la comida. ¿Quién te va a dar ese dinero? Somos muy afines de cooperar entre nosotros, pero una cosa es cooperar y otra regalar dinero; yo voy y coopero con mi trabajo para que el niño dios esté puesto, para que tenga algo de escenografía. La mayordomía no deja dinero para nada. En mi caso, mis hermanos me dijeron: yo te voy a ayudar con una carga de maíz, una carga son 1 000 kg de maíz para los tamales, me dieron carga y media, otro de mis hermanos me dice –yo te voy a ayudar con la mitad de lo que cobre la banda–, entonces hay una cooperacha, pero estar dándole de comer a la gente tres días antes, para que te vayan a preparar el mole, porque las señoras te van a ayudar y hay mucha cooperación, pero no de cooperación económica, cooperación para la organización, no pagas meseros, no pagas molineros, no pagas nada, porque llegan las tías y que vamos a cocer el arroz, y ahí ves diez, ocho tías. A las personas mayores acá se le llaman tías, aunque no tengas parentesco, pero las tías en el momento en que se van tienes que tenerles listas sus canastas para que se lleven su comida.

Entrevista número 11 (artesano): Preparamos con muchos detalles cada festividad en Xochimilco. Yo por ejemplo, que trabajo con madera, así participo, aquel que es comerciante pues aporta dinero o comestibles o flores para la iglesia [...] en fin cada quien aporta. Los del mercado, en cierto modo, también aportan; el mercado se cambia, lo que se vende cambia. Las mujeres y sus cosas de mujeres aportan. El comercio aquí es

[16] Estas referencias y otras contenidas en las entrevistas se remiten a pesos de 1991-1992.

efectivo de las señoras. Ellas, aquí también se manifiestan, es costumbre, se le ve bien. A ellas les gusta, aportan según lo que pueden; plantas de ornato, comestibles para la *kermesse*, se gana mejorcito.

Entrevista número 13 (Guadalupe): Hay siempre muchas fiestas. Según nosotros pensamos todas son importantes. ¿Las más importantes? Bueno, si consideramos que toda fiesta dura varios días, son muchas importantes: los Santos Reyes, posadas de antes de la Navidad, el día del cambio de mayordomía del niño Dios, la Santa Crucita, los Fieles Difuntos; a ver [...] la Virgen de Guadalupe es importantísima también, hasta tiene una chinampa la virgen.

Entrevista número 8 (posadero): En Xochimilco veneramos a muchas imágenes [...]. El niño de Belén, el Tamalerito (San Antonio), el niño de Xaltocan, el Tepalcarito (San Pedro), la Virgen de Guadalupe. Pero una imagen que es muy venerada y especial es una imagen del Niñopa [...]. Es nuestra cultura, es de nuestras creencias [...] En fin, forma parte de nosotros mismos. Esta imagen es el Niñopan.

Entrevista número 3 (entrenador de comparsa): No es verdad que todos los días vamos a una fiesta. Cada quien va a sus fiestas. Yo entreno comparsas y soy músico. Le tengo mucha devoción al Niñopan y busco siempre estar cerca de él; con un trabajo de comparsa, con una ofrenda [...]. San Francisco, Santo patrón de Caltongo, por ejemplo, tiene su fecha y no toda la gente acude a esta celebración.

Entrevista número 6 (vendedora de flores): Con todo y problemas, con trabajo, con lo caro de la vida, tenemos fiestas. Las más importantes [...] pues, depende mucho. No se puede decir que el Niñopa tiene una sola fiesta, tiene muchas [...], a diario lo celebramos, pero cuenta mucho el cambio de mayordomía y las posadas decembrinas. Para la Virgen de Xaltocan tenemos muchas celebraciones, para nuestra virgencita de Guadalupe también. Le tenemos una chinampa, cada pueblo y cada barrio tiene su santo patrón [...], hacemos también sus fiestas.

Entrevista número 4 (señora de 25 años): Yo y mis hijos tenemos mucho que hacer en la época de las posadas, por lo de los chinelos. Yo confecciono ropa especializada [...]. Al Niñopan voy a llevarle flores y velas por lo menos una vez al mes. El 12 de diciembre me gusta ir a la misa. Mi marido siempre iba a Chalma, ahora ya no vive por acá y se le dificulta. Para los días de los fieles difuntos siempre está con nosotros; ya se murió su mamá, ya se murió la mía, en fin [...], porque tenemos que poner el altar de muertos, ir al panteón.

Entrevista número 5 (trajinero): Las celebraciones de muertos, los fieles difuntos y todos los años la peregrinación a Chalma, la misa de Nuestra Señora de Guadalupe en la chinampa, la Virgen de Dolores [...], todo esto aquí en Xochimilco.

2. El Niñopan y los niños Dios

Entrevista número 8 (posadero): En Xochimilco veneramos a muchas imágenes [...], el niño de Belén, el niño de Xaltocan [...]. Pero una imagen que es muy venerada y especial es una imagen del Niñopa [...]. Es nuestra cultura, es de nuestras creencias [...]; en fin, forma parte de nosotros mismos. Esta imagen es el Niñopan.

Entrevista número 9 (Elena): Como el Niñopan es un solo niño, una única imagen que es de todos, que lo veneramos, cada quien puede tener en su casa una imagen como si fuera el Niñopa, es decir un niñito Dios, una imagen sólo suya que es la misma, que es el Niñopan en sí porque en verdad no puede haber más de un niño Dios. Los niñitos son imágenes distintas pero de igual manera niño Dios. Mi niño Dios, por ejemplo, es igual, pero es diferente, está en la casa de uno y el Niñopan está en la casa del mayordomo. Es decir, solamente la gente privilegiada puede tener el Niñopan viviendo en su casa. Esta persona es el mayordomo. Por esto acudimos a visitar el Niñopan, también lo traemos de visita, pero cada quien puede tener su niñito en la casa. Y esto es lo que acostumbramos [...]. Tengo un niño Dios en la casa. Como es sabido, el 24 es la arrullada del niño Dios, y sólo se levanta el día 6 de enero, día de los Santos Reyes. El niño se levanta este día y se lo llevan los padrinos que lo arrullaron el 24 de diciembre a su casa de ellos. Por ejemplo, yo tengo un niño en mi casa, los padrinos van y lo arrullan mero a las 12 de la noche del 24. Ellos a partir del 6 de enero llevan el niño a su casa de ellos. Se lo llevan a vestir, a oír misa el 2 de febrero, ya completamente vestido de gala o como los padrinos deseen vestirlo. En tres años consecutivos, en cada año que se lo llevan a misa el padre le fija una estrellita en la parte trasera de su cabecita. Fíjese, a esta estrellita la llamamos potencia. Cuando llegan a ser tres es una imagen que puede hacer milagros.

Entrevista número 6 (*vendedora de flores*): Cuando voy el día de la Candelaria a San Bernardino, y si estoy hasta atrás y a mi niño Dios no le cae una gota de agua, tengo la creencia de que mi niño entonces no fue bendecido, y por lo tanto tampoco escuchó misa. Conforme va saliendo la gente, los que no pudieron postrarse en el altar principal, el padre les dice que en cuanto la gente vaya saliendo ellos vayan directamente con él para rociar su imagen con agua bendita. Si no es así, la gente queda descontenta: ¿qué caso tiene que yo traiga a mi niño si no pudo ser bendecido? Cuando el niño ya tiene sus tres potencias es presentado al cura para ser bendecido en su silla o sentadito en su nicho. Ahí el padre ya se da cuenta de que él va a recibir sólo la bendición y a oír misa. Cuando el niño Dios se presenta acostadito, en canasta o en charola, el padre tiene la certeza que el niño Dios quizá va por primera vez a oír misa o quizá por segunda vez y entonces le va poniendo la potencia que le toca.

Entrevista número 13 (Guadalupe): El Niñopan es un niño Dios. De todos los niños dioses ubicados en miles y miles de casas, sabemos que sus imágenes no son la imagen del Niñopan, pero en cuanto a su categoría sagrada algo guarda del contenido del Niñopan, es decir del niño Dios [...]. Son niños dioses de cada quien, el niño Dios denominado Niñopan que es de todos, no queda en nuestras casas, sino en la casa del mayordomo.

El día de la Candelaria tiene mucho que ver con este niño, es decir, con el Niñopan, y más que esto, tiene que ver con todos, con todos los niños Dios porque en primer lugar cada quien lleva su niño Dios a oír misa y se postra, se arrodilla hasta mero en frente en el altar mayor para que el padre lo bendiga con agua bendita o agua sagrada.

Este día él es agasajado, es el día que se hace una gran fiesta en todos los hogares que arrullaron un niño. Adonde los padrinos son los principales invitados de honor. Hasta ahí se termina entonces la festividad de Navidad.

Entrevista número 7 (Hortensia): El culto del Niñopan tiene mucho que ver con el culto de los niños Dios. El Niñopan es un niño Dios. Nosotros no tenemos un niño Dios en la casa. Mi hermana mayor tiene su niño Dios [...]. La acompañé junto con sus padrinos al atrio de San Bernardino. Había mucha gente con sus niños.

Entrevista número 5 (trajinero): Para hacer entender las fiestas del Niñopa, la devoción, el cariño, debemos hablar del niño Dios. El Niñopa es un niño Dios, pero diferente, es de la gente, pero no vive en la casa de uno. Tenemos que visitarlo en la casa del mayordomo, cuando pasa por las calles y coincidimos lo veneramos. Mi mamá tiene un niñito en la casa, es muy querido, anda todo vestidito, ella lo viste, lo tenemos vestidito, con sus potencias.

Entrevista número 3 (entrenador de comparsa): Entrenamos comparsas para cualquier fiesta [...], pero por lo general nos solicitan para el Niñopa por la devoción y por la costumbre. Todo lo que se refiere a este niño Dios lleva música. Para los otros niños Dios, los que están en la casa de la gente, no se acostumbran las comparsas.

Entrevista número 8 (posadero): En nuestra familia tenemos un niño Dios. Mi señora y mis hijas lo cuidan, pero se trata de una veneración familiar en el sentido de que todos estamos al pendiente del niño. Cuando mi esposa tuvo que ir a Oaxaca para atender su mamá [...], su mamá estaba delicada, [...] mis hijas eran chicas, niñitas, yo cuidé que no le faltara nada, sus padrinos fueron con doña Toña hacer sus ropitas [...], les encargué el día de la Candelaria, el niño estuvo presente en San Bernardino. Tengo la seguridad de que está con nosotros en la casa a diario. El niño Dios es como el Niñopan, es igual de milagroso. La posada la hemos organizado en especial para el Niñopan. Lo tuvimos en la casa por un día, es decir el día en que nos tocó la posada.

3. Sobre la leyenda y los orígenes del Niñopan

Entrevista número 11 (artesano): La palabra Niñopan, proviene del español niño y del náhuatl *pan* que quiere decir "lugar de origen". También se dice que quiere decir "lugar donde está el niño". Se le conoce también como el niño Peregrino, porque va peregrinando de casa en casa, y cada año cambia de mayordomos [...]. Lo guardan en sus casas y así se sigue el culto.

Creíamos que la imagen del Niñopa estaba fabricada desde su lejano origen con bagazo de caña; sin ropa pesa menos de un kilo y mide un poquitín más de 70 cm de altura; algunos otros sostenían que de origen estaba hecho de palo de naranjo, cosa que no podía ser porque esa madera se resquebraja muy fácil. Fue a raíz de que la imagen sufrió un accidente y fue reparado el niño, que se descubrió que la imagen está elaborada con madera de árbol de chocolín o colorín, pero cabe aclarar que no es la madera como tal, está comprimida. Como no hay registro escrito, a ciencia cierta no se sabe todo. Hay muchas versiones sobre los orígenes, sobre el material usado, sobre los artesanos que lo crearon, en fin [...].

Se dice que entre Juan Boliano y un tal Martín de la Cruz (naturales de Xochimilco) fabricaron las imágenes más hermosas y más bellas de aquellos tiempos. Todavía existen dos o tres imágenes fabricadas por ellos. Se dice que el Niñopan fue hecho por ellos [...]. Fue fabricado por manos indígenas.

Entrevista número 2 (mayordomo): Este niño fue hecho en el Colegio de Santa Cruz de Tlatelolco por indígenas xochimilcas; se dice que el niño tiene nuestros rasgos, de ahí que la gente de aquí lo queremos tanto, como que nos identificamos con él. Esto fue aproximadamente en tiempo de evangelización y en el tiempo en que se construyó la parroquia de San Bernardino, o sea que estamos hablando de hace 400 años aproximadamente. Desgraciadamente no hay nada escrito, todo ha sido oral y ha pasado de generación en generación, pero si usted le pregunta a la gente mayor dice lo mismo que estamos diciendo en este momento. Se ha pasado de generación en generación hasta llegar a esta fecha en que la devoción al niño en los últimos años ha crecido muchísimo.

Entrevista número 13 (Guadalupe): Niñopan quiere decir: "niño del lugar" (*pan*, en náhuatl, es "lugar"); pero ha ido derivando en Niñopa, niño padre, puesto que *pa* es "papá".

Entrevista número 1 (artista): Es una imagen de tamaño natural de un niño pequeñito que veneramos desde hace 120 años, pero la gente dice también que tiene más de doscientos.

Entrevista número 7 (Hortensia): Según la tradición de nuestros ancestros el culto del Niñopa tiene aproximadamente 400 años. No existe un documento que diga lo contrario [...]. El Niñopa no tiene historia, lo único que sabemos de él es lo que dice la tradición, quizá estamos equivocados, pero es la tradición.

Entrevista número 5 (trajinero): Pues es una tradición también ya de hace años, años. ¿Desde cuándo? Yo creo que desde unos 100 años.

Entrevista número 9 (Elena): Todo el mundo sabe que la imagen es de la época de los franciscanos [...]. Hace poco tiempo empecé a oír que el Niñopan es de después, ¿pero quién puede saber la verdad?

Entrevista número 8 (posadero): Durante mucho tiempo se discutió acerca del origen, del material del que está hecho el Niñopan, señalándose que fue construido de palo de naranjo, de bagazo de caña o de migajón.

4. Rasgos físicos y temperamento del Niñopan: datos sobre la imagen y sus cuidados

Entrevista número 10 (anciano): No es la imagen del niño Jesús de las iglesias. El que está allá es güero. El Niñopan es del estilo de Xochimilco, por lo cual en el pueblo de Xochimilco veneramos esta imagen con gran fe [...], con devoción.

Entrevista número 2 (mayordomo): El Niñopa no es un niño con cara de europeo, es un niño indígena, tiene cara de indio; vele su copetito aquí, su mecherito apenas saliendo, es un niño lacio, no es un niño como los que has visto que hay en muchos lugares, el niño Dios así bonito, ojos azules, perfil europeo, éste es de nariz chata y todo gordo; es muy bonito estéticamente, es muy bonita la escultura y yo creo que es parte de todo esto.

Algunos niños de aquí de nuestro pueblo tienen mucho parecido al Niñopan, quizás las entradas, quizás la forma de la cara, pero tienen mucho parecido al niño y eso sí me consta, pues en alguna ocasión conocimos a unas religiosas y les platicamos que en un futuro íbamos a tener la imagen del niño aquí en la casa; ellas conocieron la imagen y le tomaron mucho afecto. Pasaron unos dos años y mi hijo nació, y cuando lo vieron dijeron: se parece al Niñopan, porque los rasgos de los niños de Xochimilco son muy parecidos al niño. Yo veo en otros niños, sí se parecen al Niñopan.

La ropa interior del Niñopa me pareció bellísima, algunas personas le ponen pijama, pero a nosotros no nos gusta, sino que nada más le quitamos la ropa exterior y lo dejamos en ropita interior que es muy bella y cuando el niño tiene calor, pues se quita los calcetines, porque en el mes de mayo en algunas ocasiones que lo sacaba mi esposa ya no tenía calcetines. Dicen que en algunas ocasiones cuando el niño no está contento en el lugar donde está, llora. Nosotros tratamos por todos los medios que eso no sucediera aquí, y hasta ahorita no ha sucedido.

Yo la verdad ignoro que alguien lo haya visto que juega, lo que sí le puedo decir es que nuestra fe es tan grande [...] hace travesuras, nos pone en situaciones chuscas y [...] de repente uno se siente tan presionado por la responsabilidad, por la fiesta, por el trabajo, por los gastos, está uno en un estado tan nervioso, que a mi juicio, no es otra cosa que ansiedad del niño. Más bien el niño juega con nosotros, porque finalmente todo sale bien, pero nosotros nos preocupamos, vivimos momentos de tensión tan fuertes que hay gentes que hasta llegan a enfermarse y sin embargo las cosas salen bien. Yo sí le puedo decir que aquí escuchamos el ruido de las canicas, el ruido de las pelotas, de algunos juguetes de cuerda, y a veces le atribuimos más, quizás por el cariño que le tenemos, por la fe que le tenemos y porque esto ha sido también parte de la tradición, y cuando llegamos a escuchar esos ruidos inmediatamente los asociamos con que el niño está jugando. De repente esconde lo que tiene en la cabeza (nosotros le llamamos potencias), pero aparecen y nosotros lo vemos como pequeñas travesuras que el niño nos hace.

Entrevista número 4 (señora de 25 años): Se requirió restaurar la imagen del Niñopa [...]; en aquel entonces se encontró que en su cuerpecillo tenía polilla, entonces se le sanó con unas sustancias, quedando así en buen estado [...], y fue manifestado que podrá durar otros 400 años, nomás así ya resanadito. Lo cuidan mucho, para que no se resienta y no sufra. Como es chiquito no soporta el dolor.

Entrevista número 9 (Elena): El niñito Dios que tengo en mi casa se siente también que tiene vida. En esto se parece mucho al Niñopan. Y sí lo creo: ¿sabe por qué? Mi hermana también tiene su niño y me dijo que por las noches su niño Dios hacía un ruido, encontrando por la mañana siguiente todo regado, las cosas que ella tenía muy ordenadamente la noche anterior; por ejemplo su veladora cambiada de lugar y las flores regadas. Sabe que fue el niño porque no hay nadie más ni otra persona extraña en su casa. Es bien juguetón. Consta que el Niñopan es así. De ahí su parecido con los niños Dios en general.

Entrevista número 5 (trajinero): Si usted se fija bien, el Niñopan es diferente de todos los demás. No hay un niño Dios que tenga su parecido. Lo quieren imitar pero no se logra. El Niñopan no se parece a ninguna otra imagen.

5. Los milagros

Entrevista número 2 (mayordomo): Ayer, por ejemplo, venía un muchacho con muletas que hace como dos o tres meses el niño visitó porque tenía unas balas incrustadas y parecía que iba a perder la pierna, pero el día de ayer vino, con muletas, pero ya caminando por él mismo [...]. En el mes de agosto o septiembre el Niñopa visitó a una persona en un sanatorio de la colonia Roma; era una persona de Guerrero que se había accidentado; sufrió algunos golpes en la cabeza y estuvo inconsciente no sé cuántos días, pero ya regresó también a darle gracias al niño. Recuperó la salud.

Entrevista número 9 (Elena): Y es que si no hacemos, no atendemos al Niñopa o al niño Dios de uno como se debe, según la tradición y las costumbres [...], nos va mal todo el año. Por ejemplo, un año en que nadie lo atendió a nuestro niñito porque mi mamá fue a acudir a la casa de su comadre enferma, muy enferma, este año nos fue muy mal. Todo coincidió: me enfermé, a mi mamá estuvieron a punto de cancelar la pensión, aunque yo sentí que el niño Dios y por consiguiente el Niñopa no fue del todo malo, tuvo misericordia de mí porque yo entonces ya tenía yo mi casita desde un año anterior. Él me permitió conservar mi casita porque cuando todo se confabula en la contra de uno le quitan todo. Y sí es cierto, es cierto esto.

Entrevista número 1 (artista): El Niñopa te socorre demasiado cuando tienes un verdadero compromiso con él. Hay gente que dice: hay que ver la cantidad de plantas que vendo cuando soy posadero, mis cerdos muy mal cuidados y se engordan, se ponen muy rechonchos para la fiesta y vendemos y vendemos y vendemos [...] a lo mejor es nuestra fe.

Entrevista número 5 (trajinero): Luego de haber visto el Niñopa que jugaba en la chinampa, encontró que la tierra se encontraba húmeda [...]. Esto me dijo mi abuelita y me contó también que como si por milagro ya no tuvo más que regar nada, no sólo este día, por toda la semana.

Entrevista número 6 (vendedora de flores): La imagen del Niñopan no se encuentra dentro de un templo. Su lugar fijo es la casa del mayordomo, es una imagen bellísima [...] No es grande, pero se impone, sí, se impone [...] con sus ojitos, sus manitas de niño travieso, su cuerpecito. ¡Es tan milagroso! Tenemos conocimiento de muchos milagros, todos conocen sus milagros.

6. Radio de influencia del culto al Niñopan

Entrevista número 3 (entrenador de comparsa): Es muy conocido el Niñopan, la imagen. Se dice que de la UNAM mandaron hacer un estudio. También como usted, me entrevistaron y a mi señora que en paz descanse. También platicaron con ella. Suscita mucho interés el Niñopa. ¿No ve usted? Fíjese cuánta gente hay por acá hoy.

Entrevista número 5 (trajinero): Ya me dijeron que el año pasado salió a curar en Cuernavaca, Acapulco, Querétaro. Tiene que salir temprano, pues siempre duerme en su casa. Pero puede ir muy lejos [...]. Lo solicitan y los responsables tienen que autorizar [...]; no sale así nomás [...], pero sí sale, y mucho.

Entrevista número 6 (vendedora de flores): Lo conocen mucho. Siempre sale de visita [...] para cada salida hay que hacer una fiesta, ya le dije, la gente no se molesta con los gastos, claro uno gasta hasta cierto punto [...] para nosotros aquí de Xochimilco lo que cuenta es tener el Niñopan.

Entrevista número 9 (Elena): Este niño tiene fama. Desde la época de los franciscanos. Es mucho tiempo que tiene de estar haciendo milagros, de estar concediendo. Tiene mucha fama. Es chiquito, pero también es grande [...] conocidísimo, le digo.

Entrevista número 10 (anciano): Más que cosa de ir lejos, viaja ¿verdad? Pero aquí es adonde tiene importancia. Viaja, lo conocen, su poder es conocido, pero en Xochimilco están sus creyentes, los que le tienen verdadera devoción.

Entrevista número 11 (artesano): En la ENAH, cuando yo estudiaba allá había por lo menos tres investigaciones haciéndose sobre el Niñopan. Es impresionante, la gente quiere documentar esto, como si fuera a acabar. En las posadas acuden periodistas, televisión nacional; vinieron los de la televisión italiana. Por supuesto que tiene menos poder de convocatoria que la Virgen de Guadalupe, pero aun así tiene muchos adeptos.

Entrevista número 12 (Jeremías): El Niñopan no es único. Las creencias son muchas y es una exageración decir que el Niñopan sintetiza las creencias de Xochimilco. Hay mucha cosa por acá. Ahora bien, con esto no quiero decir que el Niñopan no sea conocido, conocidísimo.

Entrevista número 8 (posadero): Es muy venerado el Niñopan por todo el pueblo, pero sobre todo en los barrios.

Entrevista número 4 (señora de 25 años): Pienso que las imágenes antiguas de los otros santos están en el museo [...], sólo el Niñopan se quedó con nosotros ¡lo veneramos, lo queremos mucho [...], es como un niño nuestro! Es una imagen muy antigua. Fue mandada hacer por los franciscanos. Pero es venerada por todas las partes. Vinieron los de la televisión italiana para filmar el cambio de mayordomía, el día de La Candelaria. El niño es conocido en Texas, en California.

Entrevista número 13 (Guadalupe): El Niñopa es una imagen que por ser tan venerada representa todos los días una fiesta, le tenemos devoción [...]. Representa un goce para toda la gente del pueblo.

Entrevista número 7 (Hortensia): Debido a la fe y cariño que la comunidad de Xochimilco le tiene a esta imagen, con crisis o sin crisis [...] con la situación que enfrentamos, el Niñopa significa mucho [...]. Tenemos apuntados en la lista mayordomos hasta el año 2036, con crisis y todo lo demás van a tener gastos a pesar de todo. Ya lo saben, ya lo saben.

7. Agenda de actividades del Niñopan

Entrevista número 4 (señora de 25 años): En un día normal el Niño tiene mucha actividad. Desde temprano tiene que estar vestidito y listo en la sala principal para recibir visitas. A veces viene tanta gente que el niño se cansa. Tiene que estar listo para su misa, su rosario, en la noche lo cambian y lo echan a dormir para el día siguiente. Esto cuando no sale de visita [...] cuando sale de visita, ahí sí todo se complica, tiene mucho más actividad.

Entrevista número 11 (artesano): Diariamente visita las diferentes casas de los habitantes de Xochimilco, así como lugares aledaños; en cada casa la imagen es recibida con música y comida, y es por eso que diariamente estamos de fiesta.

Entrevista número 3 (entrenador de comparsa): Tiene su rutina, una para a diario en la casa del mayordomo, una referida a sus salidas y viajes y otra para los días de fiesta. Las posadas, La Candelaria, la rutina de estos días de fiesta es distinta.

Entrevista número 5 (trajinero): Un niño no aguantaría lo que aguanta el Niñopa. Tiene mucho valor, a diario recibe gente, lo que es muy cansado. Sale de visita, tienen sus actividades, salidas, viajes. Sólo puede salir de visita una vez al día, pero de todos modos es mucho.

En la noche lo vemos cansadito de ¡tantas cosas! Pero sigue, sigue y sigue, es muy generoso.

Entrevista número 10 (anciano): A diario sale el niño, visita a quien lo necesita. Sale de Xochimilco y va hasta muy lejos [...]. Como es milagroso mucha gente lo solicita. Cuando fui mayordomo me acuerdo bien que acudimos a invitaciones que nos hicieron: una a la ciudad de Puebla; cinco a Morelos –en diferentes ciudades, siendo que una la hicimos en Cuernavaca, me acuerdo bien– una a Acapulco y dos a Querétaro [...]. Es mucho trabajo; lo acompañé en todas sus salidas [...]. Como siempre duerme en su casa hay que traerlo en la tardecita [...]. Sale con música, cuando se puede comparsas, cohetes y todo lo demás. Para su regreso es lo mismo. Cuando lo llevaron a

Cuernavaca llegaron aquí temprano con todo como le digo, hasta con mariachis; después de los cohetes y de las mañanitas nos subimos en dos coches. Merito después de llegar allá aparecieron otros mariachis, más cohetes, en fin [...] de todo.

Entrevista número 9 (Elena): El Niñopan es visitado diariamente. Por la fe y por la fama que tiene es visitado diariamente. Pienso que en comparación con otras imágenes recibe una mayor cantidad de dinero, provocando envidia, generándose con ello algunos conflictos.

Entrevista número 2 (mayordomo): Las visitas serían de la siguiente manera: lo llevan a sus casas, algunas personas le traen ropa para el día en que va a visitar en sus casas, todos le traen flores, algunas personas le ofrecen misas, y cuando eso sucede, invitan a familiares y amigos a desayunar, los invitan a comer y en la noche regresan al niño. El niño regresa con música de mariachis, con música de viento, música norteña, con estudiantina [...]; hasta con trío ha regresado el niño; a veces regresa sin música, pero es la fe lo que hace que la gente solicite a la imagen.

Entrevista número 6 (vendedora de flores): Visita a quien lo solicita [...] puede ir lejos, puede quedar cerca. Que no le falte su procesión, su música, sus chinelitos, sus cohetes. Hay solicitantes que le ponen hasta mariachis al Niñopa. A los de la procesión que siempre sale temprano de la casa del mayordomo hay que darles su atole, sus tamales. A los de la música también.

8. El Niñopan y sus rituales

Entrevista número 11 (artesano): En su honor, en términos de fiesta, están las famosas posadas, la primera la empezamos el 19 de diciembre y a diario las tenemos hasta el 24. El día de los Santos Reyes es otra de las festividades de mayor tradición. Le ofrecen al Niñopan una gran variedad de juguetes como muestra de adoración y cariño; ya en el día de La Candelaria es diferente, en este día se hace el cambio de mayordomía para la custodia del Niñopa; ese día se celebra una misa en su honor, en San Bernadino; claro, entonces se lleva en procesión la imagen hasta la casa del nuevo mayordomo, ya ahí el nuevo mayordomo brinda de comer a todas las personas que le hicieron el favor de acompañar. Todo esto acompañado de música. En la noche se da fin a la fiesta con juegos pirotécnicos. Al finalizar abril organizamos en su honor una *kermesse*, donde todo es gratis.

Entrevista número 13 (Guadalupe): El día 2 de febrero se hace entrega del Niñopan al nuevo mayordomo en una misa muy solemne oficiada en el atrio principal de la catedral de Xochimilco a las 12 del día –actualmente asisten unas 5 000 personas–. Después de la misa, la imagen es llevada en procesión hasta la casa del mayordomo acompañada de música. Ya en su casa, el nuevo mayordomo ofrece de comer a todas las personas que quieran; la comida consiste casi siempre en carnitas –de 12-15 animales– mole, aguas frescas, arroz; también se alquila música de banda, mariachis, conjuntos, juegos artificiales, adornos para la casa y la calle, etc. Todos estos gastos los sufragan el mayordomo y su familia; actualmente un mayordomo gasta 100 millones aproximadamente.[17]

Entrevista número 7 (Hortensia): Son muchas las fiestas del Niñopan. En un año son muchas. De hecho casi a diario se le festeja, pero las principales son Navidad y La Candelaria. Con esta última, el 2 de febrero terminamos todo lo que es la celebración de la Navidad, y corresponde a los 40 días del recién nacido, fecha en que fue llevado a presentarse al templo por María y José. Los mayordomos que salen (el mayordomo y su mayordoma) representan ese papel [...] y es el día en que se despiden del niño y lo entregan a los nuevos mayordomos.

La misa de La Candelaria se efectúa aquí, al medio día en el atrio. Asisten varios miles de devotos que llevan a bendecir cada quien su pequeño niño Dios. El derroche en música –orquestas, mariachis, bandas, danzantes de los llamados "chinelos" [...] Es asombroso, y tanto en casa de los mayordomos

[17] Todas las referencias monetarias se remiten al peso desde los años en que se realizaron las entrevistas. En pesos actuales serían 100 mil.

salientes como de los entrantes se ofrece de comer a todo el que llegue.

Con la Navidad se da por terminado todo lo que se refiere a las posadas hechas para el niño. Éstas también se empiezan a preparar con años de anticipación. Son nueve. En la actualidad cuesta cada una varios millones de pesos, pues hay que dar de desayunar, comer y merendar; con baile, golosinas, ponche, piñatas y fuegos artificiales, a varios miles de concurrentes.

Entrevista número 8 (posadero): Culminan las posadas con la noche de Navidad, la misa de gallo y la celebración del día 25 con otras misas y ofrendas. Luego viene la visita de Los Reyes Magos, el 6 de enero. En esta fecha el niño recibe regalos y juguetes, mismos que serán obsequiados a los niños de carne y hueso el día del niño; esto es, el 30 de abril.

Entrevista número 2 (mayordomo): La fiesta empezó diez días antes de que el niño llegara por primera vez a la casa del mayordomo; yo creo que la fiesta había empezado desde que lo solicitamos, pero diez días antes era terrible; pintar, arreglar, organizar. Un día antes de que el niño llegara todo esto estaba lleno de gente y también las casas de mis vecinos, porque todo el trabajo de la comunidad no podía hacerse aquí; todos mis vecinos me prestaron sus casas para que en una se hicieran tamales, en otra se hicieron otro tipo de tamales que acompañan al mole –nosotros les llamamos tamales de frijol– en otra casa se mataron puercos, en otra casa se mataron las reses, en otra se lavó la hoja para los tamales... era un titipuchal de trabajo. Para las tortillas, por ejemplo, hablamos de carga y media, que son aproximadamente 400 kilogramos de maíz, para los tamales otro tanto, para frijol no recuerdo, pero eran cantidades grandes.

Entrevista número 12 (Jeremías): Sale todo el contingente de gente que ya es una multitud impresionante, entre cuetes, luces de bengala, castillos, juegos pirotécnicos; en general salen cuando está oscureciendo y a todo el mundo que va en la peregrinación se les da una luz de bengala para que le abra valla al niño, de tal manera de que el niño pase por debajo de un arco de luces de bengala. Entonces tú te puedes parar y ver a la distancia cómo se pierde el horizonte de luces de bengala que le van abriendo valla al niño, el cual en algunas esquinas ya señaladas de antemano se detiene y le prenden una rueda, una rueda es un castillo redondo, pequeñito, el que es traído precisamente del Estado de México, confeccionado y traído de allá, y entonces hay relación Estado de México y acá, y le queman el castillo frente al niño, para que el niño se divierta.[18]

Entrevista número 2 (mayordomo): En las celebraciones del Niñopan no había chinelos; yo me acuerdo que no había chinelos, me consta que no había chinelos. Esto empezó hace 20 años, alguien trajo a los chinelos de Tepoztlán, ya saben que de ahí son originarios, y les gustó, y luego la gente empezó a aprender el ritmo de los chinelos de Morelos, se consiguieron unas bandas y ahí está lo que ahorita está actualmente [...]. La banda siempre ha existido, lo que pasa es que no había banda para los chinelos.

Otra cosa nueva es la misa los domingos, antes no había misa los domingos. Hace 18 años, la imagen estuvo en la casa de un primo de mi papá, y no había misa los domingos, como ahora [...]; el niño simplemente los domingos no salía, estaba en la casa del mayordomo, y nosotros pues nos íbamos a comer allá. No nada más nosotros, sino que mi tío reunía a varias familias cercanas a él y nos íbamos a comer allá; esto ya no se pudo hacer aquí, porque el niño se va, se va todos los domingos.

Entrevista número 3 (entrenador de comparsa): Casi todos los posaderos del Niñopan contratan comparsas de chinelos. Para las salidas y visitas del Niñopan depende [...]. Esto depende de cómo la gente se organiza [...] pueden contratar mariachis, tríos, bandas, etc. Y pueden también no contratar chinelos, esto depende [...]. Lo del chinelo nace de Tepoztlán y el baile nace de un rey chinelo allá en Tepoztlán, Morelos. Era un hacendado español que llegó a México y quiso que su gente fuera igual que él. Este hacendado le bailaba a su cristo cada aconteci-

18 Así se describe el trayecto del Niñopan cuando sale de la casa del posadero y se dirige a la casa del mayordomo.

miento, cada fiesta que tenía y decía que por qué iba a bailar él solo, "si todo mi pueblo es igual". La imagen no es propiamente de aquí, sino que es una imagen española, usted le verá la barba cerrada y todo lo que es la imagen del chinelo. El rey vistió a todo su pueblo y lo convirtió en una danza, en una comparsa como ahora nosotros la llamamos.

En Xochimilco lo de los chinelos comenzó hace 10 o 12 años. Todos los muchachitos vienen por voluntad y cada quien se confecciona su vestuario. Hay trajes hechos a mano que los hacemos en 200 o 300 mil pesos; hay otros que valen un millón, dos millones o tres millones de pesos, pero también hay uno que vale 10 millones de pesos. Para que un niño pueda empezar a bailar se necesita que ensaye dos meses más o menos. Claro, también depende de la soltura que tenga en su cuerpecito, ya ve que algunas personas somos muy torpes, pero este baile se adentra porque la música es llamativa.

Las danzas las hacemos voluntariamente, cada quien se compra su vestuario o lo confecciona. Nosotros teníamos 120 gentes entrenando.

9. Ajuares y ropas

Entrevista número 11 (artesano): El día 5 de febrero se hace entrega al mayordomo de las pertenencias del Niñopan que consisten en pequeñas alhajas, costosas y de fantasía, vestidos (más de dos mil), y de sus varias cajas de juguetes.

Entrevista número 9 (Elena): Tanto al Niñopan como a cualquier niño Dios no se le puede jamás poner la misma ropa, tiene que ser totalmente nueva y diferente cada año. Pero el Niñopa tiene miles de ropitas y se lo cambian a diario, esto lo distingue de los otros.

Yo no lo podría hacer la ropa a mi niño, hay gente especial que a través de generaciones lo han elaborado la ropita todos los años. Cuando uno tiene un niño Dios en la casa, se le cambia todos los años de ropa ya que de no hacerlo durante este año a la gente le va mal en todo. Todo lo que haga le sale mal, no tiene dinero ni para comer muchas veces; en una palabra la gente se ve salada todo este año, lo poco que se pueda tener se esfuma rápidamente, nada puede hacerse rendir. Si yo no lo puedo llevar a misa el día de La Candelaria, alguien de la familia tiene que poder. Al niño se le desviste totalmente el día de La Candelaria; es cuando cambia de ropa y lo vuelven a vestir. El Niñopan se cambia casi, casi a diario, pero el cambio de ropa en el día del cambio de mayordomía es indispensable. Todos los niños cambian; imagínese el Niñopan.

Entrevista número 13 (Guadalupe): Todas sus pertenencias son conservadas en amplios roperos, baúles y cientos de cajas en las casas de los mayordomos, por lo que casi siempre, para poder albergarlo con sus incontables ropajes y enseres, esas casas son construidas especialmente. Esto es posible debido a que la mayordomía se aparta con muchísimos años de anticipación y ello permite ahorrar cantidades considerables a los solicitantes. Actualmente la mayordomía del Niñopan está pedida y apartada hasta más allá del año 2020. El niño posee también joyas de oro y plata y piedras preciosas, varias propiedades y hasta automóviles. Un notario lleva la relación de los bienes que aumentan y aumentan [...]. Al rato no sé cómo lo van a hacer.

10. Los sistemas de cargo: relatos y percepciones sobre la mayordomía

Entrevista número 2 (mayordomo): La mamá de mi papá siempre tuvo muchos deseos de ver la imagen aquí en la casa, o sea de ser mayordoma. Por alguna razón nunca había podido serlo. Hace 20 años volvió a comentar esa situación: "yo quiero que el niño esté con nosotros todo un año". A mí se me hizo muy fácil y le dije: bueno, vamos a solicitarlo y fue así como tuvimos al niño. Fuimos con el profesor Arenas, nos dijo que no había ningun problema; el único problema era la espera de 20 años y pues nos esperamos.

De alguna manera lo ve distinto, y de eso yo no me había dado cuenta, hasta ahora que soy mayordomo, porque yo nunca me di cuenta de que eso sucedía, pero ahora que soy mayordomo sí siento que la gente nos ve distinto, no así como normal, de alguna manera nos ve con respeto [...] –yo siento–; en la misma iglesia, la parroquia, los sacerdotes son muy amables conmigo, pero eso se lo debo a él [apunta al Niñopan]. O sea, no quiero decir con esto que los sacerdotes sean groseros, aunque yo no sea mayordomo, porque yo los había tratado desde algunos años atrás [...]; mis vecinos, que de hecho hemos mantenido unas relaciones excelentes, como que ahora se profundizaron esas relaciones [...]. Hace diez años si decía yo: allí va el mayordomo, o bien pensaba [...]: aquel señor que está allí va a recibir la imagen el año entrante, y como que sí me producía gusto tratarlo.

Los sentimientos eran muy encontrados porque me daba muchísimo gusto y a la vez –increíble–, me daba tristeza porque mi abuelita ya no estaba, y pues muchísimas personas que hace 20 años estábamos contentos, finalmente no estuvieron porque se adelantaron y esos sentimientos de ausencia, de nostalgia, me producían tristeza y cuando amaneció el día 2 de febrero como que no lo podía creer. No dormimos; después de esperar ese día por 20 años creía que estaba soñando. Al mayordomo la gente lo apoya y lo critica, pero lo ve distinto y de eso yo no me había dado cuenta hasta ahora que soy mayordomo. Nunca me di cuenta de que eso sucedía, pero ahora que soy mayordomo siento que la gente nos ve distinto, con respeto.

Yo sentí igual cuando recibimos al niño y cuando nació mi hijo, nada más que cuando nació mi hijo era así como muy familiar, muy íntimo, y cuando el Niñopa, todo mundo estaba viendo, pero yo lo sentí exactamente igual; desde ir a comprarle su moisés, su ropa de cama, prepararle su recámara, igual que el otro, nada más con esa diferencia, que con mi hijo todo fue muy pequeño, muy íntimo, muy familiar, y con el Niñopa todo el mundo estaba viendo qué hacía. Me produjo la misma alegría pero más tensión, inclusive cuando nació mi hijo y yo ya muy contento lo iba a abrazar, mi primera reacción fue: ¿cómo lo abrazo? y cuando recibimos al Niñopa y ya todo el mundo se había ido, mi esposa y yo lo íbamos a pasar a su recámara y dijimos: ¿ahora cómo desvestimos al niño? La misma sensación de ignorancia de papás nuevos que no saben qué hacer con su hijo.

Es muy difícil precisar cuántos millones se gasta un posadero; sin embargo, en 1986 un posadero se gastó entre 15 y 20 millones de pesos en la posada, que como ya señalamos incluye gastos en cohetes, canastillas, luces de bengala, velas, cacahuates, colación, piñatas, gorros, confeti, serpentinas, silbatos, banda de viento, misa en la catedral, estudiantina, chinelos –que comenzaron por 1976 en Caltongo–, comida para todos, bebidas, refrescos, vinos, cervezas, aguas frescas, tamales, tortillas, orquestas [...]. Sin embargo, actualmente esa cantidad ha sido ampliamente superada.

Nosotros pedimos al niño hace 20 años y desde hace 20 años comenzamos a comprar que tazas, cazuelas, platos, cucharas, empezar a construir esta casa, a prepararse para ese día; entoces necesitaría hacer una lista de hace 20 años; quiere decir, bueno, la casa, si yo le digo en este momento, pues esta casa cuesta, por decir algo, 30 millones, pues quizás no me gasté estos 30 millones porque es de varios años, no sabría decirle; si ahora un plato cuesta tres mil pesos, pues hace 20 años costaba quizás 20 pesos [...]. Siempre hay personas que ayudan al mayordomo, no sé si todos los mayordomos hagan lo mismo que yo hice, pero yo le voy a explicar lo que a mí me pasó, la experiencia que yo tuve. A lo largo de este año, nosotros no dejamos de trabajar, bueno, dejamos de trabajar los días clave, verdad, en la fiesta del recibimiento del niño, en estos días de posadas nos vamos a dedicar un poquito, o más a acompañar al niño, pero durante el año nos dedicamos a nuestro trabajo normal, que es vender tortillas. Independientemente de que mi esposa es maestra, yo trabajo en la Secretaría de Comercio, y este año sí pedí permiso.

Es para los gastos del niño.[19] Normalmente, diario, diario, diario, de este año y de años pasados, a la gente que viene a rezar se les ofrece pan, café, té, tamales, qué sé yo; son muchas personas las que vienen. Normalmente cuando la fiesta es muy grande, es una verdadera peregrinación la que lleva, claro no todos se quedan, pero a todos se les atiende. Hablamos de, qué será, 250 piezas de pan diariamente, y esos gastos van saliendo de las limosnas del niño, que es poca, pero por lo menos el gasto diario sale de la limosna del niño. El día de ayer que arreglamos la parroquia y de festón se llevó cerca de un

[19] Este relato tiene relación con el uso del dinero que la gente deposita en la alcancía del Niñopan cuando le hace una visita.

millón de pesos; del puro festón, independientemente de todo el adorno que lleva.

Entrevista número 8 (posadero): Una vez casado y establecido como adulto, el hombre tiene la posibilidad de adquirir cargos de mayordomo, que son casi siempre completamente religiosos. Estos cargos incluyen el financiamiento de fiestas y cuidados de los santos. Constantemente el mayordomo tiene una imagen u objeto sacro en su casa durante un periodo de servicio –en este caso consta de un año a partir del 2 de febrero y culmina el 2 de febrero del año siguiente– y es responsable de la imagen, de sus pertenencias y de colocar las ofrendas en su lugar correspondiente.

Entrevista número 13 (Guadalupe): La mayordomía es un cargo de origen ancestral, es un cargo que se adquiere por voluntad propia, y en el caso del cuidado del Niñopan únicamente pueden contraer ese cargo personas nativas de Xochimilco.

Entrevista número 4 (señora de 25 años): La función del mayordomo consiste en cuidar la imagen del Niñopan durante todo un año, ofrecerle diariamente un rosario que se lleva a cabo a las 8 de la mañana, siendo costumbre que a todas las personas que asisten se les ofrezca tamales, atole, café, pan, etc. Otra función integrada a la mayordomía es la de acompañar al Niñopan cuando sale de visita a los estados de la República.

Entrevista número 5 (trajinero): La tradición exige mucho. No todos podemos ser mayordomos. No es cosa de dinero solamente. Depende de la devoción, de tener tiempo. Conozco trajineros que ya fueron mayordomos de varias celebraciones. Pero el mayordomo del Niñopan tiene que aportar un altar decente en la casa que ocupa durante un año, ha de cambiar de atuendo al niño de pies a cabeza todos los días y nunca vuelve a usar nada que haya usado. La gente ayuda, pero el por hacer puede ser mucho. Pues que se hace una fiesta en grande, completamente en grande, es que llega mucha gente de fuera, y ya todos a tomar, comer, atenderlos lo mejor que se pueda para que se vayan bien contentos. Ahorita, una fiesta [...] casi se viene gastando el mayordomo unos 100 a 120 millones.

Entrevista número 1 (artista): Lo de los cuatro barrios es importantísimo porque nosotros vamos con nuestra fe, muy religiosos, porque está la mayordomía grande y la mayordomía chica de cada barrio, o sea son dos mayordomías por barrio.[20]

Cuando un mayordomo se compromete a hacer una fiesta, es importante quedar bien ante nuestro barrio, entonces se da todo, se procura que todo mundo se emborrache; si no hay un raspado, la fiesta no estuvo buena.

Ser mayordomo implica principalmente ofrecerle algo a alguna de tus divinidades, ya no un ramo de flores, sino ofrecerle una fiesta que para nosotros es más importante que regalarle una esclava de oro o un anillo de diamantes, que no nos saldría muy caro en relación con una banda que ahorita te viene costando tres millones de pesos o más y esos tres millones de pesos ¿quién te los va a dar de limosna? No te los va a dar la gente, para nada.

11. Los sistemas de cargo: relatos y percepciones sobre los posaderos

Entrevista número 11 (artesano): Los posaderos son personas seleccionadas por el mayordomo (por lo menos con tres años de anticipación) para la realización de las nueve posadas (del día 16 al 24 de diciembre).

A partir del medio año se empiezan a reunir los posaderos para ir marcando el camino a seguir dentro de las jornadas, él es autónomo en cuanto a sus gastos, muchos de ellos se preparan con dos años de anticipación antes de realizarla.

El gasto de los posaderos generalmente consiste en comprar cohetes, canastillas, ruedas de colores, luces de bengala, cacahuates, colación, piñatas, gorros, y ofrecer el tradicional ponche, además de música y misa –celebrada diariamente del 16 al 24 de diciembre–, en la catedral de San Bernardino de Siena se ofrece a todas las personas que lo deseen.

[20] El entrevistado tiene como referencia las fiestas de la Virgen de los Dolores (Virgen de Xaltocan).

A las siete de la mañana es cuando empieza lo de la posada y sólo termina en la madrugada, ya que en todo el día entra y sale la gente en visita al Niñopa; ya al oscurecer en la nochecita se organiza una procesión con los asistentes y es de este modo que llevamos el niño con su mayordomo [...]; en la mera casa del mayordomo donde diario duerme.

Entrevista número 1 (artista): Para nosotros es un honor el hecho de que seamos los posaderos, trabajamos en función a que algún día seamos los posaderos de Xochimilco.

Fui posadero; en ese tiempo me trajeron a retocar un niño Dios de Oaxaca, entonces lo restauré, fui a la casa y venían unas ancianas como diez señoras rezándole todo el día, al santo niño de Oaxaca. Yo pensé que era un niño Dios de yeso, ya lo restauré y le dije: mire, qué le parece si mejor me paga con mezcal doble pechuga, voy a ser mayordomo en febrero y mejor mándeme mezcal. Me trajeron cuatro galones de 50 litros de mezcal doble pechuga; también vendí mi plaza de maestro porque me absorbía mucho tiempo –ya ves que se puede hacer venta de plazas de maestros. La vendí para echar toda la casa por la ventana, pero la fiesta quedó muy bonita.

Entrevista número 2 (mayordomo): En cuanto a lo que hace el posadero, el día de su posada viene por el niño con cohetes, con bandas; se trae su ropa, le pone la ropa nueva, regresa a su casa, ahí da de desayunar a toda la gente que le acompaña, llega a su casa, da de desayunar a todos, se preparan para ir a misa, los lleva a misa, regresa a su casa otra vez y sirve la comida; se prepara para regresar al niño aquí, con cohetes con banda, con lo que la gente puede, pero para esto ya implicó un trabajo de días.

Entrevista número 8 (posadero): Todo el mundo respeta y ayuda al posadero. Hoy es difícil cumplir con lo debido. Toda la gente espera muchísimo del posadero [...]; él tiene que arreglar para que todo esté dispuesto en su momento. Un posadero sólo puede salir adelante si tiene familia, familiares que lo ayudan y amigos. Mi señora con mucha antelación reunió sus amistades que acudían atendiendo con trabajo y favores. Tienen mucho respeto al posadero, a su trabajo. Quieren colaborar, lo sienten como un honor. Antes de empezar todo, uno sabe con lo que cuenta en términos de fuerza humana. Mi familia es enorme, están las tías; en fin, todos respetan al posadero, todos quieren colaborar con la posada. Para la gente es un honor poder aportar cuando le toca a uno.

12. Sobre la relación con la Iglesia

Entrevista número 11 (artesano): Se piensa que la imagen del Niñopan fue construida en el convento de los franciscanos por indios xochimilcas [...]. Durante una época permaneció en la iglesia [...]. Con todos los movimientos sociales que acontecieron en este nuestro país, y con la fe religiosa, y el pueblo tomó la imagen como propia. Antes de que existiera la función de mayordomo, un responsable de la imagen, el Niñopan no salía, solamente visitaba los pueblos de Xochimilco.

Entrevista número 1 (artista): La imagen religiosa no la maneja el clero, somos autosuficientes; el pueblo ha asumido la obligación de organizar las fiestas de sus pueblos. La Iglesia casi queda al margen, lo único que le toca, como en el caso del Niñopan, es pagarle la misa, ir a dejarle las limosnas, pero no tiene nada que ver el cura con el vestido que va a ponerse, qué túnica, qué alhajas o cómo se va a organizar la fiesta; los sacerdotes quedan al margen y nosotros organizamos nuestras mayordomías.

Entrevista número 2 (mayordomo): La imagen[21] quería ser recogida por el párroco de entonces –estamos hablando de hace 25 años aproximadamente o un poco más– y quería que en lugar de que la imagen que tradicionalmente anda en las casas, quedara instalada normalmente en el templo parroquial. A esto se opuso el pueblo, entre comillas, porque creo que fueron muy pocos y encabezados de alguna manera por el profesor Arenas. Él defendió mucho la imagen y a él le debemos de que en este momento la tengamos con nosotros.

El maestro Arenas en alguna ocasión me aconsejó: "lo que los sacerdotes te pidan pues acéptalo". Realmente ellos no se

[21] Se refiere a la imagen del Niñopan.

meten, ellos se dedican a recibir a la imagen, a celebrar las misas, dan algunas pequeñas orientaciones, sugerencias, pero con ellos no hay ningún problema, por lo menos en este año. Quién sabe si en mayordomías anteriores haya sucedido algún conflicto, pero este año afortunadamente no. El niño es de la iglesia, es de la parroquia; nosotros lo tenemos, se puede decir que prestado, tan es así que regresa en diciembre a su casa que es la parroquia, pero por tradición, el niño lo trajeron para evangelizar esta parte de lo que es ahora la cabecera de Xochimilco y por tradición se ha seguido así; creo yo que ésa es la razón por la que el niño no tenga sede en la iglesia, pero cuando quiera, pues regresa, es su casa. Creemos todos que la imagen del niño está con nosotros porque fue, de alguna manera, un medio por el que los frailes franciscanos evangelizaron a los nativos de aquí de Xochimilco, como que se les facilitó, que por medio de la imagen se rezara el rosario todos los días, se llevara a misa cada domingo,[22] porque inicialmente era cada mes, pero actualmente lo llevamos casi todos los días; entonces eso facilitó a la evangelización desde que se empezó a edificar San Bernardo, o sea hace aproximadamente 400 años.

13. Vírgenes, santos y otras imágenes

Entrevista número 7 (Hortensia): La Virgen de Dolores es bellísima, usa atuendos blancos y negros, puede traer alguna joya, bellos collares, es morena, hay tristeza en su mirada [...] la fiesta trae sus fechas, sus mayordomos son escogidos con antelación. Son fiestas multitudinarias, las calles quedan atascadas, hay música, cohetes, hay de todo.

Entrevista número 1 (artista): Hasta la fecha, el 12 de diciembre en la Laguna del Toro, uno de los lotes de aquí, se llevan a la Virgen de Guadalupe a su misa. El padre dice que no, que

[22] De acuerdo con los testimonios que escuchamos, antes no se realizaban las misas dominicales del Niñopan, sino que éste permanecía en la casa del mayordomo, con lo cual podemos constatar una mayor cercanía entre la Iglesia y el culto popular, sobre todo después del conflicto de los años sesenta.

la Virgen de Guadalupe debe estar en la parroquia, pero la gente va y adorna una chinampa en la cual tienen que hacer la misa. Los canoeros llevan gratis a toda la gente que quiera pasar a la misa; es uno de los últimos rezagos de cuando nuestra Virgen de Guadalupe estaba oculta en la chinampa y ahí le hacían las misas a escondidas.

La Virgen de los Dolores tiene un sentido de dualidad con algunas imágenes del agua. Porque yo recuerdo que mi padre, mi madre, mis abuelos, cuando había sequía acudían a la Virgen de los Dolores. Es una de las imágenes sagradas –tanto como el Niñopan–. En días críticos de sequía, cuando era necesario pedirle agua para las siembras y para las chinampas porque estaba bajando el nivel de los canales, se organizaba todo el pueblo y se sacaba a la Virgen de los Dolores. Me tocó en una ocasión, cuando estaba muy pequeño, que había una sequía; nosotros éramos todavía chinamperos, teníamos la costumbre de sembrar rábanos, pero las cosechas se estaban echando a perder y pues todos los señores decían que íbamos a ir a la procesión de la Virgen de los Dolores. Recuerdo que se le hizo un nicho y se sacó a la Virgen por todo Xochimilco, recorrió todos los barrios y curiosamente, con sólo eso, ya estaba lloviznando. Son de las cosas que verdaderamente me han impresionado de nuestra fe a las imágenes. La Virgen de los Dolores no sale, y no sale por el hecho de que cuando la han sacado siempre llueve, y hasta ha ocasionado inundaciones.

En Xochimilco había una relación muy grande con el pueblo de Xaltocan –nosotros le llamamos Xaltocán, los antropólogos le dicen Xaltocan– que se ubica cerca de Acolman. Es uno de los lugares importantes de Xochimilco a los cuales se iba en peregrinación. Pero después de la conquista, con la repartición de las encomiendas, los encomenderos prohíben pasar sobre sus tierras y sobre todo que se vayan los indígenas y hay una masacre de indígenas para que no llegaran al lugar donde iban a hacer sus ceremonias donde era Xaltocán. Cuando los franciscanos organizaron los 17 barrios de Xochimilco –aunque ya había determinados barrios con algunos nombres prehispánicos–, empiezan a organizar por barrios –porque a los indígenas les correspondía determinados meses el cuidado de cada una de las cuatro capilllas que existían en el atrio de San Bernardino de Siena–. Al organizar esto, los indígenas de mi pueblo dicen: "de acuerdo, vamos a organizar de esta manera", pero no se conforman nada más con que le pongan el nombre del santo patrón del barrio, la gente de Xochimilco retoma cuatro de los importantes centros ceremoniales que iban en peregrinación, como es el de la Virgen de Xaltocán –nosotros le conocemos el barrio de Xaltocán en remembranza del centro ceremonial prehispánico adonde íbamos– pero también ponen a la Virgen de los Dolores como la santa patrona [...].

Vamos por la Virgen, la llevamos con banda, a todo el barrio se le invita a comer, no hay distinción de ninguna especie, para ninguna gente; se matan ocho, doce o catorce cerdos y también se les da de tomar [...]. El sentido religioso de los trece barrios restantes es que llevamos ofrendas, ya sean flores, cohetes, danzantes, castillos, palo encebado, bandas, pero lo más interesante, es cuando se juntan los cuatro barrios; se juntan las cuatro mayordomías y la gente se viste del mal: de prostitutas, de monstruos, de dráculas, de caciques, de charros malos, del charro negro y todo ese tipo de personajes que reflejan el mal. Hombres vestidos de prostitutas con tacones y pintados, son los que tienen que ir a misa, la Virgen de los Dolores es la que les da la misa a todos esos personajes y simboliza lo que cotidianamente vivimos. El diablo corretea a las muchachas mientras va pasando la procesión, hace que griten las muchachas y los niños, pues el mal va espantando. Los hombres vestidos de prostitutas van besando a los señores que están en las orillas, pero la Virgen va con la procesión porque es parte de nuestro pueblo, ella va supervisando. Esto es una dualidad muy curiosa [...].

En la época de la revolución, mucha de la gente de acá de Xochimilco se fue con los zapatistas; entonces, al irse –como en el caso de mi abuelo Cándido Morales y de mi bisabuelo Teófilo Gutiérrez–, era tan grande la idea religiosa que la gente en lugar de robarse vasos de plata de las haciendas, cargaban con sus santos [...]. Aquí en Xochimilco es impresionante la cantidad de imágenes del siglo XVII, y yo creo que también de finales del XVI y del siglo XVIII, pero son piezas italianas y españolas. En todas las casas de Xochimilco hay un altar y por lo general son imágenes talladas de madera, expropiadas, saqueadas; es lo que nos tocó de la revolución. Lo poco que nos quedó fueron las imágenes, porque los zapatistas venían arrasando y los carrancistas también venían arrasando con todo; por eso la gente de Xochimilco se llevó las imágenes a la chinampería y las metieron abajo de túneles; hacían pequeños cuartos. El Niñopa estuvo en época de la revolución metido ahí en una de las chinampas y la gente de Xochimilco se iba en canoa a la adoración. Ése es uno de los secretos de mi pueblo y no nada más la imagen del Niñopa, sino que se ocultaban todas las imágenes, eran los tesoros. A veces trato de entender a mi pueblo, sobre todo a las personas mayores, ¿cómo no se trajeron plata y sí venían cargando a sus santos que casi eran más grandes que ellos?, y ya me los imagino cargando los santos en mulas o en burros.

Entrevista número 7 (Hortensia): El día 12 acudimos siempre que es posible a la chinampa de la Virgen, pues justamente ahí tiene lugar una misa.

Entrevista número 8 (posadero): Para ir a la chinampa de la Virgen de Guadalupe, vamos en trajineras [...]. Este día el transporte es gratis. Se suben los mariachis, se lleva el altar, los adornos, el cura, y todo lo que se requiere para celebrar una misa.

Entrevista número 5 (trajinero): Se puede decir que nosotros los mexicanos celebramos La Virgencita en muchos lugares y todos los días. Pero cuando hablamos de Xochimilco podemos decir lo mismo del Niñopa; lo celebramos a diario [...], lo mismo. En muchos lugares y todos los días usted verá manifestaciones dedicadas a este niño Dios.

Pero acostumbramos todos los años los de Xochimilco, los naturales, vamos a la misa de la Virgen de Guadalupe en la zona de los canales [...], pero en muchos lugares hay otras celebraciones.

Entrevista número 10 (anciano): El día mismo de La Candelaria, 2 de febrero, van los del barrio de Xaltocan a invitar a todos los asistentes al cambio de la mayordomía para el 10 de febrero; este día damos inicio a la celebración de La Dolorosa [...]. A ella, aunque sólo sea patrona de nuestro barrio, se venera por todos los demás barrios y también en los pueblos de Xochimilco.

Duran quince días las celebraciones, que tienen verificativo en los 17 barrios en la primera semana; de la segunda participan las asociaciones y cinco pueblos de acá. Se le ofrecen las misas; cada grupo ofrece una procesión que llega hasta la capilla del barrio que participa o la iglesia del pueblo que prepara la celebración. Hay castillos y fuegos artificales, moles; hay que poner música, llevar danzantes, también los organizadores construyen alguno de los arcos triunfales de flores o de frijoles para adornar el altar, también las portadas [...] en la iglesia, en la calle se pone adorno.

No, no es en la iglesia solamente [...], en varios lugares celebramos la Virgen en los atrios: en el jardín, en las calles, en una feria grande donde comerciantes que vienen muchos de regiones distantes ponen puestos según la tradición; también hay juegos mecánicos, pista de baile –por allá se pone, fíjese–. En ocasiones hemos instalado hasta un poste para unos voladores de Papantla.

14. La peregrinación a Chalma

Entrevista número 13 (Guadalupe): Desde muy chiquita mi familia me lleva a Chalma. No recuerdo un año en que no haya ido, aun mismo cuando se murió mi tío Francisco, fuimos a Chalma. Siempre salimos temprano. En nuestra familia unos van a caballo y otros como sea: en camión, en coche. Mi papá tiene dos caballos y mi hermano uno. Ellos van montados [...] son hombres. Esta perigrinación no es de ahora, siempre existió, desde antes de la llegada de los españoles. No había en aquel entonces el Señor de Chalma, tal y como lo entendemos ahora, porque este Señor de Chalma que tenemos es de la religión católica. La referencia a lo antiguo es al lugar, a la zona de perginación, no al tipo de devoción o de culto [...]. Lo de Chalma que conozco, además de las misas y de la iglesia [...] lo de Chalma es lugar de fiesta, de alegría, de música, de cohetes [...]. Se organizan a través de mayordomías. Como para el caso del Niñopan y otros muchos, como La Dolorosa; todo lo referido a la peregrinación está a cargo de mayordomos.

Entrevista número 9 (Elena): La peregrinación sale también de otros lugares rumbo a Chalma. Por esto no es de Xochimilco. De Xochimilco es el Niñopan, las peregrinaciones salen de varios lugares y de Xochimilco también. Para nuestro caso somos organizados por los mayordomos y los equipos que se hacen cargo [...] pero cada familia tiene también que organizarse, saber cómo va, quién, por cuántos días. Lo bonito del peregrinaje a Chalma es que los hombres van a caballo [...] pero no todos; hay muchos que no tienen caballo [...]. Las mujeres nunca se suben a los caballos, van al peregrinaje por otros medios, con sus niños, ¿verdad?

Entrevista número 1 (artista): Una de nuestras fiestas importantes es la de Chalma, porque desde la época prehispánica Xochimilco fue uno de los primeros pueblos de las siete tribus que se asentaron aquí en el Valle de México.

Siempre existió interés de los pobladores de Xochimilco de ir en peregrinación y Malinalco era uno de los centros de peregrinación de Xochimilco. El día 28 de agosto es la fiesta en Chalma; hay una cooperación de todo Xochimilco para las dos mayordomías que van; entonces, hay mayordomos apuntados con 15 o 17 años de anticipación para hacer la mayordomía y están comprometidos a la visita de los barrios y a dar de comer carnitas, pulque, vino y todo eso. Cuando sale la peregrinación, se organiza toda la gente de Xochimilco y el día 17 el delegado puede decir que está de luto porque no tiene súbditos, ya que todos estamos en Chalma de fiesta; se va hasta el Niñopa a la fiesta.

Mi mamá lleva su mole y ahí hacemos casa, nos llevamos los pollos, arroz, mole [...] todos los días nos hace de comer. Nos vamos ocho días en los cuales todo mundo anda de vacaciones, porque nuestro gusto es ir a tomar pulque de Chalma y es un derroche de dinero; además tenemos un encuentro de futbol en el cual los agustinos de Chalma están supervisando que se lleven en buena fe los partidos. Los partidos se organizan por pueblo, ahí ya no somos barrios. Para las fiestas hay una cierta rivalidad de barrio a barrio aunque nada más nos divida la banqueta; hay cierta rivalidad por organizar mejores fiestas, por llevarle mejores portadas a la Virgen de los Dolores, por nuestros equipos. Es más, tenemos hasta pleitos cuando hay partidos fuertes entre los equipos de futbol de Xochimilco, pero cuando vamos a Chalma es una sola selección, nuestra selección va a jugar y deberías de ver: papás, mamás, niños alrededor del campo echándole porras a nuestros equipos, y el sacerdote supervisando que no haya pleitos y cosas de ese tipo.

Cuando la gente de Xochimilco sale para Chalma, las líneas de camiones paran aquí; sus autobuses se llenan uno tras otro porque es una salida masiva, por lo menos el día 28, y la gente que viene de fuera dice: "¿cómo es posible que entre semana la gente esté aquí tres o cuatro días?, ¿qué no trabajan?", pero la gente de Xochimilco es generosa con los jefes, siempre les llevan sus plantas, los invitan a fiestas, les ponen sus moles; así sus jefes se ven comprometidos y se hacen de la vista gorda. Esos días son muy importantes para nosotros, todos nos vamos de Xochimilco. Ese día Xochimilco está muerto. Para encontrar Xochimilco hay que ir hasta Chalma.

La de Chalma es una de las peregrinaciones más importantes de Xochimilco porque si el Niñopan va hasta Chalma es importante, y también van sus chinelos; en esta ocasión fueron sus 121 chinelos. Todo el atrio de Chalma estaba atiborrado de danzantes y tú ves a las gentes cocinando y huele a mole, huele a pollo, huele a rico. Procuramos llevar nuestra mejor banda, los mejores danzantes, los mejores castillos. Anteriormente salían hasta veinte o veinticinco toros pirotécnicos, pero se armaba una pachanga porque ya todo mundo tomado, agarraba a los toros. Los que organizan la peregrinación se van anticipadamente a Chalma y hay un acuerdo con las autoridades para que les den chance; en esta ocasión el acuerdo era que a los borrachos les iba a dar chance. Deberían de ver la peregrinación que se viene de Chalma: niños de cuatro o cinco meses que los papás traen cargando y que ya nacen con la idea de Chalma.

15. Sobre los muertos y sus fiestas

Entrevista número 12 (Jeremías): [...] están manifestaciones mortuarias, velaciones por ejemplo, la levantada de la cruz [...], lo que implica es que durante la velación al muerto, debajo del cadáver se pone una cruz de cal cubierta con pétalos de flores; yo he visto que sobre todo es crisantemo, agua bendita. El tamaño de la cruz no importa, la manifestación depende de la importancia jerárquica que haya tenido el muerto dentro de la comunidad. Se torna en una celebración festiva, casi casi, porque está el muerto, abajo tiene una cruz con agua bendita y después de nueve días de rezos, ya que se enterró al muertito, se levanta la cruz; hay cuatro padrinos de la cruz, uno por cada brazo de la cruz [...]. Los rezanderos son rezanderos oficiales que están dando rezos durante los nueve días, y en el último día, dirigen la levantada de la cruz, que no es otra cosa más que irles diciendo a cada uno de los padrinos que vaya levantando la parte correspondiente de la cual es padrino. Al término de los rezos distribuyen atole y pan.

Entrevista número 6 (vendedora de flores): Las almas deben salvar nueve obstáculos con el fin de poder llegar adonde deben de ir [...], para lo cual se apoyan en los perros negros [...]. A ver si conseguimos recordar todos los obstáculos: en primer lugar, las almas deben cruzar un río, luego pasar por un lugar con dos montañas que les impiden el paso, luego hay una montaña de rocas afiladas [...]. Con esto ya contamos tres, ¿verdad? Luego viene la cuestión de soportar un viento frío, muy frío, helado que deja heridas como un cuchillo. Luego hay que cruzar por un lugar adonde se encuentran perros que devoran corazones. Por fin se llega al lugar del descanso eterno. Bien, usted tiene razón, me faltan unos obstáculos [...] pero estoy segura que le hablé de los más importantes.

El 31 de octubre vienen los muertos chiquitos; los recibimos poniendo ofrendas, un altarcito de muertos. Los niños de por acá salen a calaverear en la calle con sus chilacayotes. ¿No los conoce?, los cultivamos en las chinampas, luego para el día de muertos les damos forma de calavera [...]. Los niños salen a calaverear. A las ocho de la noche del día primero de noviembre cambiamos la mesa para recibir los muertos mayores; todos los familiares fallecidos comparecen. Las ofrendas son casi por lo general las mismas [...] pues ahí les ponemos pan de muerto, alamares, naranjas y las frutas que le gustan al difunto, incensarios, flores, velas. Las flores por lo general son los cempasúchiles, nubes, amaranto. Para los muertos mayores les agregamos mole de guajolote, de puerco, su arrocito, su bebida [...] –la que le guste al muertito–, su cervecita, su tequila o su pulque. Es una invocación al espíritu [...] la calaverita de azúcar también, su frijol. Se pone el santo para velar y las sillas para sentar cómodamente tan pronto lleguen.

Entrevista número 1 (artista): Cuando una persona muere, se organizan nueve días de fiesta; el doliente que perdió al familiar está comprometido a dar diariamente de desayunar, comer y cenar a quince o veinte familias.

En Xochimilco el día de muertos no se ha hecho un show como en Mixquic; seguimos haciendo nuestras velaciones y nuestras ofrendas y todo eso; en Xochimilco sigue manteniéndose eso, y a las doce nos vamos a velar a nuestros muertos. Algunos ancianos dicen: "nunca te pongas las chinguiñas de perro en los ojos porque vas a ver las ánimas que vienen el día de muertos", y siempre hay algo así. Nuestra relación se da mucho a base de fiestas; hasta la de muertos es una fiesta para nosotros. A veces le pregunto a mi mamá: oiga, ¿dónde hubo fiesta? –"No, fiesta no, hubo muerto"–, pero llega con la canasta de mole y arroz y todo eso; es más, cuando se cumple un año de muerto de nuestros jefes o de alguien importante de la familia, se debe dar carnitas y todo. Tu gusto es que vayan y te acompañen a misa a orar por tu familiar, dejarle una ofrenda al panteón y ya se regresa uno a la fiesta. En un sepelio hay que ir a conseguir una carroza elegante, una buena carroza que vaya abriendo paso, pero los muertos no se avientan a la carroza, la carroza va abriendo paso y debe de ser elegante, pero al muerto se le debe cargar a Xilotepec y además con banda o mariachi, dependiendo del gusto del muerto; si era de muy buen gusto te pide mariachi y pues órale, para su despedida hay que pagarle sus horas de mariachi desde que sale de la iglesia hasta que llega allá. Unas amigas me dicen: "es absurdo que consigan una carroza tan elegante y al muerto lo llevan cargando, la carroza nada más va de relleno, pagas la carroza y luego tienes que darle de comer a todos los que te acompañan". Hay misas todos los nueve días a las siete de la mañana. Todos los familiares del muerto vamos a misa. Sales de misa y ya está el desayuno; llegamos y comemos, pero el que tuvo la pérdida del familiar es el que te va a dar de desayunar, de comer, y en las noches te van a dar tus tortas y tu café por acompañar el rezo, y te ponen tu canasta para el otro día y lo mismo durante los nueve días.

Dicen: ¿qué sentirá esa persona que perdió a su mamá o a su papá, si todo el mundo se está carcajeando, si se están echando copas y hasta las señoras se están echando carcajadas y tú con tu muerto? Pero más bien es el sentido de que te acompañan en tus momentos de dolor, como que te vuelven a reintegrar. Aquí en Xochimilco, en el momento en que terminas el compromiso de enterrar a tu familiar, regresas y tienes el compromiso de atender a todos tus familiares; atenderlos como si tu madre o tu padre los estuvieran invitando. He visto dolientes, el hijo, el papá o el esposo, que al segundo día despúes de ir a enterrar al familiar ya están echándose sus copas y sus carcajadas. El paso de la muerte aquí es muy transitorio porque los esperamos para el día de muertos. Entonces ellos regresan ese día y hay que ponernos elegantes también. Mandamos hacer pan, son montones por cada uno de tus muertos, y le pones sus ceras, le pones sus petates, su mole, su pollo, su guajolote.

Entrevista número 10 (anciano): Las fiestas de los santos difuntos las empezamos el 31 de octubre. [...]. Todo se llena con el humo del copal [...] todo se llena de flores sobre todo de cempasúchil. No sólo en el mercado, por doquier aparecen los puestos con calaveras de azúcar, pan de muerto [...]. Hay puestos con cirios, veladoras, velas; se vende todo lo necesario para poner una ofrenda.

No, no, no, todo empieza el 31 por la noche [...] se ofrenda a los muertos niños o santos inocentes. Disfrazados de diablos y de muertos, los jóvenes salen para "calaverear" [...] salen enmascarados [...] representan a los espíritus que vuelven a visitar los vivos, muestran la alegría que sienten los muertos de poder regresar al mundo.

En todas las casas se montan ofrendas, un altar con fotos de los difuntos, calaveritas de azúcar con los nombres de los vivos; comida que puede ser atole, tamales, frijol, arroz y mole. También se pone aguardiente y cigarritos; flores y veladoras.

Pero el día de muertos propiamente dicho consiste del 1 al 2 de noviembre. Se acude al panteón por la noche [...] las tumbas se iluminan. Al principio vienen tan sólo grupos reducidos de familiares; pueden pasar hasta horas sentados en la tumba recordando a la difunta madre, o al hermano, al abuelo; a veces dirigidos por un cura que anda ofreciendo sus servicios rezan y rezan; a veces permanecen en silencio, nada más. Acompañan a su muerto en la noche.

En la mañanita es cuando empieza a llegar un gentío que llega cargando flores, muchas flores. Carretas con flores, coches repletos de flores. Hay gran afluencia y la gente parece tener prisa por acudir. La gente se atropella de tanta apuración. Parece cuestión de gran urgencia. Unos preparan las flores, otros van en busca de agua, traen sus palas. Cuando empieza a amanecer aumenta aún más el gentío. Hay prisa, pues [...] las flores han de estar en su lugar cuando reviente el sol; las flores tienen que estar dispuestas. En los puestitos, si uno quiere encuentra café de olla, quesadillas [...]; en las tumbas empiezan los almuerzos y cuando el sol calienta es una verdadera romería. Todo el panteón atascado de gente.

Por la tarde del día 2 de noviembre se levantan las ofrendas, las levantamos el 2 de noviembre ya en la tarde. Tan la muerte no es muerte, ni es temible, que el día de los fieles difuntos es un día de fiesta.

Entrevista número 5 (trajinero): Siempre tenemos los altares de muertos con sus ofrendas. En cada casa ponemos comida para nuestros muertos. Dicen que los muertos, que los espíritus no pueden comer, pero sí pueden oler. Así es que al día siguiente la comida de la ofrenda amanece sin sabor [...] a través de los aromas pueden saborear [...] sentir el perfume de las flores [...] por esto les echamos muchas flores.

Entrevista número 9 (Elena): Si una persona en vida maltrata a los perros, cuando muere, el perro no la va a cruzar un inmenso río que tiene el muerto o su alma que pasar. Entonces el alma del perro no ayuda a cruzar el río, queda vagando en la inmensidad, por lo tanto nunca, nunca va a llegar, su alma se pierde en un enorme túnel que no tiene salida. El río, un túnel, un camino de piedras, y otro camino de espinas, y los otros son puras laderas que tiene que salvar; detrás de estas laderas hay un enorme jardín con flores hermosas con una especie de cascada y de ahí, del jardín se ve allá lejos la inmensidad.

Los muertos llegan el último de octubre. Vísperas de muertos se empiezan a preparar los diferentes platillos que les gustaba a los muertos en vida. Por ejemplo mi mamá; ella tiene la creencia de que si usted toma de la mesa las ofrendas que ya se pusieron, a los difuntos no les agrada. Sólo después de que pasa ya se puede comer la ofrenda y se levanta el altar por consiguiente. En estos dos días de muerto toda la gente convive en los diferentes panteones los dos días completos. En muchas partes la gente vela a sus muertos toda la noche y conviven como si ellos no estuvieran muertos, pues comen ahí con ellos, toda la noche entonan cánticos y rezan. Son puras alabanzas dedicadas a los muertos.

La ofrenda se pone para recordar los gustos del muerto en vida. La gente tiene la creencia de que los muertos llegan para llevar la esencia de la comida. Por ejemplo el sazón, el sabor, la frescura de la comida; ellos llevan esto ya que usted no puede probar nada porque no se vería bien, es una ofrenda dedicada a ellos. Sólo se puede comer en el tercer día en que los muertos abandonan la tierra, pero ya es una comida que no sabe a nada porque, por ejemplo el pan, el tercer día ya está duro. El mole por consiguiente, el tequila ya está convertido en agua. La ofrenda se levanta: ponemos una mesa especial con papel adornada con flor de cempasúchil y flor de terciopelo, posteriormente hay un cirio dedicado a cada difunto, después se pone el platillo, las bebidas que al difunto le gustaban en vida, luego ya que se pusieron las bebidas se procede a quemar incenso o copal en diferentes intervalos del día, muchas veces se agrega también a esta mesa las fotografías del difunto, se adorna también con calaveritas de chocolate de dulce, etcétera. Supuestamente se dice que los muertos mayores se van de aquí en el segundo día a las tres de la tarde. La ofrenda sólo se puede tomar a partir de las 8 de la noche del día 2, no antes. Ya podemos coger el platillo que le gusta a uno: el dulce de calabaza, el dulce de tejocote, por ejemplo, es lo que más predomina en esta temporada. Los papeles y el adorno de "maché", si está todavía en buenas condiciones se puede utilizar en la siguiente temporada, y los cirios irlos quemando conforme pasan los días, ya que usted no se puede aluzar con ellos. Cuando por ejemplo falta la energía de luz, no se puede aluzar con ellos, ya que estos cirios fueron dedicados a los fieles difuntos, ya que lo que es de los muertos es de ellos nada más. Los muertos chiquitos llegan el último día de octubre por la noche y en estos momentos a ellos se les enciende también los cirios [...]. Los muertos pequeños que no fueron bautizados según la creencia, si estos difuntitos no tienen quién les encienda a ellos un cirio, no les va bien. Por esto mi mamá siempre enciende un cirio de más para estos difuntitos.

16. Creencias y eclecticismo

Entrevista número 9 (Elena): Brujos y chamanes. Hay brujos que hacen el bien y los que hacen el mal. El brujo no es muy diferente del chamán. Un curandero se diferencia en que a las personas las salva de todos los males, vamos a suponer que yo tenía una gastritis; él me va a curar con hierbas, tés, plantas; el brujo ya cura con otras artes como pueden ser ramos previamente arreglados por él, con veladoras, con huevos rojos de gallina y lo principal, con lumbre en el piso.

Entrevista número 6 (vendedora de flores): Los de por acá acostumbramos hacer nuestras limpias [...]; esto puede ser el viernes, el día que uno quiera, el martes también se acostumbra [...]. Tenemos también curanderos. Si es para una cuestión de salud buscamos el curandero, los favores los pedimos al chamán.

Entrevista número 1 (artista): Acá hay un dicho que dice: no creo en las brujas pero de que existen, de que las hay, las hay [...]. Al saber que las hay es porque ya las hemos consultado en alguna ocasión [...]. En Xochimilco tenemos una dualidad importante, pues por un lado tenemos el Niñopa, la Virgen de los Dolores y el Señor de Chalma, que son tres de los más importantes que nos unen a todo el pueblo; no conocemos a un xochimilca que no vaya el domingo a ver al Niñopa a pedirle un favor o a la Virgen de los Dolores o a Chalma, pero eso sí, los martes y los viernes no nos faltan nuestros chamanazos, las limpias con nuestros brujos, con nuestros chamanes, no conozco uno de Xochimilco que por una ocasión no haya ido a una de nuestras limpias. Chamanes para las adoloridas, para las envidias, para todo. Las limpias son con hierbas, porque todo depende del tipo de trabajo que te vayan a hacer.

Todos los comerciantes en los mercados tienen su San Martín Caballero y siempre te piden tu alfalfa; llevas tu bulto de alfalfa para los animales, y te piden porque tiene que ser regalado y siempre tienen su herradura y todos los comerciantes le dan su frotadita para que les vaya bien. El chamán es gente como tú o como yo, hombres y mujeres, en ocasiones hasta profesionistas, gente ya estudiada. Yo creo que es una necesidad espiritual, independientemente de que el Niñopa llena un hueco muy grande de nuestra necesidad religiosa y de fiesta, porque el Niñopa es sinónimo de una gran fiesta, sea el día que sea, pero los chamanes van un poco más allá de la cuestión religiosa, vas para que te den fortuna, para que tengas trabajo. Mis hermanas son vendedoras de verdura y llevan sus pócimas, y hacen todos sus pases mágicos para que les vaya bien. Y es que Xochimilco es comercio; mis hermanas vendiendo verduras ganan más que sus esposos como profesionistas. Hasta un director de primaria, en sábado y domingo se avienta lo de la quincena.

17. Leyendas

Entrevista número 1 (artista): Nuestras tradiciones han pasado de boca en boca. Existe un personaje que se llama Pancho Nahual, y te voy a platicar textualmente como me lo platicó mi abuelo. Pancho Nahual era un mediero allá en El Olmedo, donde está Plaza Xochimilco. Más o menos eran todos maizales, toda esa zona del deportivo era zona de maizales. Muchas chinampas se trabajaban a medias; una persona ponía el terreno, otra persona lo trabajaba y a la hora de la cosecha se repartían a la mitad. Ésos eran los medieros. Mi abuelo tenía extensiones de tierra grandes y tenía medieros, porque no le daba tiempo; tenía tres hijos [...] pero no se daban abasto para esto, entonces el mediero decía que era nahual y mi abuelo decía; ¡qué nahual ni qué ocho cuartos! Entonces mi abuelo quería andar con una muchacha de La Asunción; él era del barrio de San Marcos, y los de San Marcos y La Asunción siempre rivalizaban; nunca les daban chance de que se acercaran a ver a las muchachas, y cuando empezó mi abuelo a ver a esta muchacha, la mamá le prohibió a la muchacha que se casara con el de San Marcos; le buscaron novio más rico y entonces mi abuelo, todo decepcionado, agarró el trago. Un día le comentó al mediero: "fíjate que se casa fulanita de tal y me gustaría ir a armarle un desmadre para que se acuerde de mí", y le contestó: "¿de veras te quieres desquitar?". Fueron al Olmedo a ver al Pancho, le platicaron y él le dijo: "te va costar una barrica de pulque".

El día de la boda llegaron a la choza del Pancho Nahual y se escuchaban gruñidos y ruidos extraños y salió en forma de un perrito –un perrito pequinés blanco y negro– vieron que el perrito les dio vueltas y empezó a caminar hacia la iglesia; ellos iban siguiendo al perro. En la parroquia fue la fiesta y se empezó a juntar mucho perro. El nahual iba jalando perritos y se jalaron a la misa, a la hora de la misa se empezaron a meter entre la gente y se fueron a la chinampa donde iba a estar todo el huateque. Luego empezaron a ver que los perros se estaban poniendo muy nerviosos y empezó una arrebatinga de perros. Algunos perros se caían adentro del mole, era impresionante. Poco a poco se fue haciendo de una bola de perros y fueron acorralando a la novia hasta las orillas, porque las chinampas siempre están rodeadas de agua, son rectangulares o cuadrangulares y por todos lados hay agua y la novia cayó al canal; se cayeron los novios, y ya cuando vieron eso se regresaron. Vieron que se regresó el perrito y se metió a la choza del nahual. Este señor después se fue para San Francisco y allá lo mataron, lo mataron con un calzón, porque una manera de atrapar a un nahual y de quitarle velocidad era quitarse un calzón y aventárselo en la cara y matarlo con bala de plata y todo eso.

De esos nahuales también platican de un cerdo que salía aquí en las vías del tren El Torito, donde estaba la casa del pintor Francisco Goitia. Una tarde mis familiares venían de Xaltocán de una fiesta y vieron un puercazo que era como un semental de esos gordos y dicen: "mira qué puerco, quién sabe a quién se le ha de haber salido, vamos a llevárnoslo", y le empezaron a arriar, y en cuanto entraron a Los Fresnos, el puerco se les volteó, parecía una vaca –eso mi padre me lo ha contado– y le brillaban los ojos. Y ellos me cuentan: ¿sabes lo que hicimos? Con todas nuestras viejas, echamos a correr otra vez para Xaltocán.

Hay dos, tres personajes muy importantes en cuanto a las leyendas [...], la Mictlancihuatl, que era una mujer que los que llegaban a verla dicen que era muy bella, que era más bella que las que participan en "La flor más bella del ejido", y llevaba un huipil blanco y unas trenzas; una trenzona que le llegaba hasta las caderas, o traía el pelo suelto, y que invitaba a los trasnochadores a noches de placer. Se paraba entre los puentes y los invitaba a que la siguieran. Se ve bien; sobre todo cuando había luna llena, y que se le veía... bueno, su túnica era tan transparente que se le veían sus formas y era una mujer muy exuberante, y los invitaba. En una ocasión llegaron a ver a la Mictlancihuatl aquí en San Marcos en las Rosas. Se les paraba a un lado y a otro, pero venían "juicios"; entonces los llamaba, pero una de las particularidades para conocerla era que cuando el viento le movía su túnica se le veían las patas de picuyo, eran unas garras de ave lo que tenía de pies. Se los llevaba por los callejones, los iba invitando. En esta ocasión que la vieron en La Santísima los fue llamando y salieron hasta el embarcadero de Xaltocán, y siendo canoeros de aquí de Xochimilco no la podían alcanzar; se veía cómo le pegaba el viento a la túnica y se le veía un cuerpo muy bonito; se paraba y les llamaba y ya emocionados seguían caminando. En eso empezaron a salir los primeros rayos del sol y se dieron cuenta de que ya estaban llegando hasta San Mateo y ella se les desapareció [...]. Si algunos tuvieron alguna noche de placer con ella, murieron, pero también hay casos de gente que quedó muda, y dos o tres días después, se moría.

La Tepencutli era una mujer parecida a la llorona, pero en otra versión; porque esta mujer no gritaba, sino que siempre andaba deambulando en los callejones, indiferente. Hay uno de aquí de San Marcos que no tendrá mucho que la vio; dice que era una mujer muy guapa. Parecía que iba a haber helada, entonces salió a meterle plástico a sus plantas y ella pasó en medio de su invernadero, pero indiferente, a un paso muy lento. Él quedó sorprendido, pues ¿de dónde salió?, porque todo es lago, pero ella atravesó su parcela y bajó al canal. Acá decían que era la mujer que venía a visitar a alguna persona que había muerto.

Donde está el teatro Pellicer había un ojo de agua y muchas veces a la gente que iba a lavar a la Noria le salía el Charro Negro, que se lleva a las muchachas más jóvenes y al poco tiempo regresaban pero ya eran ancianas. Era un personaje con el traje todo abotonado de plata. Mi abuela y mi tía Licha decían que era muy guapo, muy elegante. Cada vez que íbamos a San Juan de los Lagos, decían: "mira, el Charro Negro era como ése". Las muchachas se enamoraban perdidamente. Él hacía todo el "bisne" derecho, llegaba y les ofrecía regalos a su papá, a su mamá y las hijas decían: "mira mamá, si no me dejas casar yo me mato, o me voy con él". Aquí era una deshonra que las hijas se fueran; entonces no había nada con el pedimento ni llevarles flores, ni amor y todo eso, no; llegaban de visita y se las llevaban. El Charro Negro venía periódicamente, lo veían por aquí por la avenida México, que era la calle antigua de Xochimilco, lo veían pasearse por su casa cual si fuera chamuco y los padres cuidaban a sus hijas, las metían a las casas.

Entrevista número 6 (vendedora de flores): El Charro Negro se viste de negro y plata, trae sombrero y es moreno con bigotes negros alto y flaco; seduce a las jovencitas, las lleva, las lleva con él. Puede regresarlas pronto pero cuando llegan a sus casas ya no son doncellas. Y ahí se quedaban, con la mirada perdida esperando otra vez. Nunca pasa otra vez. Ellas quedaban como viejitas. Dicen que es soltero, que ninguna mujer lo satisface; busca y busca siempre, las enamora y las deja. No, por lo regular no las deja embarazadas, las enamora, las usa y luego las deja, así nomás. Me consta que la gente lo ve seguido, con su sombrero camina por las calles.

Entrevista número 9 (Elena): La Tepencutli es una mujer guapísima, vestida de negro, con un pelo inmenso, también negro, parece que pisa el suelo, pero no es así ya que ella flota. Todo aquel que osa mirarle el rostro morirá de inmediato por el susto. Ya que su cara de ella es de mula horrorosa; se ve guapísima, pero sólo si uno no le ve su cara porque si usted le ve su cara va encontrar que es espantosa porque tiene cara de mula [...] y hasta dicen –se parece con la llorona– sale porque mató a sus hijos o hizo desaparecer a sus hijos y Dios en castigo la manda penar por toda la inmensidad [...], se cree que aquel que ose mirarla lo va a desbarrancar en algun sitio. A mi hermano le salió cuando llegaba a su casa, le salió por delante y mi hermano como es tan enamorado la siguió. Esta mujer flotaba por todo el camino empedrado dando vuelta, pero adonde lo iba a meter fue en el panteón, ahí mi hermano, cuando ya se dio cuenta que era algo irreal, fuera de este mundo, como pudo, puso tierra de por medio aunque las fuerzas casi lo abandonaban del terror. Hasta la borrachera que traía se le cortó como por arte de magia. Ya era casado, luego es muy parrandero y muy enamorado. Y esta mujer sólo le sale a los hombres que son mujeriegos y parranderos. Sólo en una ocasión la he oído gemir. El hombre va caminando tranquilamente por la calle oscura y llega la mujer y le gime. Ella vaga por todas las partes, no sólo en Xochimilco, pero sí se cree que en todos los ríos puede vagar porque se cuenta la leyenda que ella ahogó a sus hijos.

El Charro Negro, según don Juan Negrete, un vecino mío, cuando estábamos habitando las partes altas de San Barnabé, cuenta don Juan que este charro se le apareció justo en su cabecera [...], y dice también que este charro lo invitaba a fumar de su puro y también que le cubría casi la mitad del rostro su sombrero, su puro con una luz encendida muy fuerte. Don Juan, cuando extendió su mano para tomar el puro, su mano era tan caliente que don Juan salió "despabrido", y cuando osó alzar el rostro fue entonces que le vio que de su boca le salían lengüetazos de lumbre y don Juan cayó desmayado y no supo más. Cuando despertó a la mañana siguiente sólo encontró cascos de caballo y un aroma de azufre. El charro es alto, un hombre hermoso con un cuerpo escultural y varonil que generalmente se puede aparecer hasta en el día en forma de remolino. Se viste siempre de charro, con traje negro de charro obviamente; tiene su botonadura de plata y monta un brioso corcel negro también, y que la gente que lo ha visto dice que del hocico del animal arroja lumbre. Ya son cuatro casos que me lo han dicho. Todos de diferente manera pero siempre el mismo charro y el mismo corcel.

En San Francisco Caltongo se le ha visto también conduciendo un carruaje muy largo. El vigilante que estaba anteriormente, cuando yo iba saliendo tarde, me dijo: "mejor quédese porque le va a salir el carruaje". Para esto me comentó que hacía dos noches que él lo había visto a través de su caseta, pero que bajando por el empedrado, sólo iba el puro carruaje. También a otro vecino mío, de atrás, a don Gorgonio, le salió, a él y a su hijo, justo en el árbol que está junto a mi casa, cruzado de pies y de manos con posición de invitarlos a tomar y fumar. Don Gorgonio venía de trabajar, no estaba borracho, el charro lo saludó y don Gorgonio le regresó su saludo también; su voz del charro era una voz ronca como de ultratumba, y que a don Gorgonio, cuando él hizo el intento de cortar por otro camino el charro se lo impidió. Fue cuando don Gorgos se percató que era un ser infernal y que por lo consiguiente se hizo del dos en el pantalón de puritito miedo.

Don Gorgos es chofer y me gritó: ¡Señora Elena, ayúdame por favor! Cuando mi mamá se levantó, lo vio tirado y todo meado del puro susto, y ahí lo dejamos. Se cuenta que el Charro Negro puede salir de muchas maneras. Muchas veces está en un inocente niño recién nacido.

18. La comida

Entrevista número 10 (anciano): La comida es preparada según se acostumbra [...], en los días de fiesta comemos lo tradicional; las casas están abiertas, viene todo el que quiera [...]; la gente ya sabe que está invitada a pasar. A veces los comensales son muchos.

Entrevista número 6 (vendedora de flores): En el desayuno se acostumbra los tamales dulces, atoles, aguas frescas y refrescos embotellados. Al mediodía y en la cena es fácil encontrar arroz, frijolitos, mole (de pavo, de pollo, de puerco, de romeritos), carnitas, mixiotes, barbacoa de carnero, que se sirven con abundantes tortillas, y se toma en general cerveza, aguas frescas y refrescos.

19. Trabajo de mujeres/trabajo de hombres. Costumbres de mujeres/costumbres de hombres

Entrevista número 12 (Jeremías): Los hombres son los que dan los insumos. Por ejemplo, los que matan a los animales, los que engordan a los animales, los que dan la leña, los que ponen el templete, los que ponen la lona, toda la infraestructura necesaria. Esto está a cargo de los hombres. Las mujeres: la comida, toda la confección, la confección de los alimentos, los adornos, cuestiones manuales, o sea, picar papel, las banderitas [...] las mujeres hacen la comida, ya sea que estén ahí, hacen un ambiente muy especial porque vas a una fiesta de ésas, te das cuenta de cómo hacen una distribución típica, también es un elemento que te vas a encontrar en las diferentes festividades.[23]

Entrevista número 7 (Hortensia): Somos nosotras las que hacemos los trajes de los chinelos [...], cuando las mamás no pueden, se encarga a costureras [...], pero mis hijas me ayudan en el quehacer y el tiempo alcanza [...]; mi hijo mayor consiguió los sombreros faltantes.

Entrevista número 4 (señora de 25 años): Mi esposo es de la banda de música de viento [...] nosotras las mujeres hacemos otras cosas; hay cosas que sólo hacen los hombres [...], tocan en la banda [...], los hombres organizan el tráfico [...], los hombres cierran las calles para la fiesta.

Entrevista número 9 (Elena): Lo bonito del peregrinaje a Chalma es que los hombres van a caballo [...] pero no todos; hay muchos que no tienen caballo [...] las mujeres nunca se suben a los caballos, van al peregrinaje por otros medios, con sus niños ¿verdad?

[23] En la entrevista número 1 (la del artista), se habla de las tías que se hacen cargo de preparar la comida y apoyar a la fiesta. Este término se remite a una suerte de parentesco ritual. Para una conceptuación del fenómeno véase Alejandro Figueroa, 1993.

Entrevista número 13 (Guadalupe): En nuestra familia unos van a caballo y otros como sea: en camión, en coche. Mi papá tiene dos caballos y mi hermano uno. Ellos van montados [...], son hombres.

Entrevista número 1 (artista): Mi abuelo tenía extensiones de tierra grandes y tenía medieros porque no le daba tiempo, tenía tres hijos [...] pero no se daban abasto para esto, entonces el mediero decía que era nahual y mi abuelo decía; "¡qué nahual ni qué ocho cuartos!" Entonces mi abuelo quería andar con una muchacha de La Asunción; él era del barrio de San Marcos, y los de San Marcos y La Asunción siempre rivalizaban; nunca les daban chance de que se acercaran a ver a las muchachas, y cuando empezó mi abuelo a ver a esta muchacha, la mamá le prohibió a la muchacha que se casara con el de San Marcos; le buscaron novio más rico y entonces mi abuelo, todo decepcionado, agarró el trago.

20. Relatos sobre el pasado: el espacio, los franciscanos

Entrevista número 7 (Hortensia): Lo que conocemos como Xochimilco se remonta a las primeras épocas de la civilización del valle de México. Se dice que antes de la erupción del Xitle, el lago de aguas dulces de Xochimilco cubría mucho, todo lo que ahora es Pedregal, cerca de Cuicuilco, ahí cerca de Villa Olímpica. Se dice que fue la erupción [...]; la erupción del Xitle que terminó con Cuicuilco, con la gente, con sus cosas.

Entrevista número 5 (trajinero): Xochimilco es el lugar de las sementeras de flores, es sagrado, en definitiva es el productor permanente de flores [...]; las flores son ofrendas para todos los cultos, no hay fiesta sin flores, no hay día de muerto sin flores. Sí, tambíen es abastecedor de comestibles, verdolaga, jitomatitos y todo lo demás [...] pero me llaman mucho la atención las flores, ¿vio usted cuánta nochebuena hay por allá? En el mercado también, cerca de Navidad [...] lleno, lleno de nochebuena [...] desde antes, mucho antes [...]. No sé si antes teníamos nochebuena, pero todo tipo de flor sí, desde siempre. En Xochimilco tiene uno que hablar de flores.

Entrevista número 8 (posadero): Lo primero que hicieron los franciscanos fue formar su propio convento; sus patrones fueron primero San Sebastián, luego Santiago Apóstol y después San Bernardino de Siena.

Este cambio se debe a que en el pueblo cayó una epidemia y los dos primeros, San Sebastián y Santiago, no pudieron hacer nada, siendo San Bernardino de Siena quien hizo el milagro. Hasta ahora San Bernardino sigue siendo el patrono.

Entrevista número 3 (Entrenador de comparsa): Los franciscanos mandaron a algunos indios xochimilcas a prepararse en Tlatelolco. Se dice que fabricaron muchas imágenes hermosísimas, las y más bellas de aquellos tiempos. La del Niñopan es fabricada desde aquellos tiempos, pero por ellos, no la trajeron de afuera; fíjese fue hecha por ellos [...] fue fabricada por los xochimilcas [...], muchas otras imágenes también.

Entrevista número 7 (Hortensia): Cuando llegaron los franciscanos a Xochimilco, los franciscanos fundaron el convento de San Bernardino de Siena.

CUADRO II
Distribución del número de entrevistas, según temas; Xochimilco, 1991-1992

Temas clave	*Total de entrevistas que abordaron el tema*	*Porcentaje de entrevistas (N/13)*	*Clave de identificación de las entrevistas*
1 Sobre las fiestas	9	69.2	1,3,4,5,6,8,11,12,13
2 El Niñopan y los niños Dios	7	53.8	3,5,6,7,8,9,13
3Sobre los orígenes	8	61.5	1,2,5,7,8,9,11,13
4 Rasgos físicos y temperamento del Niñopan	5	38.4	2,4,5,9,10
5 Los milagros	5	38.4	1,2,5,6,9
6 Radio de influencias del culto al Niñopan	11	84.6	3,4,5,6,7,8,9,10, 11, 12,13
7 Agenda de actividades del Niñopan	8	61.5	2,3,4,5,6,9,10,11
8 El Niñopan y sus rituales	7	53.8	2,3,7,8,11,12,13
9 Ajuares y ropas	3	23.0	9,11,13
10 Los sistemas de cargo: relatos y percepciones sobre la mayordomía	6	46.1	1,2,4,5,8,13
11 Los sistemas de cargo: relatos y percepciones sobre los posaderos	4	30.7	1,2,8,11
12 Sobre la relación con la Iglesia	3	23.0	1,2,11
13 Vírgenes, santos y otras imágenes	5	38.4	1,5,7,8,10
14 La peregrinación a Chalma	3	23.0	1,9,13
15 Sobre los muertos y sus fiestas	6	46.1	1,5,6,9,10,12
16 Creencias y eclecticismo	3	23.0	1,6,9
17 Leyendas	3	23.0	1,6,9
18 La comida	2	15.3	6,10
19 Trabajo de mujeres/ trabajo de hombres costumbres de mujeres/ costumbres de hombres	6	46.1	1,4,7,9,12,13
20 Relatos sobre el pasado: el espacio,los franciscanos	4	30.7	3,5,7,8

CUADRO III
Participación de las entrevistas en los temas clave. Xochimilco, 1991-1992

Entrevistas	*Número de temas clave*
1	12
2	8
3	6
4	6
5	11
6	9
7	7
8	9
9	12
10	6
11	8
12	5
13	9

Según mencionamos anteriormente, una lectura posible del cuadro II se refiere a la importancia de los temas clave en el conjunto de los materiales. Por ejemplo, hay una gran cantidad de entrevistas que hablan del radio de influencia del culto al Niñopan, lo que contrasta con las alusiones, comparativamente más escasas a la comida o a otros temas.

Dado que el culto al Niñopan ocupa una parte amplia de las preocupaciones de los lugareños hemos priorizado el examen de este tema otorgándole gran atención en los análisis, lo que ilustra el hecho –ya comentado– de que los contenidos de las entrevistas sirvieron de guía para la estructuración de nuestro estudio y la priorización diferencial de temas.

En este mismo cuadro nos pareció importante presentar, en la columna de la derecha, las entrevistas que aluden a cada tema (los números corresponden a la clave de identificación, misma que se mantiene constante a lo largo de nuestro análisis). Este procedimiento, aparte de aclarar la inserción temática de cada entrevista, sirve para dar una visión de la recurrencia de temas en los relatos recabados, funcionando como una medida indirecta de la riqueza expresiva del universo místico/religioso de cada uno de los entrevistados.

Para facilitar la lectura de los últimos aspectos indicados hemos eleborado un cuadro adicional (número III) en el que se presenta el conteo de las aportaciones de cada entrevista a la construcción de los temas clave, lo que hace visible la mayor o menor variedad temática de cada una de ellas.

V. FIESTAS Y CULTO POPULAR: EL CALENDARIO FESTIVO DE XOCHIMILCO

1. Una referencia al pasado

En Xochimilco existen registros de fiestas populares religiosas muy antiguas. A pesar de que el clero nunca entendía realmente la costumbre subyacente a la organización de las fiestas, hay indicaciones de que algunas de sus modalidades fueron utilizadas en los inicios de la colonia como instrumentos de evangelización:

> el misionero del siglo XVI, Pedro de Gante, describió la manera en que patrocinó deliberadamente esta fusión en el primer periodo. Habiendo observado el canto y la danza de los indígenas en el culto pagano, compuso un canto cristiano y dibujó nuevos diseños para los palios que debían usarse en una danza cristiana. De esta manera –dijo– los indígenas mostraron por primera vez su obedencia a la Iglesia (Gibson, 1967: 14).

Se registran también fiestas religiosas organizadas y protagonizadas colectivamente, en las que cada comunidad celebraba distintos tipos de conmemoraciones: el día de su santo titular y otros días santos del calendario cristiano. Combinaban elementos de ritos cristianos con formas tradicionales de ritual indígena y de numerosas maneras conciliaban los mundos español e indígena. Del lado del cristianismo se contaban las fiestas específicas del calendario y el culto cristiano que se celebraba en su seno. Del lado indígena estaban los trajes, las danzas y máscaras, los despliegues públicos y el sentido de participación especial en funciones colectivas (Gibson, 1967; Madsen, 1960).

Sobre las raíces profundas de las fiestas religiosas actuales, encontramos referencias en Giménez (1978: 123) quien afirma:

"Sabemos de danzas prehispánicas que representaban verdaderos simulacros de batallas". Al ser cristianizadas por los misioneros españoles se convirtieron en la danza "de moros y cristianos", cuyo fondo era la lucha del cristianismo contra el Islam.

Aún hoy día encontramos ceremonias públicas de naturaleza religiosa que presentan además de contenidos similares algunos de los rasgos y rituales de las celebraciones antiguas: servicios eclesiásticos, procesiones, comida y bebida, danzas, decoraciones florales, trajes y música.

Esta puntual referencia al pasado es sólo para indicar que desde tiempos muy remotos se crearon ámbitos festivos, los cuales a pesar de no poder ser comparados con los encontrados en la actualidad, funcionan como antecedentes que evocan (como hoy) la puesta en relación de elementos dados por creencias religiosas de distinta índole.

A continuación nos ocuparemos en determinar los contextos y en indicar algunas prácticas que dan cuerpo a las fiestas populares actuales, tarea que se llevará a cabo concomitantemente con el análisis del material empírico.

2. Los contextos festivos

Las fiestas en general (y entre ellas las de índole religiosa) son espacios en los que tanto se intensifica como se amplía la comunicación social. En ellas se activan encuentros, contactos, se potencian las interacciones sociales, tanto las de naturaleza programada como las de índole azarosa.

Las fiestas religiosas son manifestaciones culturales que transforman el sentido y la decoración de los espacios públicos. Plazas y calles se llenan del bullicio popular que carga simbólicamente sus espacios otorgándoles características que desaparecerán con el final de la fiesta. Durante las celebraciones festivas, las calles y plazas incorporan oficios y saberes diferenciados y objetivados en artesanías y otros productos, además de señales alegóricas que informan sobre los contenidos atribuidos a las festividades. Las portadas, por ejemplo, son ubicadas en lugares estratégicos, definiendo los sitios donde se encuentra el Niñopan u otros santos a los que se celebra.

En las fiestas encontramos una mezcla de tiempos y culturas; son espacios que integran nuevas contingencias y propician la actualización cultural. Su contenido sustantivo está vinculado a relatos que incluyen ideas, valores, intereses y concepciones. Algunos de ellos reproducen y resignifican a los mitos y leyendas que remiten al origen de la celebración. La mayoría de estos relatos no tiene forma escrita, son transmitidos oralmente entre generaciones, y son conocidos por la mayoría de los miembros del grupo como referentes colectivos de la memoria social, lo cual conlleva variaciones y sentidos distintos entre las versiones que la gente conoce y transmite.

> Desgraciadamente no hay nada escrito, todo es oral, todo ha sido oral y ha pasado de generación en generación, pero si usted pregunta, la gente mayor dice lo mismo que le estamos diciendo en este momento, así se ha pasado de generación en generación hasta llegar a esta fecha (mayordomo del Niñopan, entrevista número 2).

Las fiestas son ámbitos privilegiados para la circulación y legitimación de ideas, valores, intereses y concepciones. Los relatos son construcciones colectivas en la medida en que la comunidad se identifica con ellos, por esto es que participan en la configuración de la identidad cultural y en la actualización periódica de algunos ritos.

También es considerada la fiesta como un mecanismo para lograr reconocimiento y prestigio social, como se muestra en las posiciones que nos fueron relatadas en relación con las mayordomías.

En las fiestas se introducen elementos que corresponden a rituales, ceremonias o prácticas distintas, las cuales deben ser tomadas como actualizaciones que se mezclan con hábitos previamente instituidos. Sin embargo, esta suerte de sincretismo cultural no produce mayores aprensiones entre los miembros del grupo. Entre los préstamos culturales incorporados a las fiestas de Xochimilco encontramos elementos provenientes de las industrias y circuitos culturales ajenos a lo popular, tales como figuras de Mickey Mouse (integradas a los trajes de los niños vestidos de chinelos), o canciones comerciales como "Amigo" del cantante y compositor brasileño Roberto Carlos.[1]

[1] Se trata de una balada, traducida al español, que durante nuestro trabajo de campo fue tocada en un acto religioso en la casa del mayordomo.

Conjuntamente con estos elementos se observan apropiaciones de ritos y eventos místicos de carácter popular, como sucede con los chinelos de Tepoztlán, que desde hace algunas décadas forman parte de las fiestas de Xochimilco:

> no había chinelos, yo me acuerdo que no había chinelos, me consta que no había chinelos. Esto empezó hace 20 años, alguien trajo a los chinelos de Tepoztlán, ya saben que de ahí son originarios, y les gustó, y luego la gente empezó a aprender el ritmo de los chinelos de Morelos, se consiguieron unas bandas y ahí está lo que ahorita está actualmente (mayordomo del Niñopan, entrevista número 2).

Umberto Eco (1992) recupera y resignifica algunas afirmaciones de Mijail Bajtin, quien otorga a las fiestas atributos de sublimación implicados en una especie de liberación de energías que en lo cotidiano, suelen ser retenidas y reprimidas.

Por ello se establecen vínculos analíticos con acciones transgresoras que tienen lugar en la fiesta. Los aportes que usan la transgresión para caracterizar las relaciones sociales desarrolladas en las fiestas buscan justamente rescatar el fenómeno de la liberación de energías para atribuir a las fiestas la posibilidad de eludir pautas y reglas sociales establecidas, cuyo poder de control es variable según los hábitos culturales y las personas que protagonizan los eventos festivos.

3. Lo maravilloso como expresión de lo indecible

El acercamiento a lo maravilloso puede ser tomado como uno de los componentes fundantes del imaginario construido por hombres y mujeres en diferentes épocas. Esta dimensión psíquica, esencial del ser humano, encuentra en las fiestas y celebraciones un espacio crucial para su ejercicio. Además del vínculo con los afectos, el acercamiento a lo maravilloso aviva las creencias, la admiración, y resucita símbolos que intervienen en la vida cotidiana como configuraciones quiméricas que ejercen fascinación y alientan, animan, vigorizan la imaginación, creando y recordando símbolos con aura que transmiten una atmósfera inmaterial.

Lo maravilloso, lo extraordinario, lo insólito, funcionan como elementos articuladores de la religiosidad popular, y aluden a dimensiones sobrenaturales. Ejemplo de una configuración de este tipo son los milagros, que para los creyentes ilustran la existencia de poderes sobrenaturales que actúan para cambiar situaciones, estados o destinos personales y colectivos.

CUADRO IV

Ayer por ejemplo, venía un muchacho con muletas que hace como dos o tres meses el niño visitó porque tenía unas balas incrustadas y parecía que iba a perder la pierna, pero el día de ayer vino, con muletas, pero ya caminando por él mismo [...]. En el mes de agosto o septiembre el Niñopa visitó a una persona en un sanatorio de la colonia Roma era una persona de Guerrero que se había accidentado, sufrió algunos golpes en la cabeza y estuvo inconsciente no sé cuántos días, pero ya regresó también a darle gracias al niño. Recuperó la salud.(2)

El Niñopa te socorre demasiado cuando tienes un verdadero compromiso con él. Hay gente que dice: hay que ver la cantidad de plantas que vendo cuando soy posadero, mis cerdos muy mal cuidados y se engordan, se ponen muy rechonchos para la fiesta y vendemos y vendemos y vendemos [...]. A lo mejor es nuestra fe.(1)

La imagen del Niñopan no se encuentra dentro de un templo, su lugar fijo es la casa del mayordomo [...]. No es grande pero se impone, sí se impone [...] con sus ojitos, sus manitas de niño travieso, su cuerpecito. ¡Es tan milagroso! Tenemos conocimiento de muchos milagros, todos conocen sus milagros. (6)

Un año en que nadie lo atendió a nuestro niñito porque mi mamá fue a acudir a la casa de su comadre enferma [...], este año nos fue muy mal [...]; me enfermé, a mi mamá estuvieron a punto de cancelar la pensión aunque yo sentí que el niño Dios y por consiguiente el Niñopa no fue del todo malo, tuvo misericordia de mí [...]. Él me permitió conservar mi casita porque cuando todo se confabula en la contra de uno, le quitan todo.(9)

Luego de haber visto el Niñopa que jugaba en la chinampa, encontró que la tierra se encontraba húmeda [...]. Esto me dijo mi abuelita y me contó también que como si por milagro ya no tuvo más que regar nada, no sólo este día, por toda la semana. (5)

Elaborado con base en el tema 5 (los milagros). Abarca relatos de las entrevistas número 2, 9, 1, 5, 6. Las cifras entre paréntesis al terminar cada relato indican el número de la entrevista.

Pero, además de la asociación con santos, santas, u otras divinidades, lo maravilloso también remite a héroes de comportamientos irrepetibles e inmejorables. Una constante en esos razonamientos es que los actos maravillosos son percibidos y creados como acciones sobrenaturales o suprahumanas con capacidad de incidencia en la vida cotidiana.

Cuadro V

Hay brujos que hacen el bien y los que hacen el mal. El brujo no es my diferente del chamán. Un curandero se diferencia en que a las personas las salva de todos los males, vamos a suponer que yo tenía una gastritis; él me va a curar con hierbas, tés, plantas; el brujo ya cura con otras artes como pueden ser ramos previamente arreglados por él con veladoras, con huevos rojos de gallina y lo principal, con lumbre en el piso.(9)

Acá hay un dicho que dice: no creo en las brujas pero de que existen, de que las hay, las hay [...]. Al saber que las hay es porque ya las hemos consultado en alguna ocasión [...]. En Xochimilco tenemos una dualidad importante, pues por un lado tenemos el Niñopa, la Virgen de los Dolores y el Señor de Chalma que son tres de los más importantes que nos unen a todo el pueblo; no conocemos a un xochimilca que no vaya el domingo a ver al Niñopa a pedirle un favor o a la Virgen de los Dolores o a Chalma, pero eso sí, los martes y los viernes no nos faltan nuestros chamanazos, las limpias con nuestros brujos, con nuestros chamanes [...]. El chamán es gente como tú o como yo, hombres y mujeres, en ocasiones hasta profesionistas, gente ya estudiada. Yo creo que es una necesidad espiritual, independientemente de que el Niñopa llena un hueco muy grande de nuestra necesidad religiosa y de fiesta [...], pero los chamanes van un poco más allá de la cuestión religiosa [...]. Mis hermanas son vendedoras de verdura y llevan sus pócimas y hacen todos sus pases mágicos para que les vaya bien.(1)

Los de por acá acostumbramos hacer nuestras limpias [...]; esto puede ser el viernes, el día que uno quiera, el martes también se acostumbra [...]. Tenemos también curanderos. Si es para una cuestión de salud buscamos el curandero, los favores los pedimos al chamán.(6)

Elaborado con base en el tema número 16 (creencias y eclecticismo). Abarca los relatos de las entrevistas 9, 6, 1.

En los cuadros IV y V se presentan alusiones a vivencias y vínculos con lo maravilloso y lo sobrenatural. Mientras en el cuadro IV –que resume relatos sobre situaciones en las que intervienen poderes milagrosos– reproducimos hechos enmarcados en los milagros atribuidos al Niñopan, en el cuadro V las referencias apuntan a relaciones con actos sobrenaturales desarrollados por chamanes y brujos. Todo ello indica el carácter ecléctico de las creencias que componen el universo místico de los habitantes de Xochimilco.

Es importante destacar que los relatos son proferidos por personas muy disímiles. En los dos cuadros encontramos: un artista (entrevista 1); el mayordomo del Niñopan (entrevista 2); un trajinero (entrevista 5); una vendedora de flores en el canal (entrevista 6); una señora cuya ocupación es la de empleada doméstica (entrevista número 9). Son de extracción social muy diferente y con niveles educacionales que varían del universitario hasta la primaria incompleta (véase perfil de las personas entrevistadas, cuadro I). Esta evidencia puede ser entendida en el sentido de que las creencias en actos sobrenaturales y maravillosos no guardan una relación estrecha con la posición social de las personas, sino más bien que deben ser consideradas como un rasgo cultural (en los términos antes definidos) con tradición y arraigo local.

El examen conjunto de los cuadros IV y V indica que las personas que mencionan a chamanes y brujos también se refieren a los milagros de los niños Dios, lo cual ilustra tanto la dificultad de hacer una clara separación entre lo religioso y lo místico como la necesidad de manejar ambos conceptos desde una perspectiva sincréticamente construida.

Se advierte también que las referencias al tema de los milagros y al de los chamanes y brujos abarcan respectivamente 38 y 23% del total de las entrevistas (véase cuadro II), lo que permite pensar que se trata de un asunto localizado en un cierto núcleo de personas, hecho totalmente contrastante con la concentración de las entrevistas en otros temas como, por ejemplo, las referencias a las fiestas religiosas en general, al culto del Niñopan, a su agenda de actividades, al conocimiento explícito de los rituales involucrados en las fiestas de este niño Dios.

Estos datos, tomados de los relatos de las entrevistas, deben no obstante ampliarse con la parte de respuestas puntuales a preguntas específicas planteadas a las 13 personas entrevistadas. A la pregunta ¿cuántas veces pidió usted auxilio al

Niñopan a lo largo de su vida? tenemos un promedio de 25 veces por persona entrevistada. A la pregunta ¿cuántas veces el Niñopan estuvo de visita en la casa de sus familiares? obtuvimos un promedio de 13 visitas por persona entrevistada.

En relación con este último punto es importante tener presente que la referencia no es a la familia nuclear, sino a lo que se denomina la parentela. Mediante datos recabados localmente hemos detectado que las redes familiares son muy amplias. En un bautismo, al que acudimos por invitación de una de nuestras entrevistadas, además de vecinos y amigos había cerca de 130 familiares (entre abuelos, tíos, primos, hermanos, sobrinos y parientes políticos), reunidos en el desayuno que tuvo lugar justo después de la ceremonia religiosa. Nuestra sorpresa fue mayor aún, cuando nos dijeron que a excepción de dos de los hermanos y tres tíos –que vivían en la ciudad de México– los demás tenían sus casas en Xochimilco.

La existencia de visitas –realizadas por el Niñopan– a las casas de los creyentes solicitantes de su intervención para sortear problemas familiares o personales, debe ser analizada en el marco de los núcleos generadores y promotores de fiestas y celebraciones en Xochimilco. En efecto, el Niñopan lleva a cabo actividades todos los días del año, pues diariamente acude a hacer visitas a las casas de quienes lo han solicitado para atender a un enfermo, resolver algún problema familiar o por el mero deseo de tenerlo en casa. El Niñopan se refrenda en la fe de los xochimilcas a través de los múltiples favores y milagros que se le atribuyen de acuerdo con las necesidades físicas, económicas, emocionales o espirituales de quienes lo visitan o son por él visitados.

Respondiendo a preguntas puntuales sobre el contenido de los auxilios demandados al Niñopan, las personas informaron que a él se acude en busca de salud, paz espiritual, tranquilidad, progreso económico, resolución de problemas impostergables, o consuelo.

Los milagros, sin embargo, no son exclusivos del Niñopan sino de todos los niños Dios y, según las afirmaciones vertidas en las entrevistas en profundidad, se registra esta virtud en todos ellos (véase más adelante el cuadro correspondiente).

4. La comida festiva

En las fiestas encontramos un conjunto de ritos y atributos relativos a la comida. A los de carácter simbólico (como la comunión en la misa que según se dice "alimenta el espíritu") se añaden las calidades que marcan el carácter de la comida que satisface necesidades esencialmente utilitarias y materiales (o sea "la comida real", según las referencias captadas en las entrevistas números 6, 1 y 10).

A propósito de la comida festiva, cabe recordar que Durkheim (1960: 437 y 438) desde un punto de vista erudito y generalizable a distintos contextos sociales, establece que además del carácter profano que encierra, la comida "asume un carácter religioso cuando el alimento consumido es sagrado [...] pero este acto en sí mismo es profano, tanto es así que el consumo indebido de un alimento sagrado constituye siempre una profanación".

Pero retornando al universo de nuestras observaciones, vale la pena precisar que la que se denomina "comida real" es tradicionalmente preparada y rescata los hábitos alimenticios propios de los mexicanos. Sin tener una particularidad específica (o sea se come la comida tradicional) lo que da el tono festivo es:

Cuadro VI

La comida es preparada según se acostumbra [...]. En los días de fiesta comemos lo tradicional; las casas están abiertas viene todo el que quiera [...]; la gente ya sabe que está invitada a pasar. A veces los comensales son muchos. (10)

En el desayuno se acostumbra los tamales dulces, atoles, aguas frescas y refrescos embotellados. Al mediodía y en la cena es fácil encontrar arroz, frijolitos, mole (de pavo, de pollo, de puerco, de romeritos), carnitas, mixiotes, barbacoa de carnero, que se sirven con abundantes tortillas y se toma en general cerveza, aguas frescas y refrescos. (6)

Elaborado con base en el tema 18 (la comida). Abarca los relatos de las entrevistas 10 y 6.

a) El marco en que se inserta: una celebración. Así la categoría "comida real", cuando es producida para la fiesta y consumida en su marco, satisface necesidades que van más allá de las simplemente materiales. Ciertos alimentos tienen algo de sagrado, como por ejemplo la rosca que se come en Reyes. Sin tener la función exclusiva de la comida simbólica y siendo bastante "real", esta suerte de comida encierra algo de simbolismo.

b) El carácter público de la comida: la comida festiva se convierte en un mecanismo para la maximización de la sociabilidad. En general las casas están abiertas al público, y más que esto, se sabe que forma parte de la costumbre que la gente esté invitada a pasar. En varias oportunidades los comensales asisten en gran número. Hay distintos tipos de comida y existe un protocolo.

Todo ello coincide puntualmente con nuestra observación, aunque registramos un abanico más amplio de platillos, como por ejemplo, guacamole, chicharrones, ensaladas y una variedad mayor de bebidas. Más adelante (en el apartado sobre el calendario festivo) hay múltiples alusiones a la comida preparada para las fiestas que, en términos generales, respaldan las referencias señaladas.

En general, en los momentos festivos, las casas están abiertas al público, y como parte de la costumbre, toda la gente está invitada a pasar y comer gratuitamente, por lo cual los comensales son numerosos, llegando a sumar contingentes importantes de personas que comparten las costumbres alimenticias establecidas por la tradición xochimilca.

5. El género como perspectiva dadora de funciones según la pertenencia al sexo masculino o al femenino

La división de actividades a partir del género y la determinación de lo que "se acostumbra" para hombres y mujeres representan fronteras fundamentales en la definición de las formas de participación de las personas tanto en los tiempos cotidianos como en los extraordinarios y festivos.

De esta manera, la participación en el desarrollo de la fiesta, y particularmente en la elaboración de la comida involucra esta distinción.

Presentaremos a continuación algunas afirmaciones emitidas a partir de una posición permeada por el género, aunque un análisis detenido del conjunto de las entrevistas nos enseña que dicha posición sobrepasa los ejemplos puntuales, ya que están presentes en muchos relatos.

CUADRO VII

Los hombres son los que dan los insumos; por ejemplo, los que matan a los animales, los que engordan a los animales, los que dan la leña, los que ponen el templete, los que ponen la lona, toda la infraestructura necesaria. Esto está a cargo de los hombres. Las mujeres: la comida, toda la confección, la confección de los alimentos, los adornos, cuestiones manuales, o sea, picar papel, las banderitas [...]; las mujeres hacen la comida, ya sea que estén ahí, hacen un ambiente muy especial porque vas a una fiesta de ésas, te das cuenta de cómo hacen una distribución típica, también es un elemento que te vas a encontrar en las diferentes festividades. (12)

Mi esposo es de la banda de música de viento [...], nosotras las mujeres hacemos otras cosas; hay cosas que sólo hacen los hombres [...]; tocan en la banda [...]; los hombres organizan el tráfico [...], los hombres cierran las calles para la fiesta. (4)

En nuestra familia unos van a caballo y otros como sea, en camión, en coche. Mi papá tiene dos caballos y mi hermano uno. Ellos van montados [...] son hombres. (13)

Somos nosotras que hacemos los trajes de los chinelos [...]; cuando las mamás no pueden, se encarga a costureras [...] pero mis hijas me ayudan en el quehacer y el tiempo alcanza [...]. Mi hijo mayor consiguió los sombreros faltantes. (7)

Lo bonito del peregrinaje a Chalma es que los hombres van a caballo [...], pero no todos, hay muchos que no tienen caballo [...]; las mujeres nunca se suben a los caballos, van al peregrinaje por otros medios, con sus niños, ¿verdad? (9)

Entonces mi abuelo quería andar con una muchacha de La Asunción; él era del barrio de San Marcos, y los de San Marcos y La Asunción siempre rivalizaban, nunca les daban chance de que se acercaran a ver a las muchachas, y cuando empezó mi abuelo a ver a esta muchacha, la mamá le prohibió a la muchacha que se casara con el de San Marcos; le buscaron novio más rico y entonces mi abuelo, todo decepcionado, agarró el trago. (1)

Elaborado con base en el tema número 19 (trabajo de mujeres/trabajo de hombres. Costumbres de mujeres/costumbres de hombres). Abarca los relatos de las entrevistas 12, 7, 4, 9, 13, 1.

De los relatos contenidos en el cuadro se desprende la existencia de una determinación de papeles, captada mediante las tareas realizadas por hombres y mujeres. Ellas ejecutan labores que se desarrollan sobre todo en espacios privados (la preparación de la comida, adornos, ropas) mientras que los hombres se desempeñan de forma sostenida en los espacios públicos (cierran las calles, tocan en la banda), llevando a cabo algunas actividades designadas como "pesadas" u otras que indican posiciones privilegiadas ("ellos van montados [...] son hombres"), no obstante refrendadas y consensadas por las propias mujeres ("lo bonito del peregrinaje a Chalma es que los hombres van a caballo").

Giménez (1978:110) al estudiar la peregrinación a Chalma destaca el carácter "esencialmente laico y masculino del 'ministerio' de servicio y de culto a los santos". El papel principal en el rito está siempre reservado para los varones. Lo mismo pasa en ciertos servicios que requieren un trato íntimo y directo con las imágenes. "Las mujeres o bien se reducen a ser piadosas y espectadoras, o bien realizan servicios más periféricos como sahumar, portar flores, entonar cánticos y otros por el estilo" (Giménez, 1978:111). Además afirma que "en el marco de la división del trabajo entre los sexos, la cocina es siempre una responsabilidad exclusivamente femenina [...] han amasado las tortillas y han preparado la comida desde muy temprano en sus cocinas".

En otro orden de cosas, cabe destacar también que es evidente que al hombre le corresponden ciertas iniciativas respecto a la elección de la pareja ("entonces [...] quería andar con una muchacha de La Asunción"). La posición de la mujer joven contrasta y se diferencia sobre todo respecto al control que ejerce la familia (o mejor la mamá) sobre la elección del cónyuge ("le buscaron novio más rico").

Retornando a la cuestión de las fiestas es importante considerar que en estos espacios conviven aspectos rituales que pautan y normatizan el desarrollo del evento, con exaltación de aspectos lúdicos que también pueden ser interpretados desde la óptica de género. Los bailes, la participación en las kermesses, la relación con la bebida se remiten a pautas y normas regidas por las costumbres que discriminan papeles para los jóvenes, un tanto diferentes de los papeles a ser desempeñados por las jóvenes; éstas, además de tener actitudes más reservadas, esperan ser seleccionadas para el baile y guardan una relación distante con las bebidas alcohólicas cuyo consumo público generalmente está permitido para los hombres.

Todo ello se inscribe en un universo más amplio de relaciones significativas.

Pautas y normas son regidas por las costumbres. Es notable que cuando se pregunta a la gente de Xochimilco –incluso a los organizadores y organizadoras de eventos– por qué se hacen las cosas de una manera y no de otra, las respuestas más socorridas son: "así se acostumbra [...] según la tradición, siempre lo hemos organizado así". Esto no impide que haya innovaciones y transgresiones. Una ilustración de innovaciones causadas por restricciones externas es la siguiente: la construcción de una escuela pública en un espacio de Caltongo, donde se acostumbraba poner la feria y los juegos mecánicos durante la fiesta de San Francisco, santo patrono del barrio, hizo que las actividades se desplazaran hacia otro lugar poco usual.

Igualmente se registran "transgresiones" en relación con los parámetros que rigen la vida social desde la perspectiva de género. Aunque las pautas mencionadas existan, es indispensable recalcar que en ciertos momentos los límites de las actividades propias de mujeres y hombres llegan a ser tenues.

6. Tiempo de fiesta *versus* tiempo de trabajo

No trabajar en algunas fechas religiosas es una costumbre con un razonable grado de universalidad, que en términos coloquiales sería "guardar" los días de fiesta.

La confrontación entre los tiempos de trabajo y los tiempos festivos fue uno de los aspectos que llamaron la atención a Durkheim, quien señaló que "el rasgo característico de los días festivos, en todas las religiones conocidas, es suspender el trabajo, la vida pública y privada en la medida en que no tenga un objetivo religioso".[2]

[2] Véase Durkheim, *op.cit.*, p. 98.

El trabajo –considerado como una actividad profana– tiene sus objetivos, ritmos y relaciones que generalmente son ubicados en un campo distinto al de lo sagrado.[3] Aunque hay días no laborales en los que no se realizan eventos festivos o celebraciones que tienen lugar en días laborales, el tiempo libre suele ser una condición para la fiesta. En general, esta libertad está sujeta a una normatividad social, casi siempre ejercida para controlar periodos, duración, fechas precisas relativas a efemérides cívicas que fortalecen los elementos culturales, desde los cuales se conforma la cultura nacional dominante. Aunque también guarda una relación muy estrecha con los días de descanso propiciados por estampas fundamentales de la religiosidad institucionalizada, o de los símbolos sacros integrados en el discurso dominante de nación, como sucede con el día 12 de diciembre, cuando se celebra a la Virgen de Guadalupe.

No obstante lo anterior, en la práctica social no existe una confrontación entre los tiempos sacros y los profanos. A pesar de que, según Durkheim, no pueden coexistir la vida religiosa y la vida profana al mismo tiempo, a lo largo de nuestro trabajo hemos afirmado que no es correcto establecer una separación dicotómica entre estos espacios.

Hemos destacado la abundante cantidad de fiestas en Xochimilco, pues según los relatos populares, se cuentan más fiestas que días del año, lo cual implica una compleja vinculación entre tiempos de trabajo, de ocio y de fiesta.[4] La celebración de la Virgen de Guadalupe en las chinampas –reservadas para la producción agrícola, por lo tanto asignadas al trabajo– es ejemplo de la abigarrada relación de tiempos y espacios. Esta fecha es considerada como un hecho importante del calendario de actividades de orden sagrado. Asimismo, las actividades en que participa el Niñopan se realizan todos los días de la semana; por lo tanto incluyen los días dedicados al trabajo y espacios públicos y profanos tales como las calles.

La interpretación sobre la relación entre tiempos y espacios sacros y profanos, parece fundamentarse en el hecho de que muchos de los habitantes de Xochimilco son trabajadores

[3] *Idem.*

[4] Este tema será examinado a partir del calendario de fiestas en Xochimilco que presentaremos más adelante.

y trabajadoras por cuenta propia (desempeñan labores rurales y trabajos urbanos), situación que desdibuja un poco la tensión. A diferencia de los obreros, por ejemplo, la suspensión de labores es un asunto menos controlado institucionalmente y depende de una valoración personal (a veces familiar) que da prioridad a acudir u organizar la fiesta. Según este tipo de valoración, la actividad festiva puede ser más importante que la actividad laboral.

Otro aspecto relevante es el que se refiere a la elección de las fiestas en las cuales se participará como asistente o como organizador. Muchas de las fiestas tienen una cobertura: se celebra a santos patronos o acontecimientos de orden cívico con importancia local. El día de San Francisco, para citar un caso, la fiesta es en el barrio de San Francisco Caltongo, y aunque haya idas y venidas a la iglesia de San Bernardino, procesiones que circulan en las vías principales, movilización de parientes y amigos que viven en otros barrios, el compromiso central es de los habitantes del barrio celebrante.

Esto apunta hacia la factibilidad y plausibilidad de la organización social frente a lo que representa la observación superficial de los visitantes que llegan e inmediatamente se preguntan ¿cómo puede funcionar esta gente en medio de tantas fiestas? Las acciones festivas, que a veces se presentan con una lógica de acción frenética y reiterativa, son –en su mayoría– localizadas y fragmentadas en el tiempo y el espacio.

Lo anterior, sin embargo, no borra el fenómeno de que los actos festivos, con su trama diversificada de rituales, sean sumamente vistosos, aparatosos, multitudinarios, y ruidosos. Tales calidades intrínsecas a las fiestas pueden dar a los visitantes la impresión de una "organización social caótica".

Si analizamos la relación entre fiestas y trabajo a partir de perspectivas de tiempos no simultáneos sino secuenciales, las fiestas arrojan una impresión distinta: las hay a diario, pero según calendarios preestablecidos, con participaciones diferenciadas según las devociones más intensas, las adscripciones barriales y los nexos familiares.

8. Los ruidos festivos

En las fiestas populares de Xochimilco existe una pasión por la sonoridad. Pareciera que la función social del ruido festivo es romper los sonidos de lo cotidiano, sustituyéndolos por tiempos y espacios distintos, conspicuos por su sonoridad extraordinaria que sirve como marca de diferenciación respecto a las situaciones ordinarias. La sonoridad ritualizada o ruido festivo constituye una suerte de transgresión del orden cotidiano y remite a los umbrales de encuentro y diferenciación entre lo sacro y lo profano.

A diferencia de la oposición silencio/ruido destacada por Levi-Strauss en sus estudios sobre los indígenas brasileños, en el ruidoso Distrito Federal resulta paradójico hablar de silencio. Es por ello que preferimos contrastar los sentidos de los ruidos comunes y habituales con el ruido festivo, que es utilizado para celebrar momentos o episodios extraordinarios. Sin embargo, tanto el ruido convencional o la sonoridad cotidiana como el ruido extraordinario se refieren a sonidos semantizados que participan como referentes de la construcción sociocultural del espacio, por ello, coincidimos con Levi-Strauss cuando señala que el ruido llena simbólicamente el vacío.[5]

En Xochimilco los sonidos que tipifican situaciones de fiesta rompiendo con el ruido característico de la cotidianidad, se refieren principalmente a *1)* los cohetes; *2)* las bandas musicales de viento, los mariachis y otros conjuntos que acompañan las procesiones, matrimonios o entierros; *3)* los conjuntos que tocan en los bailes que se desarrollan en las calles; *4)* el bullicio popular que acompaña a las celebraciones.

Una ilustración parcial de lo dicho la encontramos durante el seguimiento de la fiesta de la Virgen de Guadalupe, en la zona de chinampería.[6] Para localizar el sitio en donde se en-

[5] Claude Levi-Strauss 1968, para analizar la actitud frente al ruido en la mitología indígena brasileña, se interesa por "el ruido desordenado prescrito por la costumbre", y se pregunta: "¿qué resultado se intenta de veras obtener haciendo ruido?" (p. 282). Para el caso que estudia, afirma que el ruido sanciona más que una conjunción, una ruptura; aquél tiene el papel de llenar simbólicamente el vacío (p. 290).

[6] Para el seguimiento de esta celebración hemos contado con la colaboración de Elia Gutiérrez de Stavenhagen.

contraba la procesión, solicitamos información a una señora de mayor edad, quien nos contestó: "hay que estar atentas a los cohetes, ellos lo indican".

La mayor parte de los gastos de la fiesta corresponde a los cohetes, a los fuegos artificiales y a la música, elementos que tienen significados y funciones diferentes. Hay un espacio importante para los cohetes, que embelesan con su luminosidad y sonoridad; su función es convocar a la gente, romper su inercia cotidiana y llamarla a que participe de la fiesta. Es un sentido similar al que tienen las campanas en los espacios religiosos: rompen con el ruido habitual y sugieren un campo de fantasía, son ruidos celebratorios que pretenden sacralizar un momento, como fuentes luminosas que intentan arribar a los cielos para acceder a lo divino. Pero los cohetes también poseen un fuerte componente de carácter lúdico, lo que se manifiesta en los juegos que están debajo de los castillos, la alerta que propician los buscapiés, y el júbilo o temor que provocan los truenos. Los fuegos pirotécnicos despiertan actitudes lúdicas o contemplativas, sobre todo frente a la maestría en la sincronización y la belleza de algunos castillos y cohetes policromáticos que estallan en las noches de los barrios.

Así se describe el trayecto del Niñopan cuando sale de la casa del posadero y se dirige a la del mayordomo:

> sale todo el contingente de gente que ya es una multitud impresionante, entre cohetes, luces de bengala, castillos, juegos pirotécnicos; en general salen cuando está oscureciendo y a todo el mundo que va en la peregrinación se le da una luz de bengala para que le abra valla al niño, de tal manera de que el niño pase por debajo [de] un arco de luces de bengala; entonces tú te puedes parar y ver a la distancia cómo se pierde el horizonte de luces de bengala que le van abriendo valla al niño, el cual en algunas esquinas ya señaladas de antemano se detiene y le prenden una rueda; una rueda es un castillo redondo, pequeñito, el que es traído precisamente del Estado de México, confeccionado y traído de allá, y, entonces, hay relación entre el Estado de México y acá, y le queman el castillo frente al niño, para que el niño se divierta (Jeremías, entrevista número 12).

La música constituye otro de los ruidos que pueblan las fiestas. En las celebraciones de acontecimientos extraordinarios acaecidos en el ámbito particular de una familia (una boda, por ejemplo) se utilizan ruidos musicales celebratorios, como la música de mariachi, que acompaña al cortejo que sigue a los novios en su marcha por las calles rumbo a la iglesia.

La música sacra es utilizada en iglesias y procesiones. No obstante, también se incorporan baladas, como pudimos observar en la misa del día de San Francisco en Caltongo (aunque ello no es exclusivo de esta celebración). También la música constituye un elemento importante en los procesos "numinosos" a los que hemos hecho referencia.

El *leitmotiv* de las celebraciones místicas populares es el conjunto de las creencias religiosas: ellas implican un culto organizado para rendir homenaje a un ente imaginario representado en figuras (imágenes u otros íconos) de niños, vírgenes, etcétera. Estos íconos tienen una dimensión sobrenatural y una dimensión humanizada; por ejemplo, en relación con el Niñopan se comenta que en la noche tiene frío, que llora, que juega.

Analizar las fiestas implica considerarlas como un sistema de signos, por lo cual su estudio y el de los rituales que involucra, precisa de atender a su funcionamiento y sentido. A las prácticas sociales que involucran los rituales (como es el caso de las fiestas y su sentido, comúnmente les subyace la búsqueda de favores: se hacen ofrendas para que la cosecha esté garantizada, se traslada el Niñopan a las casas para curar a algún enfermo, etcétera.

Las fiestas presentan de manera evidente la dimensión fenoménica, la cual aparentemente encierra un sentido profundo de las relaciones densas que vinculan a los signos de los rituales con el objeto simbolizado; éste, a su vez, se relaciona con las representaciones individuales o grupales. Estas relaciones complejas generan la fiesta.

9. El calendario festivo de Xochimilco[7]

Se trata de un calendario que indica la realización de fiestas en barrios y pueblos de Xochimilco. Son fiestas de índole local

[7] El material de esta sección fue organizado y trabajado por María

que combinan rasgos religiosos y profanos, y se refieren a conmemoraciones que ocurren año con año.

En el marco de las celebraciones festivas se acostumbra establecer ferias que, en su sentido amplio, abarcan un conjunto diversificado de actividades y festividades. Esto impide reducir el término "feria" a un simple espacio de conmemoraciones. Las ferias aludidas en este apartado se distinguen de los mercados sobre ruedas y los tianguis, aunque integren modalidades organizativas similares a éstos.

Hay fiestas que son comunes a todos los contextos de Xochimilco y que tienen lugar simultáneamente, en barrios y pueblos. Estas celebraciones compartidas son: el día de los Santos Reyes (6 de enero); el día de La Candelaria, fiesta de los niños Dios, y cambio de mayordomía del Niñopan (2 de febrero); el día de los fieles difuntos (31 de octubre, 1 y 2 de noviembre); el día de la Virgen de Guadalupe (12 de diciembre); las posadas y la Navidad (16 a 24 de diciembre).

El calendario presentado, contempla un total determinado de festividades; no obstante, si consideramos la duración de algunas de ellas (como por ejemplo las fiestas de la Virgen de Dolores, cuyas celebraciones abarcan aproximadamente dos semanas y las del Niñopan que a diario es venerado públicamente mediante procesiones u otras manifestaciones), los días festivos se multiplican. Es por esto que en ciertos relatos de las entrevistas se afirma tajantemente que en Xochimilco hay más fiestas que días del año. A continuación ofrecemos una lista de las fiestas, con una breve descripción de las celebraciones que abarcan.

En los pueblos

1) San Andrés Ahuayucan (30 de noviembre)

La duración de la fiesta es de un día, en el cual se cantan "Las Mañanitas", se oficia una misa, se entregan las promesas. Hay

---

Eugenia Ramírez se basa en información tomada de algunas entrevistas incluidas en el capítulo IV y en los datos recabados durante la última etapa del trabajo de campo realizado en junio-julio de 1995. Integra también referencias de un texto anónimo proporcionado por la Subdelegación de Desarrollo Social, Subdirección de Xochimilco (DDF) como material de divulgación.

banda de música, danzas autóctonas, juegos mecánicos, quema de castillos, toritos y cohetes; baile popular, puestos de dulces cubiertos de frutas y puestos de pan. En las casas no se prepara comida. Un grupo de diez mayordomos se encarga de los gastos de los juegos mecánicos y los juegos pirotécnicos, mientras que otro grupo de diez mayordomos ofrece la comida para la banda y los danzantes. Además se escogen fiscales para arreglar la iglesia.

2) San Francisco Tlalnepantla (4 de octubre)

Se celebra al santo patrón del pueblo, San Francisco de Asís. La fiesta dura tres días. Se efectúan dos misas, se reza el rosario. Hay una banda de música de viento; feria de juegos mecánicos y juegos de azar, carreras de cintas, jaripeos, danzas rituales y baile popular por la noche. Se instalan puestos de quesos, cocoles, frutas, golosinas y antojitos mexicanos. Las familias preparan comida para sus invitados y para cualquier persona que llegue hasta su casa. La organización se caracteriza por la formación de juntas de vecinos en las que se nombra al tesorero y a los recaudadores de los donativos destinados a pagar la banda de música, los arreglos a la parroquia y los juegos pirotécnicos.

3) San Gregorio Atlapulco (12 de marzo)

Fiesta por el santo patrón de pueblo, San Gregorio Magno. La fiesta tiene una duración de una semana durante la cual se ofician cuatro misas, actúan grupos folclóricos y rituales de baile tropical, bandas, coros del INBA, danzantes regionales, agrupaciones de charros, estudiantinas, mariachis; hay juegos mecánicos, corridas de gallos, concursos de quema de castillos, finalizando la celebración con un baile popular. Se prepara comida tradicional. Por medio de cooperativas –de diez personas que se encargan de reunir fondos– se organiza la forma en que se sufragará el pago de la fiesta.

4) San Lorenzo Atemoaya (10 de agosto)

La fiesta dura dos días. Su originalidad consite en la repartición de las siete cañas. Por tradición, la familia que recibe acepta la mayordomía para el año siguiente. Encontramos la presencia de mariachis, juegos mecánicos, banda de música de viento, juegos pirotécnicos y la celebración de un baile popular. Se instalan puestos de atole, tamales, sopes, quesadillas, tacos, pan, fruta y palomitas, entre otros. Las familias del pueblo preparan para familiares y amigos platillos mexicanos como el tradicional mole, arroz, barbacoa, carnitas, tamales, pollo al estilo barbacoa.

Para la organización se recurre a la mayordomía encargada de determinar las personas que deberán reunir las cuotas para los gastos de la fiesta. Hay mayordomía también para cubrir los gastos de los juegos, la banda de música y los adornos de la iglesia.

5) San Lucas Xochimanca (18 de octubre)

Durante dos días los habitantes de San Francisco Tlalnepantla, San Lorenzo Atemoaya y San Bartolo, asisten a misa a rezar el rosario, y ofrecen promesas. Para amenizar la fiesta se coloca una feria con juegos mecánicos, se celebran juegos de azar, carrera de cintas, jaripeos, función de box, ballet folclórico, quema de cohetes y canastillas. Finalmente la población asiste al baile. Las familias preparan para sus invitados mole con pollo, arroz, frijoles, tamales de frijol, etc. Existe la mayordomía para ofrecer la comida a la banda y a la gente que lleva promesas a San Lucas. El coordinador del pueblo nombra a quienes recolectarán los donativos para los gastos de la fiesta.

6) San Luis Tlaxialtemalco

Fiesta de mayo del jubileo (17 o 18 al 23 o 24 de mayo)

Durante los tres primeros días de fiesta se ofician misas, y al cuarto se realiza una procesión acompañada con instrumentos de viento y cohetes. Durante dicha procesión se expone la hostia del sagrario de la iglesia de San Luis. Al concluir el cuarto día de oración, por la noche se efectúa un baile popular. Los habitantes del pueblo invitan a sus familiares y amigos al tradicional mole de guajolote, mole verde, tamales de frijol, etc. Para cubrir los gastos de la banda de música, los cohetes, los juegos pirotécnicos y el baile, cada familia aporta cierta cantidad de dinero.

Fiesta de San Luis Obispo, santo patrono
(19 a 22 de agosto)

Se cantan "Las Mañanitas" a las 5:00 horas. Se celebran misas en donde los feligreses hacen promesas a San Gregorio. Hay puestos de antojitos, la comida típica en las casas consiste en mole, arroz, mixiote, barbacoa, tamales de frijol y carnitas. Para organizarla se forman dos comisiones de diez integrantes; una se encarga de cubrir los gastos de la banda y los grupos que actúan, mientras que la otra ofrece la comida y adorna la iglesia. El funcionamiento de las comisiones es simultáneo.

Peregrinación al Señor de Chalma (21, 23 y 31 de agosto)

Se celebra una misa el 21 de agosto con motivo de la salida a Chalma. Se queman cohetes, canastillas y castillos. Al llegar los peregrinos se forma una procesión por el centro de Xochimilco. Se presentan mariachis, danzantes, y hay venta de antojitos mexicanos. Existe un mayordomo que ofrece una comida para los peregrinos antes de partir.

7) San Mateo Xalpa (21 de septiembre)

Fiesta del santo patrono del pueblo, San Mateo. Ocho días es el tiempo de duración. El 20 de septiembre a las 12:00 horas se cantan "Las Mañanitas" con música de mariachis. El 21 de septiembre también se ofician misas. A los peregrinos de Guerrero, Morelos y Tlaxcala se les hace un recibimiento. Hay jaripeo, bailes regionales, banda de música, juegos pirotécnicos y toritos; culmina con baile popular. Se instalan puestos de antojitos mexicanos. Las familias preparan comidas especiales. En cuanto a la mayordomía, el pueblo elige a dos personas, quienes deberán encargarse de las misas y el arreglo de la iglesia. Además se forman agrupaciones de voluntarios para la organización de las actividades que se presentan en la festividad, así como para recolectar fondos para la misma.

8) Santa Cecilia Tepetlapa

Fiesta Chiquita (6 de enero)

Se celebra la postración de la Virgen (Santa Cecilia). Tiene un día de duración y se realizan las siguientes actividades: misas, procesión con rezos y oraciones a cada imagen religiosa que se encuentre en las esquinas. Una banda de instrumentos de viento que toca durante la procesión. También hay quema de cohetes.

Feria del Dulce (22 de junio al 2 de julio)

En ella se venden dulces cubiertos, los cuales son elaborados en Santa Cruz Acalpixcan. Hay puestos de antojitos y comidas mexicanas, como son: quesadillas, pambazos, pozole, atole, etc. Se ofrece a familiares y amigos la comida tradicional: mole con pollo, arroz a la mexicana y tamales de frijol.

Fiesta de Santa Cecilia Tepetlapa (22 de noviembre)

Se celebra a la santa patrona, Santa Cecilia. Por el lapso de tres días se ofician misas; se contrata a una banda local de música, y de otros estados de la república, acuden estudiantinas, grupos de música latinoamericana, mariachis. Además hay juegos mecánicos, puestos de globos, jaripeos, danzantes, toritos y bailes populares por la noche. Se sirve comida típica mexicana, se designa a las personas encargadas de realizar la cooperación para la festividad.

9) Santa Cruz Acalpixcan (3 de mayo)

Fiesta de la Santa Cruz. Dura tres días. Se cantan "Las Mañanitas", se reza el rosario. Hay donación de promesas (generalmente son arreglos florales), y procesión de feligreses para bajar y subir las cruces en el cerro Cuatlagelli. Bandas de música tocan en el atrio de la iglesia durante todo el día. Hay jaripeo, danzantes, chinelos, santiaguitos y vaqueros; se instala una feria de juegos mecánicos y se efectúa un baile popular. Se expenden antojitos y comidas mexicanas.

10) Santa Cruz Xochitepec (3 de mayo)

Fiesta de la Santa Cruz. Tiene dos días de duración. Se cantan "Las Mañanitas" en la iglesia acompañadas por instrumentos de viento o mariachis; se celebran misas, se instala una feria de juegos mecánicos, actúan grupos de danzantes santiaguitos y chinelos, y hay un baile popular por la noche. El 4 de mayo también se ofician misas. Después sale la cruz rumbo al cerro de la Santa Cruz. Hay tres elevaciones de cohetes durante el recorrido; quema de castillos y canastillas. En las casas se prepara comida tradicional.

11) Santa María Nativitas Zacapa

Fiesta del Cristo (6 de enero)

Fiesta del Cristo que se encuentra en la iglesia. Dura dos días y consta de los siguientes actos: misas con celebración de bautizos y confirmaciones, entrega de promesas, feria con juegos mecánicos, danzantes, banda de música, juegos pirotécnicos, baile popular. Cuenta con puestos de antojitos mexicanos. La comida que preparan las familias incluye mole, arroz, mixiotes y barbacoa.

Fiesta del Pueblo de Santa María Nativitas
(8 a 10 de septiembre)

Se celebra la natividad de la Virgen María. Se ofician misas, también hay banda de música, feria de juegos mecánicos, danzantes, juegos pirotécnicos, puestos de antojitos mexicanos. Las familias comen mole, arroz, mixiotes, barbacoa. Hay mayordomía para pagar la música. También se solicita la cooperación equitativa de los habitantes del pueblo para sufragar los gastos de la fiesta.

Santoral de la Virgen de los Dolores (15 de septiembre)

Un día es su tiempo de duración. Hay una misa a mediodía. La iglesia es adornada con flores naturales. Algunas familias preparan comida especial.

Fiestas de San Jerónimo (30 de septiembre)

Cristo Rey: San Jerónimo. La fiesta dura un día. Se celebran misas y cuenta con banda de música, feria de juegos mecánicos, juegos pirotécnicos, baile popular y puestos de antojitos mexicanos. Las familias preparan mole, arroz, pozole, carnitas, etc. La organización está a cargo de "cooperativos", quienes recolectan la aportación de los habitantes del barrio.

12) Santa María Tepepan (25 de octubre)

Se celebra a la santa patrona del pueblo de Santa María. El tiempo de duración de la fiesta es de un día. Acuden peregrinos de Chalma, San Pedro y Santa Cruz. Por los alrededores del pueblo hay una procesión de la Virgen. Se organizan carreras de caballos, jaripeos; torneos de futbol, volibol, atletismo; se presentan conciertos y obras teatrales en la iglesia; incluye feria de juegos mecánicos, quema de castillos, baile popular. Algunas familias envían comida a la iglesia para que se efectúe un convivio entre los feligreses. El pueblo se organiza a través de la mayordomía que sufraga los gastos de los castillos y cohetes, se designan encargados de recabar fondos para el baile y otros gastos que origine la fiesta.

13) Santiago Tepalcatlalpan (19 de marzo)

El 25 de julio se festeja al santo patrono del pueblo, San Santiago. Cada fiesta dura ocho días. Se ofician misas y procesiones; se queman juegos pirotécnicos multicolores, y en el atrio de la iglesia se celebra un baile. Durante estas semanas se expenden antojitos mexicanos. Los gastos de la feria son cubiertos por los colonos del pueblo mediante la cooperación.

14) Santiago Tulyehualco

Feria de la alegría y el olivo (2 de febrero)

Durante quince días se contratan estudiantinas, artistas que participen en bailes folclóricos y en obras de teatro, así como una banda de música. Además hay juegos pirotécnicos, juegos mecánicos y de azar, y por la noche un baile popular. Se instalan puestos de antojitos mexicanos, alegrías, olivos, aceite de olivo, pan, dulces, etc. Las familias del poblado preparan el típico mole, además de arroz y tamales de frijol. El pueblo cuenta con una cooperativa encargada de cubrir los gastos de la fiesta, de contratar a los actores y a los grupos de música que actuarán en los días festivos, además de adornar la iglesia con los juegos pirotécnicos.

Feria de San Juan de Los Lagos (2 de febrero)

Se festeja a la Virgen de San Juan de los Lagos. Se efectúan dos misas, en las que se llevan a cabo primeras comuniones, bautizos y confirmaciones. Incluye feria con juegos mecánicos y puestos de antojitos mexicanos. Cada familia prepara en sus casas comida especial (mole, arroz, frijoles, tamales de frijol) que se ofrece a los invitados. Se forma una cooperativa encargada de recaudar fondos para la fiesta. En el segundo día se repiten los mismos actos.

Feria del Chinito (27 de febrero)

Se celebra el primer viernes de Cuaresma, es un festejo del Cristo de Calyeca. Dura tres días y se realizan los siguientes actos: "Las Mañanitas" y misas hasta las 4:00 horas, con mariachis, y banda de música. Además se escenifican obras de teatro, se presentan estudiantinas, grupos de música popular, baile folclórico, jaripeo, baile popular. Hay venta de dulces cubiertos, panes y antojitos mexicanos. Las familias del barrio ofrecen a sus invitados mole, arroz, tamales de frijol. Para la organización se promueve una cooperativa con el fin de recabar fondos.

Fiesta de Santiago Tulyehualco (25 de julio)

Se festeja a Santiago Apóstol, santo patrón. El tiempo de duración es de dos días. Se celebran misas y procesiones animadas con cohetes y canastillas. Se presenta una banda de música; actúan artistas populares; jaripeo, torneos de futbol, atletismo y basquetbol. El segundo día se llevan a cabo los mismos actos. Se ofrecen antojitos mexicanos. Para celebrar la fiesta el pueblo se organiza por medio de la mayordomía de música, la mayordomía para ofrecer la comida a los músicos, la mayordomía para juegos pirotécnicos; además, se pide una cooperación a los habitantes para cubrir los gastos.

Fiesta de San Salvador (antiguo patrón del barrio, 6 de agosto)

Durante un día se cantan "Las Mañanitas" con música de mariachis, y se oficia una misa tradicional. La comida que se prepara en algunas casas es especial. El pueblo se organiza mediante juntas de vecinos en las cuales se nombran comisiones que se encargarán de recolectar los donativos entre los vecinos del barrio para solventar los gastos.

Santo de la Virgen María (15 de agosto)

Dura ocho días, y se realizan los siguientes actos: misa a las 6:00 y a las 12:00 horas con promesas. Competencias deportivas de futbol y atletismo. Conciertos, concursos de oratoria; presentación de obras teatrales en la iglesia. Además se contratan danzantes, banda musical, grupos de mariachis, y se organiza un baile popular. Hay puestos de antojitos mexicanos. Las familias preparan mole con pollo, arroz, tamales, alegrías y elotes. Para la organización se acude a la mayordomía para contratar a la banda musical y a los mariachis. Se nombra también al delegado, quien organiza el baile popular y solicita la cooperación económica a las familias para los gastos de la fiesta.

En los barrios

1) El Rosario Nepantlatlaca

Mes de María (1 al 31 de mayo)

El tiempo de duración de esta fiesta es de un mes. Todos los días se reza el rosario. El organizador de la fiesta nombra a una persona diferente cada día para que se encargue de repartir dulces y juguetes a los niños que asisten a los rosarios.

Fiesta del Rosario Nepantlatlaca (7 de octubre)

Se venera a la santa patrona del barrio, la Virgen del Rosario. Si el día en que la fiesta debe celebrarse cae entre semana, la festividad se pospone para el domingo más cercano. El pueblo asiste a rezar el rosario en las dos misas que se ofician. Algunos grupos de actores del Estado de México dan exhibiciones de bailes tradicionales folclóricos del CREA. Asimismo, asisten conjuntos norteños, estudiantinas y una banda de música que toca durante todo el día. Se ofrece una gran variedad de antojitos mexicanos. Los habitantes del barrio preparan comidas especiales para sus invitados. Se forma una junta de vecinos para nombrar a quienes se encargarán de realizar la colecta de cooperación vecinal, la cual se destinará a sufragar los gastos de la fiesta.

2) La Asunción Atlitic

Fiesta de la Virgen de la Asunción (15 al 17 de agosto)

Dura tres días. Se realizan tres misas. Hay banda de música, quema de castillos, cohetes y toritos; juegos mecánicos, baile popular. En las calles encontramos puestos de antojitos. En los hogares se prepara mole con pollo, arroz, frijoles. Los habitantes del barrio, a través de un comité de fiestas, organizan la aportación de los colonos para sufragar los gastos de la fiesta.

3) La Santísima Trinidad (domingo siguiente al de Pentecostés)

Dura un día. Se oficia una misa a las 9:00 horas y otra a las 12:00. Una banda de música toca durante todo el día. En los alrededores de la iglesia se instala una feria con juegos mecánicos y juegos de azar, y puestos de antojitos mexicanos: tacos, quesadillas, buñuelos, elotes preparados, entre otros. En las casas del barrio se elaboran comidas para los invitados, en las cuales se ofrece el tradicional mole con pollo, arroz, tamales y frijoles. Se nombran auxiliares que se encargan de colectar fondos para los gastos. La cuota no es fija, sino adecuada a las posibilidades económicas de cada familia.

4) Nuestra Señora de los Dolores, Xaltocan (10 al 25 de febrero)

Durante quince días se interpretan "Las Mañanitas" con música de mariachis y una banda de música toca durante gran parte del día. Una procesión que anuncia la proximidad de la fiesta, se lleva a cabo ocho días antes (2 de febrero). Se celebran misas, hay torneos de palo encebado, lucha libre, box, jaripeo, hay también pelea de gallos, pelea de perros, carreras de bicicleta, juegos mecánicos etc. Se instalan puestos con gran variedad de antojitos mexicanos. Las familias del barrio ofrecen a sus invitados el tradicional pollo con mole, arroz, tamales y atole. La comunidad se organiza por medio de un comité de consejo parroquial integrado por personas del mismo barrio que pueden ser nombradas por el cura, se recolecta una cooperación a cada familia.

5) San Antonio Molotlán

Feria de la flor más bella del ejido (17 al 31 de marzo)

La feria de la flor más bella del ejido se realiza en Xochimilco, en ella se elige a la señorita más bella de las delegaciones que aún conservan ejidos, para lo cual se califican sus rasgos indígenas. Se efectúa durante los primeros 15 días anteriores a la Semana Santa, y el Viernes de Dolores (una semana antes de la Semana Santa) se corona a la triunfadora. Esta festividad tiene un origen prehispánico, entonces se rendía culto a los dioses de las flores y de las danzas: Xochipilli y Macuitlxóchitl, respectivamente. Los concurrentes asisten portando trajes propios de la región del valle de México: Chincuete, camisa o blusa blanca o de color con bordados, algunos llevan *quesquemetl* (especie de jorongo de tela o lana), *huipil* (capita tejida), o un adorno de flores. La fiesta incluye los certámenes de La flor más bella, canoas alegóricas, artesanías, juegos pirotécnicos, así como exposiciones artesanales y gastronómicas. Con el debilitamiento actual del ejido hay cambios en la fiesta.

Fiesta de San Antonio (a) (19 de marzo)

Se celebra una misa a las 12:00 horas. Hay elevación de cohetes y canastillas. El financiamiento de la fiesta se efectúa a través de una pequeña colecta entre los colonos para adquirir flores y cohetes.

Feria de la Nieve

La fecha de esta fiesta varía (entre marzo y abril) pues se celebra durante la Semana Santa, considerándose los días de mayor importancia el jueves y el viernes santos. Durante la semana se ofician misas, hay actividades artísticas y deportivas. Básicamente se ofrece un sinfín de nieves de sabor. En cualquier casa del pueblo se prepara comida típica.

Fiesta de San Antonio (b) (13 de julio)

Se celebra el onomástico del santo patrón del barrio. Durante un día se cantan "Las Mañanitas" a las 6:00 horas, se ofician misas, toca una banda de música. Se instala una feria de juegos mecánicos, juegos de azar, quema de cohetes, canastillas, y baile popular. Se instalan puestos de antojitos. En las casas se prepara mole con pollo, arroz, frijoles, tamales de frijol y atole. El comité organizador nombra a quienes se encargan de recolectar los fondos.

6) San Cristóbal (25 de julio)

Dura un día. Hay misas, una banda de música toca durante gran parte del día, hay juegos mecánicos y juegos de azar. Se queman cohetes, canastillas y castillos. En las casas del barrio se prepara el tradicional mole con pollo, arroz, tamales de frijol y atole. A través de una junta de vecinos se nombra a los encargados de recolectar los donativos para cubrir los gastos que genere la fiesta.

Fiesta del Señor Santiago Xal-lan (25 de julio)

Se festeja el onomástico de San Santiago, la fiesta dura cuatro días. Hay tres o cuatro misas al día, con horario variable; una banda de música toca durante gran parte del día en el atrio de la capilla. Se instala una feria con juegos mecánicos y juegos de azar. Los chinelos y santiagueros danzan. Se queman casti-

Niño Dios aguardando la bendición del cura. Xochimilco, febrero de 1992. Foto de José Manuel Valenzuela.

En la misa de la Candelaria, 2 de febrero de 1992, la bendición de varios niños Dios. Foto de José Manuel Valenzuela.

Mujeres, hombres y niños en la misa al aire libre. Xochimilco, 1992.
Fotos de José Manuel Valenzuela.

Participación de chinelos en el día de la Candelaria. Foto de José Manuel Valenzuela.

Nochebuena de chinampas e invernaderos entre las flores del altar del Niñopan. Xochimilco, diciembre de 1992. Foto de José Manuel Valenzuela.

Ofrenda floral en el altar del Niñopan. Xochimilco, 17 de diciembre de 1992. Foto de José Manuel Valenzuela.

Niña de seis años disfrazada de chinelo. Fiestas del Niñopan. Xochimilco, diciembre de 1992. Foto de José Manuel Valenzuela.

Dos generaciones con sus respectivos niños Dios. Xochimilco, 1992. Foto de José Manuel Valenzuela.

Una de las pocas zonas con bajo nivel de deterioro lacustre. Xochimilco, 1992. Foto de Paulo Salles.

Vendedora de alimentos en la zona turística del canal. Xochimilco, 1992.
Foto de Paulo Salles.

Frente a la insuficiencia de la red de agua potable se utiliza el acarreo en transporte tradicional. Xochimilco, 1992.
Foto de Paulo Salles.

Deterioros lacustre
y de chinampas en zonas de
producción.
Fotos de Paulo Salles.

Viviendas pobres con bajo índice de habitabilidad. Xochimilco, 1992.
Fotos de Paulo Salles.

llos, cohetes y toritos. También hay un baile popular. Durante estos días se preparan antojitos mexicanos. Existen socios voluntarios, quienes financian los gastos de la celebración.

7) San Diego Tlalcozpan (13 de noviembre)

Durante este día la fiesta se ameniza con una banda de música. Incluye juegos mecánicos y cohetes. La comida que se prepara se caracteriza por los antojitos mexicanos. En las casas del barrio se prepara comida tradicional para los invitados. Se forma una junta encargada de designar a las personas conocidas como "socios del barrio", quienes tienen que organizar la cooperativa entre los vecinos para cubrir los gastos originados por la festividad.

8) San Francisco Caltongo

Salida de la peregrinación a Chalma (21 y 31 de agosto)

Su duración es de un día. Se ofician misas de salida y llegada. Todas las familias del barrio preparan comidas especiales en estos días para los peregrinos. Se instalan también puestos de antojitos.

Onomástico de San Luis Rey (25 de agosto)

Se festeja a San Luis Rey. Dura un día. Se ofician misas. Para familiares e invitados la comida es especial en cada casa.

Fiesta de San Francisco Caltongo (1 al 4 de octubre)

Se festeja a San Francisco de Asís, patrono del barrio. Su tiempo de duración es de tres días. Se celebran misas. Incluye banda de música, cohetes durante todo el día, danzantes, feria de juegos mecánicos y baile popular por la noche. Además, las familias del barrio preparan comida especial; se instalan puestos de antojitos. El pueblo se organiza por medio de comités formados voluntariamente. Los gastos son solventados equitativamente con la aportación de cada familia, según sus posibilidades económicas. Se bendicen las chinampas.

9) San Juan Tlateuchi (24 de junio)

Se celebra a San Juan Bautista, santo patrón del barrio. En la plazuela de San Juan se instalan juegos mecánicos que funcionan hasta que termina la fiesta, una banda de música toca durante parte del día y por la noche hay juegos pirotécnicos. Las familias del barrio ofrecen a sus invitados la comida típica.

10) San Lorenzo Telcpanpa

Fiesta de San Lorenzo, santo patrón (10 de agosto)

Su duración es de un día. Se realizan las siguientes actividades: "Las Mañanitas" a las 6:00 horas; misa, banda de música, quema de castillos y cohetes, procesión por todo el barrio acompañada con los santos de cuatro barrios (San Esteban, La Guadalupita, San Diego y San Lorenzo); baile popular por la noche. Gastronomía: antojitos mexicanos; en las casas se prepara mole, frijoles, tamales, atole. Se realiza una junta de vecinos en la cual se nombra a las personas que tendrán a su cargo la colecta entre los vecinos del barrio para pagar los gastos de la fiesta.

11) San Marcos Tlaltepetlapan (25 de abril)

Festejo de San Marcos. Durante un día se cantan "Las Mañanitas", se celebra una misa, hay juegos mecánicos, juegos de azar, quema de cohetes, y durante la noche los tradicionales castillos y ruedas. Puestos de antojitos mexicanos son instalados en las calles. La mayoría de las familias prepara mole con pollo, arroz, frijoles y tamales de frijol. Al tercer día, cuando finaliza la festividad, los invitados y familiares del mayordomo de la fiesta, en agradecimiento, llevan a casa de éste otros alimentos y celebran una comida colectiva.

12) San Pedro Tlalnáhuac (29 de junio)

Fiesta en honor a San Pedro, cuya duración es de un día. Se ofician misas; hay una banda de música, juegos mecánicos, juegos de azar, quema de cohetes, canastillas y castillos, además de un baile popular por la noche. En las calles se colocan puestos de antojitos, mientras que en las casas se prepara mole con pollo, arroz, frijoles, tamales de frijol y atole. Se forma una junta de vecinos del barrio, la cual se encarga de organizar la cooperación (equitativa y voluntaria) de los colonos para solventar los gastos.

13) Santa Crucita Analco (20 de mayo, domingo de Pentecostés)

Se celebra al Santísimo Divino Redentor (patrón de la parroquia de Santa Crucita). El tiempo de duración es de tres días; el tercer domingo de julio, el jueves siguiente y el cuarto domingo de julio. El primer domingo del festejo, después de la misa, empieza la fiesta en la calle con una banda de música que toca durante el día, el jueves siguiente hay otras traídas por barrios aledaños: San Juan, San Diego, San Pedro, y otros. El domingo siguiente se celebra una misa por la mañana, y por la noche se encienden juegos pirotécnicos.

La comida que se consume durante esos días se compone de antojitos mexicanos. Se efectúan juntas de vecinos, en las cuales se designa a cuatro personas como responsables de la organización.

Fiesta de San Bernardino de Siena (20 de mayo)

Hay verbena, banda de música, juegos pirotécnicos, venta de antojitos mexicanos. El sacerdote de la parroquia nombra comisiones y asigna los cargos a desempeñar durante la festividad.

La Concepción Tlacoapa (8 de diciembre)

Se celebra a la Virgen de la Concepción. En este día se ofician dos misas. La fiesta es amenizada con una banda de música de viento; juegos mecánicos y de azar; quema de cohetes, castillos y canastillas. La gastronomía se compone de sopes, quesadillas, pambazos, tacos, pollo, mole, frijoles, atole. La organización de esta faena está a cargo de algunos habitantes del barrio, quienes están encargados de recolectar la cooperación equitativa y voluntaria de los colonos para solventar la fiesta.

Belem de Acampa (25 de diciembre)

Se ofrece con motivo del nacimiento del niño Dios. Esta celebración comienza desde el 16 de diciembre. Diariamente hay una posada y una misa en honor al niño de Belem, se rompe la piñata y hay un baile popular. Se coloca una feria con juegos mecánicos y de azar; queman cohetes, toritos y castillos. Se canta y se pide posada en la capilla del barrio.

San Esteban Telcpanpa (26 de diciembre)

Se celebra una misa a las 12:00 del día; en ella participan danzantes del Estado de México, quienes interpretan bailes de chinelos y cristeros. En el atrio de la iglesia se establece una pequeña forja con juegos mecánicos y de azar. Durante el día se elevan cohetes y por la noche hay juegos pirotécnicos. En las calles se instalan puestos de antojitos mexicanos.

La Guadalupita Xochitenco (12 de diciembre)

Fiesta celebrada en honor a la Virgen de Guadalupe, patrona del barrio. En este día se hace una pequeña procesión en la que los santos patronos de los barrios de San Lorenzo, San Esteban y San Diego acompañan a la Virgen de Guadalupe en su parroquia. Una banda de música de viento toca durante todo el día. Se instala una feria de juegos mecánicos y por la noche se queman juegos pirotécnicos. La gastronomía se caracteriza por los sopes, quesadillas, tacos; mientras que en los hogares se prepara el tradicional mole con pollo, arroz, frijoles, tamales y atole. El barrio, para organizar la fiesta, elige a algunas personas que se encargan de calcular los gastos necesarios, determinar el monto de la cuota que los vecinos deben aportar y organizar las cooperativas para dicha celebración.

Ese mismo día, de la Laguna Del Toro sale una procesión a bordo de trajineras ambientadas por música de marimba y mariachis.

Presentamos a continuación dos cuadros: el cuadro VIII está organizado según los contextos de realización; el cuadro IX contiene inicialmente el mes al cual se asigna el número de fiestas que tienen lugar. En ambos se especifica la naturaleza de la celebración.

CUADRO VIII
Calendario de ferias y fiestas religiosas, Xochimilco, 1995 (fechas de celebración)

Mes	*Día*	*Nombre de la fiesta o feria*
Enero	6	Fiesta Chiquita
	6	Fiesta del Cristo
	6	Los Santos Reyes
Febrero	2	Cambio de mayordomía del Niñopan
	2	Feria de San Juan de los Lagos
	2-17	Feria de la alegría y el olivo
	10-25	Nuestra Señora de los Dolores Xaltocan
	27	Feria del Chinito
Marzo	12-20	San Gregorio Atlapulco
	17-31	Feria de la flor más bella del ejido
	19	Fiesta de San José
	19	Fiesta de San Antonio
	Esta feria se celebra entre marzo y abril	Feria de la nieve
Abril		Feria de la nieve
	23-26	Feria del maíz blanco
	25	San Marcos Tlaltepetlapan
	25	Ampliación San Marcos
	30	Día del Niñopan
Mayo	3	Santa Cruz Acalpixcan
	3-4	Santa Cruz Xochitepec
	17 o 18-23 o 24	Fiesta de mayo del Jubileo
	20	Fiesta de San Bernardino de Siena
	20-22	Santísimo Divino Redentor
Junio	2	La Santísima Trinidad
	13	Fiesta de San Antonio
	22 de junio-2 de julio	Feria del dulce
	24	San Juan Bautista
	29	San Pedro Tlalnahuac
Julio	22 junio-2 de julio	Feria del dulce
	25	Fiesta de San Santiago
	25	Fiesta de Santiago Tulyehualco
	25	San Cristóbal Xal-lan

Cuadro VIII (*conclusión*)

Mes	*Día*	*Nombre de la fiesta o feria*
Agosto	6	Fiesta de San Salvador
	10	San Lorenzo Atemoaya
	10	Fiesta de San Lorenzo
	15	Santo de la Virgen María
	15	Fiesta de la Virgen de la Asunción
	19-22	Fiesta de San Luis Obispo
	21, 23 y 31	Peregrinación a Chalma (en un pueblo y un barrio)
	25	Onomástico de San Luis Rey
Septiembre	8	Fiesta del pueblo Santa Ma. Nativitas
	15	Santoral de la Virgen de los Dolores
	21	Fiesta de San Mateo
	30	Fiesta de San Jerónimo
Octubre	1-4	Fiesta de San Francisco Caltongo
	4	San Francisco de Asís
	7	Fiesta del Rosario Nepantlatlaca
	18	San Lucas
	25	Santa María Tepepan
Noviembre	1-2	Día de muertos
	13	San Diego Tlalcozpan
	22	Fiesta de Santa Cecilia Tepetlapa
	30	San Andrés Ahuayucan
Diciembre	8	Fiesta a la Virgen de la Concepción
	12	Virgen de Guadalupe
	16-24	Fiestas decembrinas
	16-24	Posadas del Niñopan
	26	San Esteban Telcpanpa

Cuadro IX
Calendario de ferias y fiestas religiosas, Xochimilco, 1995 (contextos de realización)

Fiestas religiosas	*Fecha*
Pueblos	
San Andrés Ahuayucan	30 de noviembre
Santa Cruz Acalpixcan	3 de mayo

CUADRO IX
(*continuación*)

Fiestas religiosas	*Fecha*
Santa Cruz Xochitepec	3-4 de mayo
Santa Cecilia Tepetlapa	6 de enero y 22 de noviembre
San Francisco Tlalnepantla	4 de octubre
San Gregorio Atlapulco	12-20 de marzo
San Lorenzo Atemoaya	10 de agosto y 16-24 de diciembre
San Lucas Xochimanca	18 de octubre
San Luis Tlaxialtemalco	17 o 18 -23 o 24 de mayo; 19-22 y 21, 23, 31 de agosto; 16-24 de diciembre
San Mateo Xalpa	21 de septiembre
Santa María Nativitas Zacapa	6 de enero; 8, 15, 30 de septiembre; 12 de diciembre
Santa María Tepepan	25 de octubre
Santiago Tepalcatlalpan	19 de marzo y 25 de julio
Santiago Tulyehualco	2 y 27 de febrero; 25 de julio (2 fiestas); 6 y 15 de agosto
Barrios	
Ampliación San Marcos	25 de abril
Belem de Acampa	16-25 de diciembre
El Rosario Nepantlatlaca	1-31 de mayo y 7 de octubre
La Asunción Atlitic	15 de agosto
La Concepción Tlacoapa	8 de diciembre
La Guadalupita Xochitenco	12 de diciembre (2 fiestas)
La Santísima Trinidad Chililico	2 de junio
Nuestra Señora de los Dolores Xaltocan	10-25 de febrero
San Antonio Molotlán	17-31, 19 de marzo y una feria entre marzo y abril; 13 de junio
San Cristóbal Xal-lan	25 de julio (2 fiestas)
Santa Crucita Analco	20-22 de mayo (2 fiestas)
San Diego Tlalcozpan	13 de noviembre
San Esteban Telcpanpa	26 de diciembre
San Francisco Caltongo	21, 23, 31 y 25 de agosto; 1-4 de octubre
San Juan Tlateuchi	24 de junio
San Lorenzo Telcpanpa	10 de agosto
San Marcos Tlaltepetlapan	25 de abril
San Pedro Tlalnahuac	29 de junio

CUADRO IX (*conclusión*)

Fiestas religiosas	*Fecha*
Ferias comerciales	
Feria de San Juan de los Lagos	2 de febrero
Feria del Chinito	27 de febrero
Feria del dulce	22 de junio-2 de julio
Feria del maíz blanco	23-26 de abril
Feria del olivo y la alegría	2-17 de febrero
Feria de la flor más bella del ejido	17-31 de marzo
Feria de la nieve	varía entre marzo y abril
Fiestas comunes a todos los barrios y pueblos	
Cambio de la mayordomía del Niñopan	2 de febrero
Día de los muertos	1-2 de noviembre
Día del Niñopan	30 de abril
Día de la Santa Cruz	3 de mayo
Día de los Santos Reyes	6 de enero
Día de la Virgen de Guadalupe	12 de diciembre
Posadas del Niñopan	16-24 de diciembre

El cuadro VIII está organizado atendiendo a las fechas de celebración de las fiestas y permite observar que mensualmente hay varios eventos festivos en Xochimilco, algunos de un día y otros más duraderos (como por ejemplo la fiesta de Nuestra Señora de Dolores, la Feria del olivo y la alegría, etc.). Ciertos días concentran varias fiestas y celebraciones simultáneas, realizadas en algunas localidades particulares (indicadas en el cuadro), en el conjunto de ellas; como ya mencionamos, estas últimas son celebraciones de índole general (no son típicas de la delegación) que incluso se realizan en contextos más amplios que Xochimilco (por ejemplo el día de los Santos Reyes y el de la Virgen de Guadalupe, entre otras indicadas en el último cuadro).

El cuadro indica las localidades en donde se celebran las fiestas y ofrece un acercamiento distinto al anterior, pues enseña el número de fiestas típicas de los pueblos y barrios, obviando tanto la duración de las mismas como la mención a las fiestas compartidas.

Estos datos sobre el calendario festivo de Xochimilco no pretenden ser exhaustivos; se derivan de un conjunto de informaciones recabadas *in situ* que por su naturaleza pueden contener omisiones e imprecisiones. Según mencionamos, jugó un papel importante en la elaboración del calendario festivo un documento previo, anónimo, en el cual se exponen pormenorizadamente muchos de los componentes de las celebraciones, que nos permitimos reproducir en nuestra sistematización. A ella añadimos otras informaciones -sobre todo en la descripción de fiestas precisas- aludidas por los entrevistados o derivadas de la observación directa. Fuera del texto anónimo ya indicado, al término de la investigación no habíamos encontrado otros materiales escritos sobre el ciclo completo de las fiestas en Xochimilco.

VI. EL NIÑOPAN ENTRE LOS NIÑOS DIOS

El origen del culto al Niñopa (también Niñopan) resulta impreciso. Según relatos locales no hay nada escrito, y toda la información que existe hoy día proviene de la tradición oral.[1]

La información sobre su antigüedad oscila entre 200 y 400 años; surgió a finales del siglo XVI o a finales del siglo XVIII. El Niñopan posee una doble identificación entre los habitantes de Xochimilco: el Niñopa, que alude al niño Dios, e integra la concepción cristiana del Dios-padre o de hijo de Dios, y el Niñopan o niño del lugar, designado por la terminación *pan* que según los lugareños, significa del lugar.

Se cree que el cacique don Martín Cortés Cerón ("El Viejo"), quien falleció en 1588, heredó a sus albaceas varias imágenes talladas y pintadas entre las cuales se encontraba el niño Dios que hoy se conoce como Niñopa o Niñopan. Los deseos de don Martín eran que las imágenes fueran vendidas y con los ingresos generados se ofrecieran misas por su alma.

CUADRO X

Creíamos que la imagen del Niñopa estaba fabricada desde su lejano origen con bagazo de caña; sin ropa pesa menos de un kilo y mide un poquitín más de 70 cm de altura; algunos otros sostenían que de origen estaba hecha de palo de naranjo.(11)	Durante mucho tiempo se discutió acerca del origen, del material del que está hecho el Niñopan, señalándose que fue construido de palo de naranjo, de bagazo de caña o de migajón. (8)

Elaborado con base en el tema número 3 (sobre la leyenda y los orígenes del Niñopan). Abarca los relatos de las entrevistas 11 y 8.

[1] En la entrevista número 2 se dice: "Desgraciadamente no hay nada escrito, todo ha sido oral..."

Cuadro XI

Se le conoce también como el niño Peregrino, porque va peregrinando de casa en casa, y cada año cambia de mayordomos [...] Lo guardan en sus casas y así se sigue el culto. (11)

Niñopan quiere decir "niño del lugar" (*pan*, en náhuatl, es "lugar" [...] pero ha ido derivando en Niñopa, niño padre, puesto que *pa* es "papá". (13)

Es una imagen de tamaño natural de un niño pequeñito que veneramos desde hace 120 años, pero la gente dice también que tiene más de doscientos.

Pues es una tradición también ya de hace años. ¿Desde cuándo? Yo creo que desde unos 100 años. (5)

Se dice que entre Juan Boliano y un tal de Martín de la Cruz (naturales de Xochimilco) fabricaron las imágenes más hermosas y más bellas de aquellos tiempos. [...] Se dice que el Niñopan fue hecho por ellos [...] fue fabricado por manos indígenas. (11)

Este niño fue hecho en el Colegio de Santa Cruz de Tlatelolco por indígenas xochimilcas [...] Esto fue aproximadamente en tiempo de evangelización y en el tiempo en que se construyó la parroquia de San Bernardino, o sea que estamos hablando de hace 400 años aproximadamente. (2)

Según la tradición de nuestros ancestros del culto del Niñopa tiene aproximadamente 400 años. No existe un documento que diga lo contrario [...] (7)

Todo el mundo sabe que la imagen es de la época de los franciscanos [...] Hace poco tiempo empecé a oír que el Niñopan es de después, ¿pero quién puede saber la verdad? (9)

Elaborado con base en el tema número 3 (sobre la leyenda y los orígenes del Niñopan). Abarca los relatos de las entrevistas 11, 2, 13, 1, 7, 5, 9, 8.

Durante mucho tiempo se discutió acerca del material con que está hecho el Niñopan, señalándose que fue construido de palo de naranjo, de bagazo de caña o de migajón. Sin embargo, información más reciente indica que el Niñopan está fabricado de árbol de colorín triturado.[2]

La historia del Niñopan ha formado parte de importantes pasajes de la historia nacional relacionados con la expresión del culto oficial, afirmándose que durante la Revolución mexi-

[2] Véase la revista *Huetzalin*.

cana y el Movimiento cristero el Niñopan fue ocultado en cajas de madera, en tapancos, y en otros lugares con el fin de protegerlo y evitar su destrucción.[3]

El culto al Niñopan constituye una importante manifestación mística de la comunidad xochimilca, hecho que se inserta en un fenómeno mayor que es el culto general a los niños Dios, ampliamente generalizado en el valle de México. En los relatos de Xochimilco hay una rica información sobre los niños Dios y es notable la abundante presencia de aquéllos durante los festejos del día de La Candelaria, cuando se observa en el atrio de San Bernardino una concentración multitudinaria de personas que cargan imágenes de niños para que sean bendecidos por el cura. En los relatos (cuadro XII) se registra claramente una inquietud respecto al lugar del Niñopan entre los niños Dios; si es que existe un jerarquía.

El Niñopan lleva a cabo actividades todos los días del año, pues diariamente acude a hacer visitas a las casas de quienes lo han solicitado para atender a un enfermo, resolver algún problema familiar o por el mero deseo de tenerlo en casa. Su agenda es densa y abarca acciones de muy diverso tipo, incluyendo viajes a otros estados del país. Se mencionan tres tipos de rutina (cuadro XIII, entrevista 3) en torno a las cuales se organizan algunas de las características básicas de la vida del Niñopan.

El niño no es un ícono pasivo, sino que según los residentes de Xochimilco, manifiesta su agrado o desagrado a través de variaciones en el color de su piel, palideciendo si el lugar le desagrada; tomando una coloración rosada si se encuentra contento.

Las actividades son ritualizadas. Se realizan en espacios y momentos acotados socialmente, involucrando aspectos sacros imbricados con aspectos profanos. Este vínculo entre lo sagrado y lo profano implica justamente que las fronteras que delimitan estos ámbitos se matizan, pero no se borran.

Además, las actividades son regidas por reglas: se establecen tiempos, espacios, tipos de acciones, personas e instituciones que se encargan de desarrollarlas.

[3] *Idem.*

Cuadro XII

En Xochimilco veneramos a muchas imágenes [...] el niño de Belén, el niño de Xaltocan [...]. Pero una imagen que es muy venerada y especial es una imagen del Niñopa. (8)

Tengo un niño Dios en la casa [...] el 24 es la arrullada del niño Dios y sólo se levanta el día 6 de enero, día de los Santos Reyes [...] En tres años consecutivos, en cada año que se lo llevan a misa el padre le fija una estrellita [...] la llamamos potencia. (9)

El Niñopan es un niño Dios [...] los niños dioses ubicados en miles y miles de casas [...] son niños dioses de cada quien; el Niño Dios denominado Niñopan que es de todos, no queda en nuestras casas sino en la casa del mayordomo. (13)

Para hacerla entender las fiestas del Niñopa, la devoción, el cariño, debemos hablar del niño Dios. El Niñopa es un niño Dios pero diferente, es de la gente pero no vive en la casa de uno. (5)

En nuestra familia tenemos un niño Dios [...]; se trata de una veneración familiar [...]; El niño Dios, es como el Niñopan, es igual de milagroso. La posada la hemos organizado en especial para el Niñopan. Lo tuvimos en la casa por un día [...] (8)

Como el Niñopan es un solo niño, una única imagen que es de todos que lo veneramos, cada quien puede tener en su casa una imagen como si fuera el Niñopa, es decir un niñito Dios, una imagen sólo suya que es la misma, que es el Niñopan en sí porque en verdad no puede haber más de un niño Dios. Los niñitos son imágenes distintas pero de igual manera niños Dios. (9)

Cuando voy el día de La Candelaria a San Bernardino y si estoy hasta atrás y a mi niño no le cae una gota de agua tengo la creencia de que mi niño entonces no fue bendecido y por lo tanto tampoco escuchó misa. (6)

El culto del Niñopan tiene mucho que ver con el culto de los niños Dios. El Niñopan es un niño Dios. (7)

Entrenamos comparsas para cualquier fiesta [...] pero por lo general nos solicitan para el Niñopa [...] Todo lo que se refiere a este niño Dios lleva música [...] Para los otros niños Dios [...] no se acostumbran las comparsas. (3)

Elaborado con base en el tema número 2 (El Niñopan y los niños Dios). Abarca los relatos de las entrevistas 8, 9. 13, 7, 5, 3.

Cuadro XI

Desde temprano tiene que estar vestido [...] para recibir visitas [...] Tiene que estar listo para su misa, su rosario [...]. Esto cuando no sale de visita [...], cuando sale de visita, ahí sí todo se complica, tiene mucho más actividad. (4)	Diariamente visita las diferentes casas [...] de Xochimilco; así como los lugares aledaños; en cada casa la imagen es recibida con música y comida, y es por eso que diariamente estamos de fiesta. (11)
Tiene su rutina, una para a diario en la casa del mayordomo, una referida a sus salidas y viajes y otra para los días de fiesta. (3)	Un niño no aguantaría lo que aguanta el Niñopan. Tiene mucho valor, a diario recibe gente [...] sale de visita [...] una vez al día, pero de todos modos es mucho. En la noche lo vemos cansadito de ¡tantas cosas! Pero sigue, sigue y sigue, es muy generoso. (5)
Cuando fue mayordomo [...] acudimos a invitaciones [...] una a la ciudad de Puebla, cinco a Morelos (...), una a Acapulco y dos a Querétaro [...]. Es mucho trabajo, la acompañé en todas sus salidas [...], sale con música, cuando se puede comparsas, cohetes y todo lo demás. Para su regreso es lo mismo. (10)	Por la fe y por la fama que tiene es visitado diariamente. Pienso que en comparación con otras imágenes recibe una mayor cantidad de dinero, provocando envidia, generándose con ello algunos conflictos. (9)
Las visitas serían de la siguiente manera: lo llevan a sus casas, algunas personas le traen ropa para el día en que va a visitar en sus casas, todos le traen flores, algunas personas le ofrecen misas, y cuando eso sucede, invitan a familiares y amigos a desayunar, los invitan a comer y en la noche regresan al niño [...] (2)	Visita quien lo solicita [...] puede ir lejos, puede quedar cerca. Que no le falte su procesión, su música, sus chinelitos, sus cohetes. Hay solicitantes que le ponen hasta mariachis al Niñopa. (6)

Elaborado con base en el tema 7 (agenda de actividades del Niñopan). Abarca los relatos de las entrevistas 4, 11, 3, 5, 10, 9, 2, 6.

La ritualización está presente no sólo en la agenda de actividades del Niñopan, sino que en torno a ellas se erigen también estructuras organizativas como por ejemplo el sistema de cargos.

MAYORDOMOS, MAYORDOMAS, POSADEROS, POSADERAS

Las fiestas reflejan de manera imprecisa aspectos importantes de la estructura social. La alegoría de la fiesta constituye un elemento para el análisis de la realidad, mediante un lenguaje simbólico. Funciona como una laboratorio privilegiado en el que se reproducen, recrean o impugnan sistemas de jerarquías, figuras de autoridad, relaciones de dominio, y condiciones de género.

Durante la realización del trabajo de campo pudimos observar que las fiestas del Niñopan tiene una organización con marcados contenidos jerárquicos.[4] Creemos que las jerarquías se encuentran en la base misma de la función de mayordomo o de posadero. Las jerarquías observables en la organización y realización de las fiestas se rigen principalmente por criterios culturales, y secundariamente por criterios clasistas anclados en el estatus económico. Se trata más de una posición social que económica. En la determinación de criterios que definen las posibilidades de una persona para ser incluida en la lista de futuros mayordomos, la honorabilidad y la integración comunitaria del solicitante a la mayordomía son de mayor relevancia que la situación económica.

La función de mayordomo es jerárquica tanto porque existen criterios de prioridad para su selección como porque el mayordomo debe tener poderes de convocatoria, decisión, control, y el aval comunitario requerido para la organización de las celebraciones de efemérides fundamentales. Además, en dichas celebraciones los detentadores de funciones en los sistemas de cargo ocupan un lugar honorífico, el cual corresponde al poder que otorga el cargo.[5]

En relación con el Niñopan, por ejemplo, el mayordomo debe hacerse responsable en todos los aspectos: del culto del niño y de los ritos o ceremonias relacionados con él. Esto re-

[4] No obstante, la amplia participación popular en su organización relativiza esta situación.

[5] Este poder es notable. El posadero (cargo importantísimo en el marco de las fiestas navideñas) es en general designado por el mayordomo, con lo cual se garantiza (controla) la calidad de las posadas.

quiere de tiempo y gastos importantes, para lo cual el mayordomo utiliza intensamente sus posibilidades económicas (en frecuentes ocasiones contrae deudas), convocando a donadores de dinero o de productos. Existe una gran disponibilidad de la gente para participar y apoyar a los mayordomos, pues si el *leitmotiv* de la fiesta son las creencias, la colaboración está dirigida no tanto al mayordomo que la solicitó, sino al Niñopan. Esta colaboración, además de tener un sentido social, se asume como actividad necesaria para satisfacer y honrar a las fuerzas divinas.

En las entrevistas queda claro que la aportación de dinero, bienes o trabajo es muy usual. Pero la participación en la organización de la fiesta va más allá de la aportación económica (aunque ésta sea en muchos casos la colaboración brindada); implica juntar otro tipo de recursos que involucran habilidades y creatividad personal, como sucede con el artista xochimilca entrevistado (entrevista número 1), quien participa apoyando la elaboración de portadas artísticas o la restauración de las imágenes religiosas. Asimismo, el entrenamiento de los chinelos exige habilidades coreográficas que desarrollan especialistas locales.

Los trabajos realizados por especialistas populares prevalecen y contrarrestan el proceso, siempre creciente, de satisfacer los requerimientos de la fiesta con mercancías producidas por la industria. Este procedimiento de recurrir al trabajo y a la creatividad de la comunidad para satisfacer con sus propios medios los requisitos de la fiesta, tiende a ser desplazado por la invasión de productos industrializados, fenómeno inevitable en los tiempos actuales. Sin embargo, se mantiene esta suerte de participación combinada mediante los bienes comerciales y los producidos con la habilidad y la creatividad locales.

El mayordomo es la persona a quien se le confiere la atención y custodia del Niñopan por un periodo de un año. En general son hombres, pero existen mayordomas. El requisito para obtener la mayordomía es solicitarla a una persona (en este caso, al profesor Arenas), quien lleva el control de los mayordomos. La distancia entre el tiempo en que se solicita la mayordomía y su ejercicio varía dependiendo de la cantidad de personas que previamente la solicitaron; esto puede ejemplificarse con el anterior mayordomo (entrevista número 2), quien en compañía de su abuela solicitó la mayordomía y ésta le fue concedida el 2 de febrero de 1991, 20 años después de que hizo su solicitud. Lo anterior es una prueba de la vitalidad del culto al Niñopa, que actualmente posee una larga lista de espera, lo cual le asegura mayordomos durante muchos años.

Las funciones del mayordomo son proteger y garantizar el culto a la imagen, cuidar sus pertenencias, estar al pendiente de las visitas cotidianas, cuando el niño sale por las mañanas y lo regresan en la noche, pues debe estar presente a las ocho de la noche, hora en la cual se reza el rosario. Durante estas visitas (que se realizan todo el año, excepto durante el periodo del 25 de diciembre al 1 de febrero, en el cual sólo acude a los llamados de enfermos graves) pueden incorporarse desde unas cuantas personas, hasta mil, o mil quinientas y pueden incluir las tres comidas para todos los invitados, música, cohetes y misa. Asimismo, el mayordomo vigila que se rece el rosario diariamente, garantiza y decide sobre los nueve posaderos y los arrulladores del niño.

Mayordomo y maryordomas concentran diversos elementos de cohesión social a través de la preservación de la tradición y el culto al Niñopan. La mayordomía representa prestigio cristalizado, y el mayordomo es sujeto de reconocimiento colectivo. Algunos trabajos han tratado de demostrar que el móvil que conduce a las personas a aceptar la mayordomía obedece a una racionalidad instrumental, pragmática. Creemos que esta visión resulta reduccionista y que subestima la función del culto y la mística popular en el marco de la cual se erigen los sistemas de cargo.

Reducir la participación de los mayordomos y posaderos a la búsqueda de interés individual o de dinero, limita las posibilidades de comprensión de un culto que a su vez participa de manera central en la configuración del orden y sentido de vida de los xochimilcas. A través de la observación directa hemos podido constatar la gran cantidad de dinero que se gasta en las posadas y cambios de mayordomía, a lo cual se añaden los gastos cotidianos del mantenimiento del culto.

Por otro lado, el análisis de estas fiestas en Xochimilco tampoco se corresponde con las posiciones que conciben a las fiestas principalmente como espacios de desarrollo comercial, en la medida en que se presenta una extraordinaria generosidad hacia cualquier persona que asista, la cual está invitada a desayunar, comer, cenar, bailar y hasta a emborracharse si así lo desea, de una manera totalmente gratuita.

CUADRO XIV

Una vez casado y establecido como adulto, el hombre tiene la posibilidad de adquirir cargos de mayordomo, que son casi siempre completamente religiosos [...] Incluyen el financiamiento de fiestas y cuidados de los santos [...] es responsable de la imagen, de sus pertenencias y de colocar las ofrendas en su lugar correspondiente. (8)	Ahora que soy mayordomo, sí siento que la gente nos ve distinto [...] nos ve con respeto [...] Yo sentí igual cuando recibimos al niño y cuando nació mi hijo [...] Siempre hay personas que ayudan al mayordomo [...] a lo largo de este año, nosotros no dejamos de trabajar, bueno dejamos de trabajar los días clave [...] pero durante el año nos dedicamos a nuestro trabajo normal que es vender tortillas. Independientemente de que mi esposa es maestra, yo trabajo en la Secretaría de Comercio, y este año sí pedí permiso. (2)
La mayordomía es un cargo de origen ancestral, es un cargo que se adquiere por voluntad propia, y en el caso del cuidado del Niñopan únicamente pueden contraer ese cargo personas nativas de Xochimilco. (13)	La función del mayordomo consiste en cuidar la imagen del Niñopan durante todo un año, ofrecerle diariamente un rosario que se lleva a cabo a las 8 de la mañana [...] Otra función integrada a la mayoría es la de acompañar al Niñopan cuando sale de visita a los estados de la República. (4)
La tradición exige mucho. No todos podemos ser mayordomos. No es cosa de dinero solamente. Depende de la devoción, de tener tiempo. Conozco trajineros que ya fueron mayordomos de varias celebraciones [...] Ahorita, una fiesta [...] casi se viene gastando el mayordomo unos 100 a 120 millones. (5)	Ser mayordomo implica principalmente ofrecerle algo a alguna de tus divinidades, ya no un ramo de flores, sino ofrecerle una fiesta. (1)

Elaborado con base en el tema 10 (los sistemas de cargo: relatos y percepciones sobre la mayordomía). Abarca los relatos de las entrevistas 8, 2, 13, 4, 5, 1.

Se ha enfatizado excesivamente sobre los elementos comerciales para tratar de demostrar una racionalidad instrumental económica detrás del deseo de los xochimilcas de ser mayordomos. Esta interpretación nos parece unilateral y poco relevante en la explicación de este complejo fenómeno inserto en atávicos procesos de reconstrucción identitaria y en prácticas vertebradas desde la mística popular.

El culto constituye un poderoso elemento de construcción-reconstrucción de las redes de relaciones cotidianas e imaginarias de la población xochimilca; una manera de redistribuir el ingreso y de renovar elementos solidarios de carácter comunitario con una connotación abierta: todos son invitados con posibilidad de compartir el alimento simbólico que alude a la comunión. Asimismo, las fiestas de culto son abundantes y se repiten cíclicamente, constituyéndose con ello en refrendos centrales de la identidad cultural xochimilca.

Resulta difícil precisar el costo de asumir la responsabilidad de una mayordomía, pues implica un largo proceso de preparación, tiempo en el cual el futuro mayordomo comienza a ahorrar, a juntar los utensilios que requerirá, a rodearse de las personas (principalmente familiares y vecinos) que le ayudarán con su trabajo y participarán en la organización. La preparación de la mayordomía implica un trabajo colectivo en el cual participan las redes de parientes y vecinos, ya que es motivo de orgullo tener al Niñopan en el barrio. Otra manera mediante la cual la comunidad se involucra en las actividades de preparación de los protagonistas directos de los sistemas de cargo, se presenta mediante apoyos indirectos, pues si el futuro mayordomo posee un negocio, una carnicería por ejemplo, los residentes acuden a comprarle la carne a él, independientemente de que en los grandes supermercados la puedan adquirir a menor precio, pues los xochimilcas saben que de esta manera están ayudando a quien tiene una responsabilidad importante para la comunidad.

El posadero o la posadera se encargan de la organización y el subsidio económico de una de las tradicionales posadas, cuya asignación es determinada por el mayordomo hasta con tres meses de anticipación. Esta tradición incluye actividades sacras y profanas además de que encierra aspectos lúdicos.

La posada inicia con la entrega del Niñopa por el mayordomo a los posaderos, quienes posteriormente lo trasladan en procesión hacia su casa. Esta procesión se encuentra definida por elementos alegóricos de gran relevancia, que incluyen lo mismo símbolos ancestrales que íconos comerciales.

Las actividades de las posadas inician por la mañana, entre siete y siete y media; posteriormente, la gente se traslada caminando en una vistosa procesión precedida por la comparsa, donde se ubican los chinelos: hombres, mujeres y niños que se han preparado durante varios meses para aguantar las maratónicas sesiones de danza y caminata, en las cuales coinciden símbolos prehispánicos, guadalupanos, atuendos típicos y zapatos deportivos de marcas de moda.

Los elementos simbólicos se desbordan en el atuendo de los chinelos barbados: serpientes, indígenas, adornos brillantes, árboles de navidad, ornamentos navideños, "Mikey Mouse", etc. Todos ellos insertos en un marco de celebración definido por un orden anclado en la identidad cultural de los xochimilcas dentro del cual adquieren significado.

Las señoras que acompañan con gran solemnidad al Niñopa van cargando velas encendidas y arrojando flores a su paso. Son precedidas por una marcha alegre y dinámica amenizada por los chinelos y la banda musical que les marca el ritmo. La gente se persigna al paso del Niñopan y algunos se acercan devotamente para besar sus ropas, mientras la banda dirige los movimientos de los agitados chinelos y de algunos emocionados espectadores que no logran resistirse al ritmo de "Oralia", "La Múcura", "Los Huaraches", así como algunas canciones modernas que ellos integran en su festividad, como sería el caso de la canción "Amigo" de Roberto Carlos.

La procesión avanza desde la casa del mayordomo hasta la del posadero entre cohetes, chinelos y música. Al llegar a la morada del posadero, éste les sirve el desayuno a todas las personas que ahí se encuentran. El desayuno generalmente consiste en diversos tipos de tamales, atole, café y aguas frescas. Posteriormente el Niñopan y todo el cortejo se trasladan a la iglesia donde se realiza una misa. Al salir de misa, en un contradictorio ambiente de fiesta y devoción, el Niñopan regresa a la casa del posadero quien ofrece comida a todos los asistentes; ésta puede consistir en mole, frijoles y arroz; o carnitas de puerco, arroz y salsa; refrescos, aguas frescas, cervezas.

Por la tarde el Niñopan regresa a la casa del mayordomo. La marcha avanza entre cohetes, castillos, luces de bengala, espantasuegras y los infatigables chinelos. Al llegar ahí se reza un rosario, se reparte colación a los asistentes; con esto se terminan algunas etapas de la celebración.

Posteriormente la gente se traslada al barrio del posadero, cuyas calles han sido cerradas, y se inicia el baile con orquestas musicales que se alternan, mientras que a los asistentes se les distribuye generosas cantidades de refrescos y licor.

CUADRO XV

Los posaderos son personas seleccionadas por el mayordomo [...] para la realización de las nueve posadas [...] él es autónomo en cuanto a sus gastos [...] El gasto de los posaderos generalmente consiste en comprar cohetes, canastillas, ruedas de colores, luces de bengala, cacahuates, colación, piñatas, gorros y ofrecer el tradicional ponche, además de música y misa [...] A las siete de la mañana [...] empieza lo de la posada [...] en la nochecita se organiza una procesión con los asistentes y es de este modo que llevamos el niño con su mayordomo [...] donde diario duerme. (11)

En cuanto a lo que hace el posadero: el día de su posada viene por el niño con cohetes, con bandas [...] le pone la ropa nueva [...] llega a su casa, da de desayunar a todos, se preparan para ir a misa [...] regresa a su casa otra vez y sirve la comida, se prepara para regresar al niño [...] con cohetes, con banda, con lo que la gente puede. (2)

Para nosotros es un honor el hecho de que seamos los posaderos; trabajamos en función a que algún día seamos los posaderos de Xochimilco [...] Vendí mi plaza de maestro porque me absorbía mucho tiempo, ya ves que se puede hacer venta de plazas de maestros. La vendí para echar toda la casa por la ventana, pero la fiesta quedó muy bonita. (1)

Todo el mundo respeta y ayuda al posadero. Hoy es difícil cumplir con lo debido. Toda la gente espera muchísimo del posadero [...] un posadero sólo puede salir adelante si tiene familiares que lo ayudan y amigos. Mi señora con mucha antelación reunió sus amistades que acudían atendiendo con trabajo y favores [...] Antes de empezar todo, uno sabe con lo que cuenta, en términos de fuerza humana. [...] Para la gente es un honor poder aportar cuando le toca a uno. (8)

Elaborado con base en el tema 11 (los sistemas de cargo: relatos y percepciones sobre los posaderos). Abarca los relatos de las entrevistas 11, 1, 2, 8.

El Niñopan acrisola –sin agotarla– la identidad xochimilca; es una referencia fundamental para la identidad cultural de quienes en él depositan su fe. Igual que la Tonantzin sobrevive en la Virgen de Guadalupe, el sentimiento de identidad xochimilca subyace a la figura del Niñopan. La construcción del nosotros se proyecta en los símbolos fundamentales de esa identidad, y de esta manera, la población de Xochimilco reconoce los rasgos de sus niños reflejados en la fisonomía del Niñopan (véase cuadro XVI, entrevistas 10 y 2).

Cuadro XVI

No es la imagen del niño Jesús de las iglesias. El que está allá es güero. El Niñopan es del estilo de Xochimilco, por lo cual el pueblo de Xochimilco veneramos esta imagen con gran fe [...] con devoción. (10)

La ropa interior del Niñopa me pareció bellísimo [...] Dicen que en algunas ocasiones cuando el niño no está contento en el lugar donde está, llora [...] hace travesuras, nos pone en situaciones chuscas [...] Yo sí le puedo decir que aquí escuchamos el ruido de las canicas, el ruido de las pelotas, de algunos juguetes de cuerda [...] y cuando llegamos a escuchar esos ruidos inmediatamente los asociamos con que el niño está jugando. De repente esconde lo que tiene en la cabeza (nosotros le llamamos potencias), pero aparecen y nosotros lo vemos como pequeñas travesuras que el niño nos hace. (2)

El niñito Dios que tengo en mi casa se siente también que tiene vida. En esto se parece mucho al Niñopan. Y sí lo creo, ¿sabe por qué? Mi hermana [...] me dijo que por las noches su niño Dios hacía un ruido encontrando por la mañana siguiente todo regado, las cosas que ella tenía muy ordenadamente la noche anterior [...] Sabe que fue el niño porque no hay nadie más [...] Es bien juguetón. Consta que el Niñopan es así. De ahí su parecido con los niños Dios. (9)

El Niñopa no es un niño con cara de europeo [...], tiene cara de indio; véle su copetito aquí, su mecherito apenas saliendo, es un niño lacio, no es un niño como los que has visto [...] —ojos azules, perfil europeo—, éste es de nariz chata y todo gordo [...] es muy bonita su escultura y yo creo que es parte de todo esto. (2)

Se requirió restaurar la imagen del Niñopa [...] En aquel entonces se encontró que en su cuerpecillo tenía polilla, entonces se le sanó con unas sustancias quedando así en buen estado [...] Lo cuidan mucho, para que no se resienta y no sufra. Como es chiquito no soporta el dolor. (4)

Si usted se fija bien el Niñopan es diferente de todos los demás. No hay un niño Dios que tenga su parecido. Lo quieren imitar pero no se logra. El Niñopan no se parece a ninguna otra imagen. (5)

Elaborado con base en el tema 4 (rasgos físicos y temperamento del Niñopan: datos sobre la imagen y sus cuidados). Abarca los relatos de la entrevistas 10, 2, 4, 9, 5.

El niño dispone de un sitio de culto al cual diariamente asisten las visitas, pero también cuenta con una recámara que es en donde duerme. Estos son los mejores lugares de la casa, con lo cual se demuestra el sitio de honor que posee. Al caer la noche, y después de rezar el rosario, los mayordomos cambian el vestuario del niño, le ponen sus pijamas o ropa apropiada de acuerdo con la temperatura y lo trasladan a su recámara. Al siguiente día, el ritual se reinicia temprano por la mañana, cuando el niño se viste con un nuevo atuendo y es trasladado al sitio de visita, casa de otro posadero.

Como todo niño, tanto el Niñopa como los niños Dios son bromistas, juguetones y frecuentemente sorprenden con sus travesuras, existiendo diversos testimonios de personas que afirman haber sido víctimas de sus bromas, e incluso hay quienes aseguran haberlos escuchado jugar por las noches, dejando como constancia canicas regadas o juguetes esparcidos en lugares diferentes al sitio en el cual estaban (véase el cuadro XVI, entrevistas 2 y 9).

El Niñopan se refrenda en la fe de los xochimilcas a través de los múltiples favores y milagros que se le atribuyen de acuerdo con las necesidades físicas, económicas, emocionales o espirituales de quienes lo visitan; a él se acude en busca de salud, paz espiritual, tranquilidad, progresa económico, solución de problemas impostergables, o consuelo. Los milagros, sin embargo, no sólo los realiza el Niñopan, sino todos los niños Dios, y según las percepciones recabadas en las entrevistas se registra esta virtud en todos los que posee la comunidad[6] (véase el cuadro IV).

Una costumbre a través de la cual los xochimilcas demuestran su agradecimiento y cariño por el Niñopa se presenta mediante los múltiples regalitos que le hacen las personas que acuden a visitarlo. Principalmente le obsequian ropa, juguetes, flores, dinero y alhajas, que quedan bajo el cuidado del mayordomo. De esta manera, gracias a su gran capacidad de convocatoria y a la fe que le profesan, el guardarropa del Niñopa es muy vasto. Hay un consenso generalizado sobre lo amplio de su ajuar, aunque muchas discrepancias respecto al número de roperos y la descripción de los contenidos.

[6] Véase cuadro IV sobre milagros en el capítulo V.

CUADRO XVII

El día 5 de febrero se hace entrega al mayordomo de las pertenencias del Niñopan que consisten en pequeñas alhajas (costosas y de fantasía), vestidos (más de dos mil) y de sus varias cajas de juguetes. (11)

La mayordomía del Niñopan está pedida y apartada hasta más de allá del año 2020. [...] Un notario lleva la relación de los bienes que aumentan y aumentan [...] al rato no sé cómo lo van a hacer. (13)

[...] El Niñopa tiene miles de ropitas y se lo cambian a diario, esto lo distingue de los otros [...] El cambio de ropa el día del cambio de mayordomía es indispensable. Todos los niños cambian, imagínese el Niñopan. (9)

Elaborado con base en el tema 9 (ajuares y ropas). Abarca los relatos de las entrevistas 11, 9, 13.

Otro elemento fundamental de estos actos lo constituye la relación entre la Iglesia católica y la comunidad. A pesar de que las actividades poseen una dimensión social que rebasa la experiencia mística y va mucho más allá de los espacios religiosos institucionales, las festividades y cultos aludidos poseen importantes vínculos con la Iglesia católica, la cual participa de varias celebraciones y se beneficia de las múltiples misas que se ofrecen a las imágenes de culto (cuadro XVIII).

Esta relación en general, aunque haya variado en intensidad a lo largo del tiempo, posee raíces antiguas que pueden remontarse hasta el inicio del proceso de conversión al cristianismo de las comunidades nativas por parte de la Iglesia católica, la cual participa hasta nuestros días, de manera importante, en muchos de los actos de culto popular, pero no siempre controlando su proceso.

En 1968, en relación con el culto del Niñopan, tuvo lugar un importante episodio que expresaba el vínculo contradictorio entre la mística popular y la Iglesia católica. Este conflicto rebasó el marco de la adscripción religiosa para ubicarse en la disputa por la configuración del orden social. El problema derivó de la disposición del sacerdote José Reyes Chaparro, quien intentó asumir el control sobre el Niñopan y retirarlo de la casa de la mayordoma Casilda Praz Fernández del barrio de Tlacoapa. La mayordoma en turno, igual que otros xochimilcas, consideraron que el sitio del Niñopa debía ser (de acuerdo con sus tradiciones) la casa del mayordomo y no la iglesia, motivo por el cual se opusieron a la decisión del sacerdote Reyes Chaparro.

Ante esta negativa, el sacerdote presentó una demanda ante la Procuraduría Federal de la República por "tenencia ilegal del Niñopan", prohibiéndose la entrada del Niñopan a la parroquia, motivo por el cual los pobladores de Xochimilco acudían a otras parroquias a celebrar sus misas. Finalmente, éstos fueron favorecidos por el fallo de la Procuraduría General de la República, quedando la imagen bajo la custodia del "Comité pro imagen del Santo Niño Dios del Pueblo: Niñopan", presidida por el profesor Fernando Arenas Rosas (apoderado de la imagen), quien junto con los mayordomos, posee la responsabilidad del cuidado, conservación y preservación del culto del Niñopan, en el entendido de que si esta tradición terminara, la imagen del Niñopa pasará a ser patrimonio de la Secretaría del Patrimonio Nacional.

Cuadro XVIII

Durante una época permaneció en la iglesia [...]. Con todos los movimientos sociales que acontecieron en este nuestro país y con la fe religiosa, el pueblo tomó la imagen como propia. (11)

La imagen* quería ser recogida por el párroco de entonces –estamos hablando de hace 25 años aproximadamente– y quería que en lugar de que la imagen que [...] anda en las casas, quedara instalada [...] en el templo parroquial [...]. El profesor Arenas [...] defendió mucho la imagen y a él le debemos de que en este momento la tengamos con nosotros [...], la imagen del niño [...] un medio por el que los frailes franciscanos evangelizaron [...]. Se les facilitó, que por medio de la imagen se rezara el rosario [...], se llevara a misa cada domingo. (2)

La Iglesia casi queda al margen, lo único que le toca, como en el caso del Niñopan, es pagarle la misa, ir a dejarle las limosnas pero no tiene nada que ver el cura con el vestido que va a ponerse, qué túnica, qué alhajas o cómo se va a organizar la fiesta; los sacerdotes quedan al margen y nosotros organizamos nuestras mayordomías. (1)

Elaborado con base en el tema 12 (sobre la relación con la iglesia). Abarca relatos de las entrevistas 11, 1 y 2.
* Se refiere a la imagen del Niñopan.

Según se puede ver, a partir de las entrevistas, hay entre los distintos relatos una inmensa repetición de los mismos actos y sus diferentes pasos. Esto indica que existe, por parte de los nativos de Xochimilco, un gran conocimiento compartido de los rituales (fechas, relación con el calendario litúrgico, manera de hacer las cosas, etc.), vinculados con las celebraciones del Niñopan.

El culto al Niñopan y las celebraciones respectivas tienen una raigambre local, se desarrollan en un espacio determinado, que es Xochimilco, pero su radio de influencia es muy vasto, lo que se ilustra en el cuadro XIX

CUADRO XIX

Es muy conocido el Niñopan, la imagen. Se dice que de la UNAM mandaron hacer un estudio. Suscita mucho interés el Niñopan. ¿No ve usted? Fíjese cuánta gente hay por acá hoy. (3)

Más que cosa de ir lejos, viaja ¿verdad? Pero aquí es adonde tiene importancia. Viaja, lo conocen, su poder es conocido, pero en Xochimilco están sus creyentes, los que le tienen verdadera devoción. (10)

El Niñopan no es único. Las creencias son muchas y es una exageración decir que el Niñopan sintetiza las creencias de Xochimilco. Hay mucha cosa por acá. Ahora bien, con esto no quiero decir que el Niñopan no sea conocido, ¡conocidísimo! (12)

[...] Vinieron los de la televisión italiana para filmar el cambio de mayordomía, el día de La Candelaria. El niño es conocido en Texas, en California. (4)

Ya me dijeron que el año pasado salió a curar en Cuernavaca, Acapulco, Querétaro. Tiene que salir temprano pues siempre duerme en su casa. Pero puede ir muy lejos [...]. Lo solicitan y los responsables tienen que autorizar [...] no sale así nomás [...], pero sí sale y mucho. (5)

Este niño tiene fama. Desde la época de los franciscanos. Es mucho tiempo que tiene de estar haciendo milagros, de estar concediendo. Tiene mucha fama. Es chiquito, pero también es grande [...]. Conocidísimo, le digo. (9)

En la ENAH, cuando yo estudiaba allá había por lo menos tres investigaciones haciéndose sobre el Niñopan. Es impresionante, la gente quiere documentar esto, como si fuera a acabar. En las posadas acuden periodistas, televisión nacional, vinieron los de la televisión italiana. Por supuesto que tienen menos poder de convocatoria que la Virgen de Guadalupe, pero aun así tiene muchos adeptos. (11)

Elaborado con base en el tema 6 (radio de influencia del culto al Niñopan). Abarca relatos de las entrevistas 3, 4, 5, 9, 10, 11, 12.

La influencia ya grande que tiene el Niñopan y su culto no sólo está consolidada sino también hemos podido observar que se amplía. En la primera etapa del trabajo de campo hemos recabado una cantidad considerable de evidencias que respaldan estas afirmaciones.

En nuestro último periodo de visitas a Xochimilco, sobre todo en febrero de 1995, cuando seguimos una vez más el cambio de mayordomía del Niñopan, pudimos comparar la afluencia del público en el atrio de San Bernardino con las observaciones, sobre este mismo fenómeno, hechas durante el trabajo de campo previo. Constatamos entonces que en 1995 la afluencia era considerablemente mayor que en años anteriores. Esta comparación, en términos empíricos, se basó en el hecho de que la multitud en años previos estaba "contenida" en el amplio atrio de San Bernardino, mientras que en 1995 desbordaba este espacio, invadiendo francamente banquetas y calles.

Este acontecimiento puede estar relacionado con una mayor permanencia y ampliación de valores compartidos y apunta hacia prácticas que propician encuentros sacros más vastos en términos de participación.

Otros intentos de explicación pueden ser organizados en torno a algunas hipótesis tales como:

a) las creencias religiosas que influyen en la definición de la vida xochimilca permiten pensar que hay un cierto mantenimiento y defensa de prácticas establecidas a través de vínculos cada vez más sólidos con elementos tradicionales compartidos;

b) la necesidad de creer en poderes no terrenales es un rasgo muy importante de las concepciones populares (aunque no sea exclusivo de ellas) que implican una visión de mundo donde existen relaciones imbricadas con lo sagrado y con los rituales religiosos. Estos devienen actividades de gran interés para las personas.

VII. UN ELENCO DE EFEMÉRIDES MARCANTES

Las fiestas constituyen actividades fundamentales en la organización social de Xochimilco y en la configuración de su identidad cultural; presentan una abigarrada vinculación de elementos sacros y profanos que incluyen símbolos tradicionales, e integran nuevos elementos, como por ejemplo canciones modernas, interpretadas por las bandas tradicionales, además de juguetes constantemente renovados por la industria, que conviven con los tradicionales artesanalmente elaborados.

Las fiestas combinan rituales expiatorios con actividades lúdicas, junto a procesiones de rostros contritos, rezos, velas e incienso. Integran elementos festivos con juegos pirotécnicos: castillos, cohetes, toritos, danzas de chinelos. También participan chingüengüenchones: hombres disfrazados de mujer que exageran la voluptuosidad mediante sus bailes y coquetería.

Las celebraciones son actos complejamente tejidos que implican muchos desdoblamientos. Por ejemplo, en la fiesta de La Candelaria se bendice el maíz, el frijol y el trigo, como ritual de protección, y en aras de garantizar buenas cosechas. También se bendice las imágenes de los niños Dios, por lo cual se puede encontrar una inmensa cantidad de íconos con diferentes atuendos, rasgos y colores, que concurren al atávico acto de purificación y consagración. Asimismo, se bendice las velas: figura simbólica que refiere a la luz.

CUADRO XX

Las fiestas

Son fiestas llenas de vida; ahí se conoce la gente, se forman parejas, hay celos, ilusiones. A veces hay pleitos, borracheras [...] se crean microambientes sociales [...] ahí se encuentran los compadres. La fiesta es una forma cohesionadora importante, un elemento cohesionador impresionante.(12)

Preparamos con muchos detalles cada festividad en Xochimilco. Yo por ejemplo, que trabajo con madera, así participo; aquel que es comerciante pues aporta dinero o comestibles o flores para la iglesia [...] en fin cada quien aporta. Los del mercado [...]. Las mujeres y sus cosas de mujeres aportan. El comercio aquí es efectivo de las señoras. Ellas, aquí también se manifiestan, es costumbre, se le ve bien. (11)

En Xochimilco veneramos a muchas imágenes [...]. El niño de Belén, el Tamalerito (San Antonio), el niño de Xaltocan, el Tapalcaterito (San Pedro), la Virgen de Guadalupe. Pero una imagen que es muy venerada y especial es una imagen del Niñopa [...]. Es nuestra cultura, es de nuestras creencias. (8)

No es verdad que todos los días vamos a una fiesta. Cada quien va a sus fiestas. Yo entreno comparsas y soy músico. Le tengo mucha devoción al Niñopan y busco siempre estar cerca de él; con un trabajo de comparsa, con una ofrenda [...] San Francisco, santo patrón de Caltongo, por ejemplo, tiene su fecha y no toda la gente acude a esta celebración. (3)

Yo y mis hijos tenemos mucho que hacer en la época de las posadas por lo de los chinelos [...]. El 12 de diciembre me gusta ir a la misa. Mi marido siempre iba a Chalma, ahora ya no vive por acá y se le dificulta. Para los días de los fieles difuntos siempre está con nosotros. (4)

Las fiestas de mi pueblo no son exclusivas de determinada clase social, sino que son para toda la gente. Te invitan la música y los cohetes que es la manera de invitación de nuestra gente. (1)

Hay siempre muchas fiestas [...] toda fiesta dura varios días, son muchas importantes: los Santos Reyes, posadas [...] el día del cambio de mayordomía del niño Dios, la Santa Crucita, los Fieles Difuntos [...] la Virgen de Guadalupe es importantísima también, hasta tiene una chinampa la Virgen. (13)

Tenemos más fiestas que días del año, se nos empalman; por ejemplo, las del Niñopan son de trescientos sesenta y cinco días, todos los días son de fiesta, cualquier día hay banda, hay chinelos, hay mole, hay chupe, hay de todo lo que son nuestras fiestas [...]. Somos muy afines de cooperar entre nosotros [...] yo voy y coopero con mi trabajo para que el niño Dios esté puesto, para que tenga algo de escenografía. (1)

Con todo y problemas, con trabajo, con lo caro de la vida, tenemos fiestas. Las más importantes [...] pues, depende mucho. No se puede decir que el Niñopa tiene una sola fiesta, tiene muchas [...] a diario la celebramos [...]. Para la Virgen de Xaltocán,

Cuadro XX *(conclusión)*

tenemos muchas celebraciones, para nuestra virgencita de Guadalupe también [...] cada pueblo y cada barrio tiene su santo patrón. (6)

Las celebraciones de muertos, los fieles difuntos y todos los años la peregrinación a Chalma, la misa de Nuestra Señora de Guadalupe en la chinampa, la Virgen de Dolores [...] todo esto aquí en Xochimilco. (5)

Elaborado con base en el tema 1 (sobre las fiestas en general) y abarca los relatos de las entrevistas 12, 1, 11, 13, 8, 3, 6, 4, 5.

Nos interesa ahora retomar algunos de los datos ya presentados en el apartado sobre el calendario festivo para introducir nuevas consideraciones sobre las fiestas religiosas.

En Xochimilco, además de la veneración al Niñopan, existen otras imágenes a quienes se les rinde culto, como son el niño Dios de Belén; el Niño del Chiquihuite o niño Llorón, quien supuestamente fue escondido en un chiquihuite durante la Revolución, y que posteriormente la mayordoma y otras personas lo vieron llorar.[1] También se encuentra el Tamalerito (San Antonio); niño de Xaltocan y el Tepalcaterito (San Pedro).

El culto a la Virgen es también de suma importancia. Ahí se venera la Virgen de Dolores que convoca multitudes tanto en los actos de índole sagrada como en sus desdoblamientos profanos.

La Virgen de Guadalupe, aparte de tener altares en las casas particulares, encuentra también espacios en los lugares de trabajo. En los embarcaderos es usual que le pongan un "altarcito". Las celebraciones guadalupanas se realizan en una chinampa –la chinampa de la Virgen– el día 12 de diciembre de cada año. Las trajineras –que funcionan este día sin cobrar los viajes– recogen en el embarcadero al público participante (también al cura y a los conjuntos de música) y salen en procesión rumbo a la chinampa de la Virgen, lugar en el cual se celebra una misa.

[1] Véase Inés López de Medina, revista *Huetzalin*.

El día de La Candelaria, además de las celebraciones a la Virgen, se bendicen todos los niños Dios llevados por una infinidad de personas y familias enteras (véase cuadro XXI).

Al celebrar cerca de 400 fiestas anuales,[2] Xochimilco cuenta con más fiestas que días del año, lo cual de muchas maneras influye en la organización cotidiana de la vida de sus residentes.

En la compilación de materiales que componen el capítulo "El calendario festivo", presentamos un levantamiento de actos registrados. En verdad son muchos y si se toman en cuenta no sólo las fechas del acontecimiento, sino también su duración (hay fiestas que duran varios días), se puede constatar que hay una correspondencia bastante grande (aunque no total) entre los relatos y la realidad (véase cuadro XX, entrevista 1).

Cuadro XXI

Las vírgenes

La Virgen de Dolores es bellísima, usa atuendos blancos y negros, puede traer alguna joya, bellos collares, es morena, hay tristeza en su mirada [...] la fiesta trae sus fechas, sus mayordomos son escogidos con antelación. Son fiestas multitudinarias, las calles quedan atascadas, hay música, cohetes, hay de todo [...]. El día 12 acudimos siempre que es posible a la chinampa de la Virgen, pues justamente ahí tiene una misa. (7)

Para ir a la chinampa de la Virgen de Guadalupe, vamos en trajineras [...]. Este día el transporte es gratis. Se suben los mariachis, se lleva el altar, los adornos, el cura y todo lo que se requiere para celebrar una misa. (8)

El día mismo de La Candelaria, 2 de febrero, van los del barrio de Xaltocan, a invitar a todos los asistentes al cambio de la mayordomía para el 10 de febrero; este día damos inicio a la celebración de La Dolorosa [...]. A ella, aunque sólo sea patrona de nuestro barrio, se venera por todos los demás barrios y también en los pueblos de Xochimilco. Duran quince días las celebraciones que tienen verificativo en los 17 barrios [...] celebramos la Virgen en los atrios, en el jardín, en las calles, en una feria grande [...]. En ocasiones hemos instalado hasta un poste para unos voladores de Papantla. (10)

Hasta la fecha, el 12 de diciembre en la Laguna del Toro, uno de los lotes de aquí, se llevan a la Virgen de Guadalupe a su misa. El padre dice que no, que la Virgen de Guadalupe debe estar en la parroquia [...] es uno

[2] Revista *Rescate*, 10 de diciembre de 1990.

CUADRO XXI (*conclusión*)

de los últimos rezagos de cuando nuestra Virgen de Guadalupe estaba oculta en la chinampa y ahí le hacían las misas a escondidas. La Virgen de los Dolores tiene un sentido de dualidad con algunas imágenes de agua [...] cuando había sequía acudían a la Virgen de los Dolores [...]. Recuerdo que se le hizo un nicho y se sacó a la Virgen por todo Xochimilco, recorrió todos los barrios y curiosamente, con sólo eso, ya estaba lloviznando [...]. La Virgen de los Dolores no sale, y no sale por el hecho de que cuando la han sacado siempre llueve y hasta ha ocasionado inundaciones [...]. Aquí en Xochimilco es impresionante la cantidad de imágenes del siglo XVII y yo creo que también de finales del XVI y del siglo XVIII [...]. En todas las casas de Xochimilco hay un altar. (1)

Se puede decir que nosotros los mexicanos celebramos la virgencita en muchos lugares y todos los días. Pero cuando hablamos de Xochimilco podemos decir lo mismo del Niñopa; lo celebramos a diario [...] lo mismo. En muchos lugares y todos los días usted verá manifestaciones dedicadas a este niño Dios. Pero acostumbramos todos los años los de Xochimilco, los naturales, vamos a la misa de la Virgen de Guadalupe en la zona de los canales [...] pero en muchos lugares hay otras celebraciones. (5)

Elaborado con base en el tema 13 (vírgenes, santos y otras imágenes). Abarca las entrevistas 7, 1, 8, 5, 10.

EL CULTO A LOS MUERTOS

La muerte es referencia y certeza fundamental de la existencia. Puede percibirse distante y ajena o convertirse en presencia insoslayable que ronda en la cotidianidad, cuando su cercanía obstinada obliga a mirarla de frente y aparece como interlocutora implícita o explícita de nuestros actos. La muerte refiere a un proceso (gradual o accidentado); un devenir que hace a Jean Cocteau afirmar: "cada día observo en el espejo el trabajo de la muerte".[3] Más allá de las formas individuales de convivir con su presencia, ella participa de manera importante en la configuración de los imaginarios sociales. El estudio sobre los ritos funerarios muestra no sólo la persistencia de las tradiciones transmitidas a través de la memoria del pueblo (a pesar de la modernización y de una contraideología que pre-

[3] En Louis Vincent Thomas, *La muerte: una lectura cultural*, Barcelona, Paidós, 1991.

tende erradicar tales "supersticiones"), sino también enseña de qué modo las prácticas religiosas populares desarrollan una concepción de lo sagrado, en el seno de una sociedad que impone modelos modernos de culto a los muertos.

La muerte, además de su carácter biológico inevitable, alude a una construcción social poblada de ritos y mitos. Es una certeza colectiva que participa en la peculiar ordenación del imaginario social, y se inviste de códigos que conforman su sentido. Es por ello que la muerte, como certeza óntica, participa en la recreación de un conjunto de prácticas y creencias que se expresan en los ámbitos cotidianos de la vida. Como bien afirma Louis-Vincent Thomas (pensando en algunos países desarrollados), se observa también en nuestras sociedades una desritualización, una desimbolización y una profesionalización de las conductas funerarias, lo cual en términos más amplios define como desocialización, especialización y burocratización de la muerte.

La ritualización y percepción de la muerte, como muchos otros eventos fundamentales de la vida han sufrido cambios relevantes; sin embargo sobrevive una importante cantidad de elementos rituales tradicionales que permanecen en las prácticas sociales, al mismo tiempo que se incorporan procesos de recreación cultural.

En el cuadro XXII contamos con varios elementos que tanto ilustran como amplían las anteriores afirmaciones. Es factible explicar los relatos de múltiples maneras. Según la interpretación que proponemos se pueden deslindar del complejo tejido de las entrevistas cinco vertientes básicas:

a) Ritos de velación. Aunque dichos ritos sean muy diversos encontramos ejemplos de una modalidad que tiene arraigo local: "durante la velación al muerto, debajo del cadáver se pone una cruz de cal cubierta de pétalos de flores" (entrevista 12).

b) Ceremonias relativas al entierro de la persona muerta. Estas ceremonias son ricas en matices, varían según factores diversos entre los que incluimos las costumbres y la clase de pertenencia. Una ilustración está dada en la entrevista número 1: "en un sepelio hay que ir a conseguir una carroza elegante [...] que vaya abriendo paso [...] pero al muerto se le debe cargar a Xilotepec y además con banda o mariachi, dependiendo del gusto del muerto".

c) Sucesos que marcan los acostumbrados nueve días luctuosos *post mortem*. Sobre este proceso se dice: "después de nueve días de rezos , ya que se enterró al muertito, se levanta la cruz" (entrevista 12). Otra referencia recalca que: "hay misa todos los nueve días [...] pero el que tuvo la pérdida del familiar, es el que te va a dar de desayunar, de comer [...] es el sentido de que te acompañan en tus momentos de dolor" (entrevista 1).

d) Rutinas llevadas a cabo el día de los fieles difuntos, sea en el panteón, sea en las casas. Encontramos varios relatos referidos a acciones desarrolladas por los vivos en honor a sus difuntos, basadas en la creencia de que los muertos tienen la facultad de regresar al ambiente terrenal: "el día de los muertos [...] ellos regresan" (entrevista 1), adonde desarrollan ciertas actividades como por ejemplo: "dicen que los muertos, que los espíritus no pueden comer, pero sí pueden oler [...] la comida de la ofrenda amanece sin sabor [...] a través de los aromas pueden saborear" (entrevista 5). Esta misma idea es formulada de la siguiente manera: "la gente tiene la creencia de que los muertos llegan para llevar la esencia de la comida, por ejemplo, el sazón, el sabor, la frescura" (entrevista 9). Además hay indicaciones precisas sobre las fechas del regreso: "el día 31 de octubre vienen los muertos chiquitos [...] a las ocho de la noche del día primero de noviembre [...] los muertos mayores, todos los familiares fallecidos comparecen" (entrevista 6). Entre los ejemplos de rituales instalados en las residencias y de comidas ofrecidas a los muertos, tenemos: "en todas las casas se montan ofrendas" (entrevista 10); "ahí les ponemos pan de muerto, alamares, naranjas y las frutas [...] incensarios, flores, velas [...] cempasúchiles, nubes, amaranto [...] mole de guajolote, de puerco, su arrocito, su bebida [...] la que le guste al muertito" (entrevista 6); "ponemos una mesa especial [...] se agrega también a esta mesa fotografías del difunto" (entrevista 10). Todo ello se complementa con visitas al panteón: "Se acude al panteón por la noche [...]. Al principio vienen tan sólo grupos reducidos de familiares [...] acompañan a su muerto en la noche" (entrevista 10).

e) Referencias escatológicas que se remiten a los ciclos suprahumanos involucrados en la muerte "las almas deben salvar nueve obstáculos con el fin de poder llegar adonde deben de ir" (entrevista 6).

La celebración del día de muertos en México, principalmente entre los grupos populares, se asocia con los altares y el conjunto de elementos simbólicos que los acompañan, como la flor de muerto o cempasúchil; la comida, con platillos característicos tales como, mole, champurrado, arroz, frijoles, o tamales; frutas como tejocotes, naranjas, jícamas, plátanos; el pan de muerto con sus adornos azucarados que simbolizan huesos, y las lágrimas de duelo; calaveritas, velas, incienso, copal, cirios, papel picado, agua, sal y un perro bermejo.

Las celebraciones de muertos del primero y dos de noviembre corresponden a las efemérides del día de todos los santos iniciadas por el papa Gregorio IV a mediados del siglo décimo y el día de difuntos, cuya introducción se atribuye a San Odilón en el siglo XI. En estas fechas se expresa una atávica tradición popular que involucra de manera abigarrada elementos simbólicos provenientes de las culturas prehispánicas y de la tradición española. Las celebraciones de muertos aluden tanto a vínculos de carácter sobrenatural como a elementos de identificación y diferenciación social. Sobre lo primero, se aprecia el cultivo de los nexos con los parientes finados, los cuales acuden a visitar a los vivos y a disfrutar de los alimentos y las bebidas que les preparan.

Los muertos forman parte fundamental de un ciclo suprahumano a quienes se puede solicitar ayuda como mediadores de favores y apoyos para la familia, pero al mismo tiempo participan en los rituales de los vivos y en diversas formas de vinculación místico-popular. En varias de las culturas populares de nuestro país, la muerte biológica constituye el inicio del viaje del alma, a la que se aprovisiona del alimento que le permita soportar las vicisitudes del recorrido hacia su nueva morada. Un perro bermejo o negro le acompañará para ayudarla a enfrentar los problemas y obstáculos que se le presentarán en un camino definido por el tipo de muerte y llevará una vara de membrillo para ahuyentar a los perros que se le crucen en el camino.

Los guerreros muertos en combate, así como los sacrificados, partirán hacia la morada del sol (Tonatiuhilhuiac). Por otra parte, a las mujeres muertas en el parto les corresponde el Cihuatlampa o región de las mujeres. Unos y otras ocupan un lugar privilegiado. Quienes fallecen por alguna causa relacionada con el agua, como los ahogados, parten hacia el Tlalocan, lugar de Tláloc, dios de la lluvia, mientras que a los infantes les corresponde el Tonacatecuhtli, lugar de los Chichihuacuauhco, árboles nodrizas, de cuya leche se alimentarán. Finalmente, se encuentran aquellos cuyo destino es el Mictlán. (véase nota 4)

La odisea de las almas hacia el Mictlán involucra ocho obstáculos de gran peligro consistentes en cruzar las aguas impetuosas y violentas de un caudaloso río; trasponer el trecho de las enormes montañas que se interponen para impedir la marcha y, posteriormente, una tercera con rocas agudas, afiladas e hirientes; después deberán avanzar venciendo el frío peligroso y punzante de un viento gélido, evadir el acoso de un torrente de flechas, cruzar el área custodiada por poderosos perros devoradores de corazones, avanzar por un sitio estrecho plagado de riesgos, y finalmente, arribar al sitio del descanso eterno, morada de los muertos y el olvido, el reino del inframundo gobernado por Mictlancihuatl y Mictlantecutli, señores de la muerte.[4]

El recorrido de las almas dura cuatro años. Sin embargo, los muertos no se marchan para siempre, sino que regresan anualmente para visitar a los familiares, motivo por el cual se les espera como invitados especiales y se les rinde homenaje ofreciéndoles los alimentos y bebidas que les agradaban; se colocan flores que les permitan encontrar el camino hacia la casa y se dejan las puertas abiertas para que las almas puedan entrar.[5] También se pide calavera, o se calaverea, que es la solicitud de ayuda para las almas de los difuntos que carecen de familiares.

Existen cambios importantes en la relación con la muerte a partir de la influencia española, pero también a través del proceso de secularización del país.

Desde finales del siglo XIX, con los trabajos de José Guadalupe Posada en la casa Vanegas Arroyo, se populariza un estilo satírico, irónico y corrosivo de presentar a la muerte. Asimismo, en este periodo aparecen las populares "calaveras", que son construcciones versificadas mediante las cuales se alude de manera humorística y crítica a diversos personajes de la vida nacional, internacional o regional.

[4] Rodolfo Cordero López, *Mitos y leyendas de Xochimilco*, México, Centro de Información y Documentación Específico de Xochimilco, 1992.

[5] Excepto los asesinados, quienes tendrán que esperar dos años para poder pasar a la casa.

A los familiares se les entrega su canasta de comida cuando se van. Al morir una persona, se celebran nueve días de fiesta; el doliente que perdió al familiar está comprometido a proporcionar diariamente desayuno, comida y cena para quince o veinte familias. (cuadro XXII)

Cuadro XXII

El culto a los muertos

Están manifestaciones mortuarias, velaciones por ejemplo, la levantada de la cruz [...] lo que implica es que durante la velación al muerto, debajo del cadáver se pone una cruz de cal cubierta con pétalos de flores; yo he visto que sobre todo es crisantemo, agua bendita [...]. Se torna en una celebración festiva [...] después de nueve días de rezos, ya que se enterró al muertito, se levanta la cruz [...]. Al término de los rezos distribuyen atole y pan. (12)

Cuando una persona muere, se organizan nueve días de fiesta; el doliente que perdió al familiar, está comprometido a dar diariamente de desayunar, comer y cenar a quince o veinte familias. [...]. Nuestra relación se da mucho a base de fiestas; hasta la de muertos es una fiesta para nosotros [...]. En un sepelio hay que ir a conseguir una carroza elegante [...] que vaya abriendo paso [...] pero al muerto se le debe cargar a Xilotepec y además con banda o mariachi, dependiendo del gusto del muerto [...]. Hay misas todos los nueve días [...] pero el que tuvo la pérdida del familiar, es el que te va a dar de desayunar, de comer [...] es el sentido de que te acompañan en tus momentos de dolor [...]. El paso de la muerte aquí es muy transitorio [...] el día de muertos [...] ellos regresan. (1)

En cada casa ponemos comida para nuestros muertos. Dicen que los muertos, que los espíritus no pueden comer, pero sí pueden oler. Así es que al día siguiente la comida de la ofrenda amanece sin sabor [...] a través de los aromas pueden saborear [...] sentir perfume de las flores. (5)

Las almas deben salvar nueve obstáculos con el fin de poder llegar a donde deben de ir [...]. El 31 de octubre vienen los muertos chiquitos; los recibimos poniendo ofrendas [...] los niños de por acá salen a calaverear [...]. A las ocho de la noche del día primero de noviembre [...] los muertos mayores, todos los familiares fallecidos comparecen [...] pues ahí les ponemos pan de muerto, alamares, naranjas y las frutas [...] incensarios, flores, velas [...] cempasúchiles, nubes, amaranto [...] mole de guajolote, de puerco, su arrocito, su bebida [...] la que le guste al muertito [...]. Es una invocación al espíritu [...] la calaverita de azúcar [...] su frijol. Se pone el santo para velar y las sillas para sentar cómodamente tan pronto lleguen. (6)

Las empezamos el 31 de octubre [...]. Todo se llena con el humo del copal [...] todo se llena de flores sobre todo de cempasúchil [...] se ofrenda a los muertos niños o Santos Inocentes. [...] los jóvenes salen para "calaverear" [...]

CUADRO XXII (*conclusión*)

salen enmascarados [...]. En todas las casas se montan ofrendas [...]. Pero el día de muertos propiamente dicho consiste del 1 al 2 de noviembre. Se acude al panteón por la noche [...]. Al principio vienen tan sólo grupos reducidos de familiares [...]. Acompañan a su muerto en la noche [...]. Cuando empieza a amanecer aumenta aún más el gentío. Hay prisa pues [...] las flores han de estar en su lugar cuando reviente el sol [...] las ofrendas, las levantamos el 2 de noviembre ya en la tarde. Tan la muerte no es muerte ni es temible que el día de los fieles difuntos es un día de fiesta. (10).

Los muertos llegan el último de octubre [...] la gente vela a sus muertos toda la noche y conviven como si ellos no estuvieran muertos, pues comen ahí con ellos [...]. La gente tiene la creencia de que los muertos llegan para llevar la esencia de la comida. Por ejemplo el sazón, el sabor la frescura de la comida [...]. Sólo se puede comer en el tercer día en que los muertos abandonan la tierra [...] ponemos una mesa especial [...] se agrega también a esta mesa las fotografías del difunto [...]. Supuestamente se dice que los muertos mayores se van de aquí en el segundo día a las tres de la tarde [...]. Los muertos pequeños que no fueron bautizados [...] si estos difuntitos no tienen quien les encienda a ellos un cirio, no les va bien. (9)

Elaborado con el tema 15 (sobre los muertos y sus fiestas). Abarca los relatos de las entrevistas 12, 6, 10, 5, 9, 1.

LA PEREGRINACIÓN A CHALMA: UNA BREVE REFERENCIA

Entre las fiestas destaca la peregrinación al Santuario de Chalma del 23 al 31 de agosto, la cual posee lejanos antecedentes. Se cree que el origen de este culto data de 1539, fecha en que aparece la imagen del cristo crucificado como gran vencedor de Ostotoctheotl, el "Dios de la Cueva". De acuerdo con el relato, los agustinos habían llegado a Ocuila e iniciaron la conversión de los pobladores nativos; sin embargo, muchos de ellos se negaron a aceptar la nueva religión y otros que sí la aceptaron no abandonaron a sus viejos dioses, sino que mantenían sus cultos de manera subrepticia en lugares inaccesibles para los españoles o escondidos en cuevas; ésta era la situación del culto al dios de la cueva: Ostotoctheotl, dios de piedra. Lo mantenían escondido dentro de una gruta en la barranca de Chalma y fue descubierto por los frailes agustinos, quienes intentaron sustituirlo por una cruz de madera. Sin embargo, cuando llegaron a la cueva de Chalma para realizar el cambio, Ostotoctheotl se encontraba en el suelo, desplazado de su sitio, el cual desde entonces es ocupado por el Cristo de Chalma.[6]

Además de estas referencias relativas a la historia de la peregrinación y de los motivos y creencias que la animan nos pareció de interés rescatar algunos relatos populares que indican los rituales implicados y la organización requerida.

La peregrinación es ritualizada y se realiza según itinerarios fijados, de los cuales participan personas y grupos venidos de distintos lugares (incluyendo por supuesto Xochimilco). Todo converge hacia Chalma, un espacio preciso que deviene temporalmente un centro de celebraciones de índole sagrada. Según afirmamos previamente, es imposible hacer operar una estricta dicotomía entre lo profano y lo sagrado. Chalma, en tiempos de peregrinación, constituye un espacio en el que hay una condensación de lo sagrado, sin que pierdan importancia las actividades de índole profana.

Cuadro XXIII

Chalma

Desde muy chiquita mi familia me lleva a Chalma [...]. En nuestra familia unos van a caballo y otros como sea: en camión, en coche [...]. Esta peregrinación no es de ahora, siempre existió, desde antes de la llegada de los españoles. No había en aquel entonces el señor de Chalma [...]. La referencia a lo antiguo es [...] a la zona de peregrinación, no al tipo de devoción o de culto [...] lo de Chalma es lugar de fiesta, de alegría, de música, de cohetes [...]. Se organizan a través de mayordomías. (13)

Una de nuestras fiestas importantes es la de Chalma [...]. El día 28 de agosto es la fiesta en Chalma [...] hay mayordomos apuntados con 15 o 17 años de anticipación [...]. Mi mamá lleva su mole y ahí hacemos casa [...]. Nos vamos ocho días [...] es una salida masiva por lo menos el día 28 [...]. Ese día Xochimilco está muerto. Para encontrar Xochimilco hay que ir hasta Chalma [...]. Los que organizan la peregrinación se van anticipadamente a Chalma y hay un acuerdo con las autoridades para que les den chance. (1)

[6] Para una reconstrucción detallada sobre este culto, véase la obra de Gilberto Giménez, *Cultura popular y religión en el Anáhuac*, *op. cit.*

Cuadro XXIII (*conclusión*)

La peregrinación sale también de otros lugares rumbo a Chalma. Por esto no es de Xochimilco [...] somos organizados por los mayordomos y los equipos [...] pero cada familia tiene también que organizarse, saber cómo va, quién, por cuántos días. Lo bonito del peregrinaje a Chalma es que los hombres van a caballo [...] pero no todos, hay muchos que no tienen caballo [...]. Las mujeres nunca se suben a los caballos van al peregrinaje por otros medios. (9)

Elaborado con base en el tema 14 (la peregrinación a Chalma). Abarca las entrevistas 13, 9, 1.

Los relatos que presentamos refieren aspectos de la peregrinación. Aluden al carácter festivo del acontecimiento: "lo de Chalma es lugar de fiesta, de alegría, de música, de cohetes"[7] (cuadro XXIII).

Elementos originales pueden ser observados en estas festividades religiosas:

a) Chalma es el resultado de la convergencia de diferentes comunidades, unas con población mayormente campesina, otras menos, que se dividen entre sí la responsabilidad de aportar los elementos que conforman la fiesta. Esta coparticipación confiere a Chalma el carácter de una verdadera fiesta regional lo que la hace diferente de las fiestas locales (cuadro XXIII).

b) Otro rasgo original de la peregrinación es, según Giménez (1978: 156), la transportación de los íconos que, desde el punto de vista de los pueblerinos, son éstos, o sea los íconos, los verdaderos protagonistas de la peregrinación. Las imágenes tienen, además, la "obligación" de peregrinar. El verdadero "sujeto" de la peregrinación no son los individuos, ni un conjunto de familias, ni un grupo informal de voluntarios, sino el *pueblo entero*, "simbolizado por las imágenes de los santos patronos [...] los pueblos campesinos tradicionales con una fuerte necesidad de reforzar los símbolos de su identidad colectiva."[8]

[7] Sobre el escenario festivo Giménez (1978: 110) afirma: "las danzas constituyen la infraestructura esencial de las ferias de Chalma. Los pueblos más tradicionales poseen siempre una o más 'cuadrillas' de danzantes [...] sus danzas no responden a preocupaciones como amateurismo artístico, sino a motivaciones estrictamente religiosas".

[8] Giménez, *op. cit.*, p. 158, especifica que la denominación "todo el pueblo" no se refiere a la totalidad de la población considerada, sino el pueblo

OTRAS FIESTAS

Junto a las fiestas tradicionales que poseen un origen religioso se presentan celebraciones de otra índole como por ejemplo el concurso de La flor más bella del ejido, que rinde culto a la belleza autóctona y es ya una tradición, pues comenzó a celebrarse en 1936 en el canal de Santa Anita Zacatlalmanco, y en 1986 llevaba 51 ediciones. Sin embargo, esa fiesta remite a lejanos antecedentes.[9]

Se considera que esta festividad se originó en la relación de intercambio entre los españoles citadinos que concurrían en busca de productos para la celebración de la Semana Santa y los nativos de las zonas chinamperas que ofrecían flores y legumbres. El intercambio comercial incluía referentes culturales diferenciados: la Virgen de los Dolores proveniente de la tradición católica y Xochipilli (la diosa mexica de las flores). Los sitios de encuentro fueron cambiando de acuerdo con las transformaciones de la ciudad que iba ganando espacios a los canales donde se realizaban las relaciones comerciales.[10]

Los Viernes de Dolores fueron conmemoraciones floridas, en las cuales las amapolas tenían un especial lugar, llegando a convertirse en el símbolo de estas fiestas a las cuales se les llamó "Viernes de Amapolas", pero a finales de los años treinta sucumbieron proscritas por disposiciones oficiales. Las fiestas de las amapolas, que incluían bailes, comida, bebidas y concursos de trajes típicos, se realizaron hasta 1955 en Santa Anita y ese mismo año se trasladaron a Xochimilco.

Durante el periodo presidencial de Lázaro Cárdenas se inició la celebración de La flor más bella del ejido en 1936, con la vocación reivindicativa de los pueblos indios y sus culturas. Mediante este concurso se buscó rendir tributo a la belleza de las mujeres indígenas vinculadas con las actividades agrícolas, que vivían en las delegaciones del Distrito Federal.

---

como corporación cualitativa, es decir, en cuanto involucra a sus jerarquías, sus santos patronos.

[9] Esta versión sobre La flor más bella del ejido, la tomamos de la revista *Huetzalin* núm. 13, 1 de marzo de 1985.

[10] En el actual centro histórico del Distrito Federal, por la Alameda, el Paseo de Bucareli, en La Viga.

La flor más bella del ejido era parte de un proyecto más amplio de recuperación e integración de la población indígena al proyecto nacional dominante que de alguna manera requería mantener figuras de relación con la tierra vinculadas a formas tradicionales de propiedad colectiva. Actualmente, tanto La flor más bella del ejido, como el ejido mismo, representan elementos económicos y socioculturales en extinción.

Las leyendas

El estudio de las leyendas estimula la reflexión interdisciplinaria y en efecto encontramos involucrados en este tema distintos tipos de saberes, tales como la antropología, la etnología, la historia, la literatura, la sociología, el psicoanálisis.

El acercamiento a la leyenda integra un abanico amplio de aspectos de índole mítica, mágica, religiosa, lúdica, folclórica, lo que refleja tanto su diversidad temática como su plasticidad comunicativa.

Siempre inserta en el marco de una cultura, la leyenda revela creencias pretéritas que tienen el atributo de reproducirse (y en ocasiones de actualizarse) mediante diferentes vías tanto escritas como orales (Bustos Tovar, 1989).

Pero las leyendas en general se reproducen oralmente en los espacios de la ficción. Son creaciones de carácter colectivo y encuentran en el anonimato una modalidad idónea para legitimarse, aunque originariamente su formulación puede ser atribuida a grupos de personas cuyos discursos son ubicados en un pasado lejano, lo que hace con que sus autores devengan desconocidos.

Nos parece que la siguiente definición de leyenda tiene el mérito de conceptuar un fenómeno complejo con un grado elevado de precisión:

> "la leyenda [...] es una narración popular con un contenido imaginario objetivamente incierto, que es presentado en forma de explicación simple, como si realmente hubiera ocurrido" (Ranke, citado por Velasco, 1989:116).

En la Sementera de las Flores se cuentan viejos relatos y leyendas que mantienen su función de refrendo de ciertos valores sociales. Explorar las leyendas y fantasías de los xochimilcas, es acercarse a un mundo simbólico de extraordinaria riqueza. Su memoria social es abundante en relatos maravillosos como el de los sabios de Chililco, quienes además de tener conocimientos de herbolaria, podían transportar enormes rocas. Estos sabios se montaban sobre las piedras y les ordenaban que volaran hacia el sitio que ellos les indicaban, procedimiento mediante el cual se construyó la iglesia de San Bernardino de Siena. A su vez, las Cihuateteo son mujeres fantasmagóricas con garras en manos y pies, a quienes se puede alejar lanzándoles maldiciones. O la Mictlancihuatl, esposa de Mictlantecutli, el señor del inframundo. Mujer de gran belleza y formas voluptuosas, quien caminando o viajando en alguna canoa por los ríos, acalotes o en el lago mismo, sorprende y cautiva a los despistados xochimilcas que se dejan cautivar por su belleza. Su larga cabellera contrasta bajo los rayos lunares con la blancura de su vestido, y de esta manera, la Mictlancihuatl logra llevar consigo a los hombres; ejerce la seducción para encender súbitos deseos y llevarse a los hombres al mundo de los muertos.[11]

Xochimilco también cuenta con historias de aparecidos, de demonios que se presentaban vestidos de charros o catrines. Figuras que, como el Charro Negro, representan las fatalidades asociadas a los amores súbitos con algún extranjero y refrendan la conseja: "más vale malo por conocido que bueno por conocer". Entre las leyendas de la región destaca la del cincuate, reptil con escamas amarillentas y negras que duerme a las mujeres con su vaho y toma la leche de sus senos al tiempo que mete la cola en la boca de los niños para que no lloren, por lo cual se les espanta quemando cuernos de toro o venas de chile debido a que el humo picante les afecta. El cincuate es una figura que alerta contra el descuido de los pequeños y que destaca la necesidad de vigilancia de los padres frente a los peligros que los niños enfrentan.

[11] Para una visión más amplia de las leyendas de Xochimilco, véase el trabajo de Rodolfo Cordero López, *Mitos y leyendas de Xochimilco*, *op. cit.*

La presencia de leyendas en las entrevistas recabadas en Xochimilco nos causó cierta sorpresa. En vez de considerar este tema como marginal, hemos optado por incluirlo en el texto a título de ilustración de la riqueza del imaginario colectivo de los lugareños. En la etapa de organización de los materiales, aun con la dificultad patente de proveernos de bibliografía sobre la leyenda mexicana, aprendimos que las referencias recabadas –por cierto escasas– no pueden circunscribirse al ámbito local. Ellas se remiten a contextos más amplios que el xochimilca.

Cuadro XXIV

Las leyendas

Nuestras tradiciones han pasado de boca en boca. Existe un personaje que se llama Pancho Nahual y te voy a platicar textualmente como me lo platicó mi abuelo. Pancho Nahual era un mediero [...]. Mi abuelo [...] tenía medieros [...] entonces el mediero decía que era nahual [...]. De esos nahuales también platican de un cerdo que salía aquí en las vías del tren El Torito [...]. Hay dos, tres personajes muy importantes en cuanto a las leyendas [...] la Mictlancihuatl, que era una mujer que los que llegaban a verla dicen que era muy bella [...] invitaba a los trasnochadores a noches de placer [...]. En una ocasión llegaron a ver a la Mictlancihuatl aquí en San Marcos en las Rosas [...]. Si algunos tuvieron alguna noche de placer con ella, murieron, pero también hay casos de gente que quedó muda y dos o tres días después se moría. La Tepencutli era una mujer parecida a la llorona [...]. Hay uno de aquí de San Marcos que no tendrá mucho que la vio; dice que era una mujer muy guapa [...]. A la gente que iba a lavar a la Noria le salía el Charro Negro, que se lleva a las muchachas más jóvenes y al poco tiempo regresaban pero ya eran ancianas [...]. El Charro Negro venía periódicamente, lo veían por aquí por la avenida México. (1)

La Tepencutli es una mujer guapísima [...] parece que pisa el suelo pero no es así ya que ella flota. Todo aquel que osa mirarle el rostro morirá de inmediato por el susto. Ya que su cara de ella es de mula horrorosa; se ve guapísima pero sólo si uno no le ve su cara porque si usted le ve su cara va a encontrar que es espantosa porque tiene cara de mula [...] sale porque mató a sus hijos o hizo desaparecer a sus hijos y Dios en castigo la manda penar por toda la inmensidad [...]. A mi hermano le salió cuando llegaba a su casa [...] cuando ya se dio cuenta que era algo irreal fuera de este mundo, como pudo, puso tierra de por medio aunque las fuerzas casi lo abandonaban del terror [...]. Ella vaga por todas las partes, no sólo en Xochimilco [...]. El Charro lo invitaba a fumar de su puro [...] don Juan salió despabrido [...]. El charro es alto, un hombre

CUADRO XXIV (*conclusión*)

hermoso con un cuerpo [...] varonil [...]. Se viste siempre de charro [...] tiene su botonadura de plata y monta un brioso corcel, Negro también. (9) El Charro Negro se viste de negro y plata, trae sombrero y es moreno con	bigotes negros, alto y flaco, seduce las jovencitas, las lleva, las lleva con él [...]. Dicen que es soltero. Que ninguna mujer lo satisface; busca y busca siempre, las enamora y las deja [...] Me consta que la gente lo ve seguido, con su sombrero camina por las calles. (6)

Elaborado con base en el tema 17 (leyendas). Abarca los relatos de las entrevistas 1, 6, 9.

Cabe no obstante destacar que las leyendas incluidas en el cuadro anterior son de naturaleza distinta de algunas integradas en el primer capítulo de este libro. Por ejemplo, la leyenda sobre las siete tribus migrantes (entre las cuales se encontraban los xochimilcas), venidas de un lugar situado al noroeste de la actual República mexicana y habitado por los nahuatlacas, se diferencia de las leyendas que integran el cuadro 25 porque las primeras se acercan de forma evidente a los mitos sobre el origen, aunque no tengan un carácter cosmogónico.

En el cuadro XXIV las leyendas, al remitirse a aparecidos (tanto hombres como mujeres) y a nahuales, tienen algo de misterio suprahumano, algo de matiz escatológico.

Bajo la denominación de criaturas maliciosas, en Weitlaner (1981:130) se reúnen relatos sobre "seres sobrenaturales de diversos atributos y funciones, y que van cambiando de nombre de acuerdo con el pueblo de su origen".

En los relatos (cuadro XXIV) aparecen referencias a dos "mujeres sobrenaturales": la Mictlancihuatl y la Tepencutli .

La Mictlancihuatl, en Robelo (1982: 267), es designada como la mujer de la mansión de los muertos, diosa del infierno, esposa de Mictlantecutli. A su vez Mictlantecutli es nombrado "el dios de la mansión de los muertos o del infierno" (Robelo, 1982: 267). Esta mujer en los relatos (cuadro XXIV) es descrita como "una mujer bella que invitaba a los trasnochadores a noches de placer". Además, según las entrevistas, tenía poderes maléficos, pues a los que seduce no les va bien; pueden hasta morirse. En Cordero (1992) encontramos una versión distinta de esta leyenda.

En relación con la Tepencutli, los únicos datos que disponemos hacen parte de los relatos. Lo que aparece relatado respecto a este personaje se refiere al hecho de que es parecida a la Llorona,[12] quien purga una pena por haber asesinado (o hecho desaparecer) a sus hijos e igual que la Mictlancihuatl, la Tepencutli seduce a los hombres. Sobre su apariencia de mujer guapa recae el misterio de la fealdad que significa una suerte de transformación monstruosa o más bien la capacidad que tiene de —al ser mirada— transfigurar su rostro en cara de animal.

Aparecen también referencias a nahuales que en el imaginario popular ameritan diferentes tipos de conceptuación. Robelo (1982: 278 y 279), por ejemplo, refiere lo siguiente: "en el concepto de los indios y de la gente de los campos, el nahualli (de donde se ha formado el aztequismo *nagual*) es un indio viejo de ojos encendidos, que sabe transformarse en perro lanudo, negro y feo, para correr los campos haciendo daños y maleficios". En los relatos (cuadro XXIV) se manifiestan otras designaciones de nahual, como por ejemplo el "Pancho Nahual" y "un cerdo que salía en las vías del tren".

Igualmente, en el bagaje cultural de los habitantes de Xochimilco existe la creencia en el Charro Negro, hombre hermoso de cuerpo varonil que seduce a las mujeres jóvenes, las cuales nunca satisfacen el deseo del charro, por lo que siempre anda en busca de ellas.

[12] En relación con la Llorona es conocido el hecho de que existen diversas versiones y múltiples y encontradas leyendas. En una recopilación de relatos Weitlaner (1981:146) que se ocupa de espacios muy distintos al que recabamos en nuestras entrevistas, hay referencias a la Llorona, que es incluida en la categoría de las "mujeres sobrenaturales". En este sentido afirma que en un relato, bajo un denominativo distinto del que encontramos en Xochimilco, la Matlacíuatl o sea "la llorona es descrita como una mujer que va por los caminos a media noche llorando y se aparece a los caminantes. No habla con ellos y las balas no la hieren".

VIII. CAPÍTULO FINAL

Más que aseveraciones conclusivas –pues tanto el tema como el espíritu del trabajo exigen flexibilidades que asuman el carácter perecedero de las conclusiones tajantes– en este capítulo final recalcamos aspectos que nos parece indispensable retener.

La mística popular incorpora actos vinculados al culto religioso o a la exaltación mística, así como relaciones polisémicas relacionadas con aspectos económicos, sociales, lúdicos, étnicos, identitarios y culturales.[1] Se encuentra fuertemente vinculada tanto con los rasgos culturales ricamente construidos desde posturas eclécticas (propios de nuestro país), como con la religión oficial. De esta manera, el conjunto de creencias, dogmas, normas de conducta y valores morales constitutivos de la religión dominante, adquieren dimensiones y formas específicas de concreción a través de la mediación situacional y su expresión en las prácticas cotidianas y extraordinarias de los pueblos.

La mística popular alude a formas específicas de relación humana con las divinidades, expresadas en actos, prácticas y ritos donde confluyen las religiosidades prehispánicas con el cristianismo, generando importantes formas de integración, rechazo, exclusión o asimilación, dentro de un complejo proceso inmerso en relaciones de poder.

La religión cristiana devino en religión oficial avalada por el poder; sin embargo, en la vida cotidiana la mística popular presentaba confrontaciones menos resueltas, pues en ella el catolicismo era integrado a la matriz cultural primaria de una

[1] Salvador Rodríguez Becerra, Introducción al libro de C. Álvarez Santaló, María de Jesús Buxó y S. Rodríguez Becerra (coords.), *La religiosidad popular: antropología e historia*, Barcelona, Anthropos, 1989.

población que mantenía importantes elementos de su religiosidad primigenia. La mística popular alude a relaciones sociales en las cuales sus detentadores no forman parte de los grupos dominantes, por lo cual también se construye y reconstruye en una estrecha interrelación entre las prácticas tradicionales y la normatividad oficial; entre sus hábitos y los procesos institucionalizados de socialización.

El análisis de la mística popular requiere ubicar los procesos estructurados y estructurantes inmersos en la reproducción de la cultura mística, su funcionalidad social, el valor que el grupo le atribuye y su importancia como elemento organizador del sentido de la vida.

La Iglesia oficial también ha realizado una integración selectiva de los elementos de la mística popular, a través de criterios diferenciados de evaluación sobre las prácticas religiosas de las culturas subalternas, destacando más que su grado de reconocimiento o de cercanía con el catolicismo, la posibilidad de integrarlas en una red de sentido acorde con éste. De acuerdo con Luis García, la relación armoniosa o conflictiva entre prácticas no católicas y éstas (espacio en el cual se construye el reconocimiento e integración o el rechazo y la adjetivación de "herejía" o "superstición"), no debe buscarse en el ámbito de las ideologías que sustentan las prácticas, sino en el del control y el poder social.[2]

La mística popular se ritualiza e incorpora símbolos que forman parte de la religión oficial (la cruz, el agua, el pan, el vino, etc.). Como toda forma de estructuración sociocultural, es heterogénea y posee connotaciones diferenciadas a partir de las características socioeconómicas, o las experiencias específicas de vida. Motivo por el cual presentan un peso relativizado en la cotidianidad, independientemente de que partan de referencias místicas comunes expresadas en prácticas y acciones ordenadoras de la vida, pues viven un tiempo concreto, determinado por sus prácticas y acciones y no un tiempo cronológico.

El suyo es un tiempo que se materializa en acontecimientos diferenciados, tales como fiestas, ciclos de cosecha, o efe-

[2] José Luis García García, "El contexto de la religiosidad popular", en Álvarez *et al.*, *op. cit.*

mérides; es por ello que los intermediarios con la divinidad son vicarios vinculados con la vida cotidiana. A estos santos se les solicita fecundidad (en la mujer, los animales, y en la producción agrícola), salud, y apoyo para sus muertos; se les rinde culto y se les ofrecen reconocimientos y exvotos a cambio de favores y milagros.[3]

En la mística popular, la presencia de las divinidades y las almas de los muertos en la vida terrenal es un elemento recurrente que se realiza a través de milagros que son constancia de la intervención divina que en forma directa o mediante vicarios y santos, participan como mediadores entre Dios y los seres humanos, mientras que los muertos se presentan como "aparecidos", nahuales, y otras representaciones populares.

Las tradiciones xochimilcas son parte fundamental del proceso de conservación de su identidad. Éste abreva de una memoria social que se reproduce en los espacios cotidianos de interacciones íntimas en donde la familia, en su connotación amplia, cumple un papel fundamental como productora y reproductora de pautas culturales tradicionales.

La importancia que los pueblos prehispánicos otorgaban a la memoria y a su cultivo (según ya hemos mencionado), prosigue en el periodo reciente. Las preocupaciones actuales por mantener esfuerzos y medidas que preserven la memoria se derivan de considerarla como recurso para el sustento grupal. En efecto, en Xochimilco se ha conservado esta preocupación enmarcada en importantes esfuerzos por mantener tanto los referentes fundadores como otros más actuales.

[3] Salvador Rodríguez Becerra define al exvoto como un objeto ofrecido a Dios, la Virgen o los santos, como resultado de una promesa y de un favor recibido. Es un favor materizalizado en un objeto y ha de ser público (haciendo constar circunstancia y datos que permitan conocer la acción benefactora). El exvoto se elabora para ser expuesto en los altares de las imágenes benefactoras, debe tener relación con la persona que ha recibido el favor y el suceso portentoso que lo motiva; asimismo, describe el hecho milagroso y los datos personales del beneficiario. Rodríguez distingue entre el exvoto narrativo, en donde se describen las razones por las cuales la persona solicitó el apoyo divino y el exvoto simbólico, que es un objeto material que representa o simboliza la acción milagrosa. Véase Salvador Rodríguez Becerra, *Formas de la religiosidad popular. El exvoto: su valor histórico y etnográfico*, en Álvarez, Buxó y Rodríguez (coords.), *op. cit.*

Entre estos esfuerzos se cuenta:

a) la iniciativa del Archivo Histórico de Xochimilco, que desde el 11 de agosto de 1983 hasta 1987 editó el boletín *Huetzalin*, que reúne un valioso acervo de materiales de suma utilidad para la detección de elementos relevantes de las creencias y mitos que permean la vida cotidiana de Xochimilco y también de los relatos más importantes de la región;

b) la existencia de una persona (don Farías Galindo) encargada de hacer la crónica de Xochimilco;

c) la organización de la biblioteca especial sobre Xochimilco en la UAM Xochimilco; y

d) la edición reciente del boletín *Historia de Xochimilco* por el Patronato del Parque.

Uno de los recursos fundamentales de esta reproducción cultural popular es la tradición oral vía relatos, mediante la cual los viejos comparten sus saberes, mitos, creencias y leyendas.

Los relatos narrados por la gente de Xochimilco no pueden ser considerados como "historia" pues constituyen vivencias[4] que se nutren de la creatividad de los sujetos (individuales o colectivos), quienes ordenan sus experiencias, sus recuerdos, sin un referente cronológico preciso y al margen de los métodos usualmente utilizados para hacer la historia.

Los relatos encuentran en la tradición oral tanto el vehículo de las experiencias pasadas como el medio idóneo para su reproducción. Esta tradición se preserva y se transmite por medio de instancias-personas que tienen credibilidad y reconocimiento social del grupo, como por ejemplo los ancianos, los contadores de historia, que en su función de "transmisores" constituyen en verdad la condición *sine qua non* de la tradición oral.

Los "portadores de memoria" (Giménez, 1978, p. 8) memorizan y divulgan materiales de muy distinta naturaleza como leyendas, relatos míticos, proverbios, poemas, canciones.

Estos materiales son fuentes indispensables tanto para la construcción de la memoria como para su reproducción y arraigo en la vida cotidiana.

[4] Luis Villoro (1994) plantea que sería más bien una manera específica de hacer historia. Mientras que para Villar (1981) el relato, al encerrar aspectos subjetivos en su eleboración, no registra acontecimientos, los construye.

Hay que reconocer que la tradición oral se encuentra circunscrita a determinados espacios, pero se niega a sucumbir frente a la competencia de relatos producidos en televisión, videos, computadoras, radio. De hecho, en Xochimilco existe un sinnúmero de narraciones que circulan en forma escrita, recopiladas por cronistas, maestros, y en fin, por personas cuyo propósito es preservar la tradición.

En este sentido podemos pensar que la tradición de un grupo se recrea mediante varias instancias de interacción entre las que –además de los relatos– sobresale el ritual religioso. Se trata de un acontecimiento selectivo que tiene capacidad de generar y reproducir información con significados colectivos que rescatan el pasado con el fin de integrarlo a la cotidianidad.

A través de la transmisión oral y los hábitos grupales, como tradiciones que expresan prácticas reiteradas cargadas simbólicamente, se reproducen creencias, valores, normatividades y conductas que no pasan por el filtro homogeneizante de las instituciones sociales dominantes. Lo anterior se produce dentro de un complejo e interactuante proceso que se establece entre la cultura dominante u oficial y las culturas subalternas o populares.

Como hemos observado para el caso de Xochimilco, los mitos y referentes fundadores cumplen un papel central en la adscripción a la comunidad imaginaria xochimilca; proceso en el cual se establece una reconstrucción y recuperación selectiva de la historia con el fin de fortalecer –a través de un origen compartido– rasgos fundamentales que permitan la actualización y refrendo de esa identidad colectiva. Es la reconstrucción histórica que incorpora, reconstruye o inventa denominadores comunes que también aluden a referencias míticas; es por ello que Levi-Strauss señala que una historia lúcida deberá confesar que jamás escapa del todo a la naturaleza del mito.[5]

La vida social y el mantenimiento de las identidades culturales profundas necesitan cultivar la memoria colectiva como recurso de identificación y continuidad entre pasado, presente y futuro. Sin embargo, la memoria popular, a pesar de que

[5] Claude Levi-Strauss, *Mitológicas*, México, FCE, 1968.

posee múltiples referentes compartidos con la historia oficial, frecuentemente discurre por caminos diferentes.

Los hábitos se expresan en la repetición de actos que se reconocen como costumbres grupales en las cuales se conforma la reproducción cultural constituyendo tradiciones o costumbres populares. Tales tradiciones y costumbres populares se reproducen por fuera de los canales institucionales de la sociedad global y en ellas la familia y las redes de relaciones cotidianas tienen una importancia central, diferenciándose de los papeles sociales que se configuran y fortalecen prioritariamente a través de las instituciones dominantes.[6]

Los mitos fundadores contribuyen a la conformación de los elementos de identidad común, creencias compartidas, orden significativo y referentes culturales colectivos. La comprensión de los mitos y leyendas requiere de ubicarlos dentro de un campo relacional en donde actúan mediaciones que participan en el proceso de producción del sentido de la vida e inciden a través de múltiples eventos cotidianos y ritualizados (fiestas, posadas, peregrinaciones, cultos, etc.) en la vida económica, social y cultural.

Los elementos señalados constituyen una parte esencial de la dinámica social y simbólica dentro de la cual se reproducen las identidades culturales de los xochimilcas. Los mitos, las leyendas, los referentes comunes, los sitios y eventos fundadores o las fiestas y actos de culto, forman parte fundamental de la configuración de una mística popular que se inscribe dentro de redes de relaciones económicas y sociales, así como de poder, desde las cuales se produce y reproduce su identidad cultural.

El análisis de las festividades implica el verlas también como un sistema de signos. En relación con las fiestas y los rituales en ellas implicados, hay más bien que hacer caso a su funcionamiento y sentido. Es preferible, en determinadas circunstancias, hablar de funcionamiento y no exactamente de función porque el funcionamiento de la fiesta y de los rituales en ella implicados son irreductibles a la función social que

[6] Véase Berger y Luckmann, *La construcción social de la realidad*, Buenos Aires, Amorrortu, 1989.

pueda tener, independientemente de la importancia que ésta tenga.

Pero en las prácticas sociales que involucran rituales, y por lo tanto signos, el sentido casi siempre se remite a la función: se hacen ofrendas para que la cosecha esté garantizada, se lleva el Niñopan a la casa de los enfermos para curar, etcétera.

La función de las fiestas es tal vez lo más aparente; esconde las modalidades implicadas en su funcionamiento, irremediablemente enmarcado en relaciones densas que se remiten –en sentido amplio– al contenido del símbolo, cuya interpretación variará según las pautas derivadas de los procesos hermenéuticos (tanto individuales como grupales) y de su naturaleza. Además, parte del funcionamiento de las fiestas, son los elementos que vinculan cada signo del ritual con el objeto simbolizado. Es de este conjunto de relaciones que surge el sentido; exactamente por no ser de índole fenoménica, tanto el funcionamiento como el sentido se ocultan. Es tarea de los que estudian la cultura –y en su caso las fiestas religiosas– hacerlos visibles.

El *sentido* de la festividad puede ser considerado como el efecto del funcionamiento de los signos que la constituyen. Las fiestas que hemos examinado a partir de algunos de sus componentes, constituyen un sistema de signos. Aunque signos y fiestas no sean categorías mutuamente reductibles, las fiestas, por encerrar sistemas de signos, son portadoras de sentido (aunque puedan no tener una "función socioeconómica").

La *imagen* del Niñopan por ejemplo, es una réplica del símbolo: sintetiza los elementos simbólicos fijados en el Niñopan, tomado no como una materialidad que se expresa en su imagen, sino como el conjunto de creencias, actos de fe, etc. Este conjunto de inmaterialidades toma la forma empírica de una imagen, pero va mucho más allá de tal objetivación, pues en el fondo "objetiviza" cosas "inobjetivizables", como por ejemplo las creencias. Es decir, un signo (la imagen) guarda vínculos icónicos con lo que representa (el Niñopan, por ejemplo, no podría ser representado por la imagen de una niña) y también vínculos simbólicos. Estos últimos son los que caracterizan a un signo, diferenciándolo de otro.

Para precisar un poco más lo antes dicho y usando un término que adopta García Canclini (1989), podemos afirmar que el sentido de un signo tiene una forma hojaldrada[7] porque se constituye mediante la superposición de varios sentidos y significados. Es este proceso el que fija los varios sentidos de la fiesta (tomada como un sistema de signos) que por esta razón pasan a ser percibidos como atributos inherentes o reglas naturales. Por eso los xochimilcas dicen "así es [...], lo hacemos según la tradición".

De esta manera, las personas que entrevistamos en Xochimilco se refieren a hábitos y costumbres, categorías que se reportan al acervo de herencias culturales transmitidas de generación en generación. Tales herencias implican también la transmisión de los modos de nombrar las cosas, justamente porque se remiten a una simbología igualmente transmisible, lo mismo confiere contenido sustantivo a lo que se nombra que ayuda a fijar pautas culturales socialmente construidas que se expresan en el *savoir faire*.

México, octubre de 1995

[7] Para referirse a figuras similiares, Habermas usa la metáfora a "múltiples capas".

BIBLIOGRAFÍA

Aguilar, J., *Las chinampas. Una técnica agrícola muy productiva*, México, Cántaro, 1987.

Alvarado Tezozómoc, Fernando, "Crónica Mexicáyotl", Salvador Novo (comp.), *Seis siglos de la ciudad de México*, México, Fondo de Cultura Económica, 1974.

Álvarez Santaló, C., María de Jesús Buxó y S. Rodríguez Becerra (coords.), *La religiosidad popular: antropología e historia*, Barcelona, Anthropos, 1989.

Alzate y Ramírez, José Antonio, *Gacetas de Literatura*, 4 t., Puebla, Oficinas del Hospital de San Pedro, 1831.

Appendini, Kirsten, Carolina Martínez, Rosa Ma. Rubalcava, Vania Salles, Ma. Luisa Tarrés, Ma. Luisa Torregrosa, José Manuel Valenzuela, *Érase una vez un gran lago*, México, Centro de Estudios Sociológicos, El Colegio de México, 1983.

Ariès, Philippe, "Culture orale et culture écrite", B. Plongeron y R. Pannet (coords.), *Le Christianisme populaire*, París, 1976.

Arizpe, Lourdes, "Reproducción social y migración campesina", *Cuadernos del* CES, México, El Colegio de México, 1976.

Armillas, Pedro, "Gardens on Swamps", *Science*, 174, 4010: 653-661, 1971.

Bekelson, B., *Content analysis in communication research*, Illinois University Press, Illinois, 1971.

Berger, Peter, *The sacred canopy. Elements of a Sociological Theory of Religion*, Nueva York, Anchor Books, 1990.

——— y Luckmann, *La construcción social de la realidad*, Buenos Aires, Amorrortu Editores, 1989.

Berman, Marshall, *Tudo o que é sólido se volatiliza no ar*, Río de Janeiro, Paz e Terra, 1990.

Bertaux, N., "L'approche biographique: sa validité méthodologique, ses potentialités", en *Cahiers Internationaux de Sociologie*, vol. LXIX, Paris, 1993.

Blancarte, Roberto, "Fortalecimiento del México secular", *Este País*, núm. 3, junio de 1991.

_____, "Modernidad, secularización y religión; la Iglesia católica, el Estado y la sociedad mexicana en el umbral del siglo XXI", José Blanco y José Woldenberg (comps.), *México a fines de siglo*, México, CNCA/FCE, 1993.

Bustos Tovar, José Jesús, "Presentación", en *Actas del coloquio celebrado en la Casa de Velázquez: La leyenda, antropología, historia y literatura*, Ed. Casa de Velázquez/Universidad Complutense, Madrid, 1989.

Canabal, Beatriz, Pablo Alberto Torres y Gilberto Burela, "Agricultura y empleo en el Distrito Federal, el caso de Xochimilco", en *Argumentos*, núm. 6, México, UAM-Xochimilco, México, 1989.

Carabias, Julia y Teresa Valverde, "Ambiente y deterioro en la historia de México", en José Joaquín Blanco y José Woldenberg (comps.), *México a fines de siglo*, t. I, México, FCE, 1993.

Casillas, Rodolfo, "Pluralidad religiosa en una sociedad tradicional" (ed. mimeo), México, 1989.

Cazeneuve, Jean, *Sociología del rito*, Buenos Aires, Amorrortu, 1972.

Cihuacóatl, A.C., "Xochimilco: una ciudad típica del México de ayer y de hoy", mimeo., agosto de 1974.

Concha Malo, Miguel, "La Virgen de Guadalupe y el nacionalismo mexicano desde las clases populares", varios autores, *Hacia el nuevo milenio: estudios sobre mesianismo, identidad nacional y socialismo*, vol. I, México, UAM, 1986.

Cordero, Sergio, "Xochimilco", *Huetzalin*, núm. 7, México, 1985.

Cordero López, Rodolfo, *Mitos y leyendas de Xochimilco*, México, Centro de Información y Documentación Específico de Xochimilco, 1992.

_____. *El Niñopa. Creación costumbrista de Xochimilco*, Edamex, México, 1995.

De Alzate y Ramírez, José Antonio, "Memoria sobre agricultura" (1791), en Teresa Rojas (comp.), *La agricultura chinampera, 1983.*

Del Val, José, *Hacia el nuevo milenio*, UAM, México, 1991.

De la Peña, Guillermo y René de la Torre, "Religión y política en los barrios populares de Guadalajara", *Estudios Sociológicos*, núm. 24, 1990.

De Olmos, Andrés, *Huetzalin*, núm. 4, año 1, 1 de junio de 1984.

De Torquemada, Juan, *Monarquía Indiana, De los veinte y un libros rituales y monarquía indiana, con el origen y guerras de los indios occidentales de sus poblazones, descubrimiento, conquista, conversión y otras cosas maravillosas de la mesma tierra*, vols. II y V, México, UNAM, 1975.

De San Antón, Domingo Francisco Chimalpahin Cuauhtlehuanitzin, "La fundación de México", Salvador Novo (comp.), 1974.

Delegación de Milpa Alta, *Datos y estudios sobre la delegación*, México, 1986.

Díaz del Castillo, Bernal, *Historia verdadera de la conquista de la Nueva España*, México, Patria, 1983.
Durkheim, Émile, *Les formes élementaires de la vie religieuse*, París, Presses Universitaires de France, 1960.
Eco, Umberto, *Carnaval*, México, FCE, 1992.
Eguiluz, M., "Reflexiones sobre el Distrito Federal", mimeo., Delegación de Milpa Alta, 1972, México.
Escobar, Susana, "Descripción del trabajo agrícola chinampero"; Varios autores, *Por la regeneración de Xochimilco*, México, Ed. GEA, 1989.
Farías Galindo, José, "Historia y arqueología de la chinampa", varios autores, *Por la regeneración de Xochimilco*, México, Ed. GEA, 1989.
_____, "Nuevos enfoques para la historia de Xochimilco", *Huetzalin*, 1979.
Federico, Teresa, "Xochimilco: la tradición que se niega a sucumbir", *Acta Sociológica*, núm. 1, 1991.
Figueroa, Alejandro, "Identidad étnica y persistencia cultural", tesis doctoral, El Colegio de México, México, 1993.
Freud, Sigmund, *Tótem y tabú*, Alianza Editorial, 1980.
García, Brígida, Orlandina de Oliveira, y Humberto Muñoz, *Hogares y trabajadores*, El Colegio de México, México, 1980.
García Canclini, Néstor, "Culturas híbridas", *Telos*, núm. 19, Madrid, 1989.
García García, José Luis, "El contexto de la religiosidad popular", en Álvarez, Buxó y Rodríguez (coords.), 1989.
Garza, Gustavo, "La ciudad de México como centro comercial e industrial en el siglo XIX" en Gustavo Garza (comp.), *Atlas de la ciudad de México*. El Colegio de México, México, 1989
Geertz, Clifford, *La interpretación de las culturas*, México, Gedisa, 1993.
Giménez, Gilberto, *Cultura popular y religión en el Anáhuac*, México, Centro de Estudios Ecuménicos, 1978.
Gibson, Charles, *Los aztecas bajo el dominio español (1519-1810)*, México, Siglo XXI, 1967.
González-Martínez, Alfonso, "Xochimilco: la salvación de las aguas", *México Indígena*, núm. 38, 1991.
Guerrero, Luis José, "Entre la vida pública y la privada, religión y cultura en México", *Renglones*, año 8, diciembre 92, marzo 93, 1993.
Graizbord, Boris y Héctor Salazar, "Expansión física de la Cd. de México" en Gustavo Garza (comp.), *Atlas de la ciudad de México*.
Grupo de Estudios Ambientales (GEA) y Fundación Friedrich Ebert, *Plan para la regeneración ecológica y el desarrollo de la cuenca hidrológica de Xochimilco*, Alfonso González Martínez, (coord.), GEA, México, 1990.

Habermas, Jürgen, *Pensamiento postmetafísico*, México, Taurus, 1990.
_____, *Teoría de la acción comunicativa*, t. I, Taurus Barcelona, 1990.
Historia de Xochimilco, México, editados por el Patronato del Parque Ecológico de Xochimilco, s/f.
Horcasitas, Isabel, "Los indígenas del D.F.", *Acta Sociológica*, México, núm. 1, 1991.
Huetzalin, núm. 4, año 1, 1 de junio de 1984.
_____, núm. 13, 1 de marzo de 1985.
INEGI, *Xochimilco: Cuaderno de información básica delegacional*, México, DDF, 1991.
———, *Resultados oportunos del Distrito Federal. Censos Económicos*, México, 1986.
Jelin, Elizabeth, *"Pan y afectos"*, s/f, memo., Buenos Aires, CEDES.
Jiménez, Juan, Teresa Rojas, Silvia del Amo y Arturo Gómez Pompa, "Conclusiones y recomendaciones del taller", en Teresa Rojas (coord.), *Presente, pasado y futuro de las chinampas*, México, CIESAS/Patronato del Parque Ecológico de Xochimilco, 1995.
Lafaye, J., *Quetzalcóatl y Guadalupe: La formación de la conciencia nacional en México*, México, FCE, 1977.
Le Goff, Jacques, *Pensar la historia: modernidad, presente, progreso*, Barcelona, Paidós, 1991.
León Portilla, Miguel, *Visión de los vencidos: Relaciones indígenas de la conquista*, México, UNAM, 1989.
Levi-Strauss, Claude *Mitológicas*, México, FCE, 1968.
Lomnitz, Claudio, "Concepts for the Study of Regional Culture", manuscrito inédito.
López Medina, Irene, "Xochimilco prehispánico: (866-1196 d.C.)", *Huetzalin*.
López de Medina, Inés, *Huetzalin*. Xochimilco, México (varios años)
Madsen, Willian, *The Virgin's Child. Life in an Aztec Village Today*, Austin, 1960.
Mauss, M., *Sociología y Antropología*, Tecnos, Madrid, 1979.
Mecatl, José Luis, "La agricultura chinampera y los campesinos", mimeo., CES, s/f.
Monsiváis, Carlos *et al.*, *Hacia el fin del milenio*, México, UAM-Iztapalapa, 1991.
Novo, Salvador (comp.), *Seis siglos de la ciudad de México*, México, Fondo de Cultura Económica, 1974.
Ochoa, J., *La Jornada*, 16 de enero, 1990.
Palerm, A., *México prehispánico. Evolución ecológica del Valle de México*, México, Consejo Nacional para la Cultura y las Artes, 1990.
Parsons, Jeffrey, "The role of chinampa agriculture in the food supply of Aztec Tenochtitlan", *Culture and Continuity, Essays in honor of James B. Griffin*, Nueva York, Academic Press, 1976.

_____, "Prehispanic settlement patterns in the southern Valley of Mexico. The Chalco-Xochimilco Region", *Memoirs of the Museum of Anthropology*, 14, Universidad de Míchigan, 1982.

Passanante, Antonio, *Hacia el nuevo milenio*, México, UAM, 1992.

Plongeron, B. y R. Pannet (coords.), *Le christianisme populaire*, París, 1976.

Portal, María Ana, *Ciudadanos desde el pueblo. Práctica religiosa e identidad urbana*, UAM-I/Conaculta, 1995 (en prensa).

Ramos, Rebeca, Ludka de Gortari y Juan Manuel Pérez, *Xochimilco en el siglo XVI*, México, CIESAS, Cuadernos de la Casa Chata núm. 40, 1981.

Rescate, 10 de diciembre de 1990.

Reyes H., Alfonso, *Xochimilco*, DDF y Comisión Coordinadora para el Desarrollo Agropecuario del Distrito Federal, México, 1982.

Robelo, Cecilio, *Diccionario de mitología nahoa*, Porrúa, México, 1982.

Rodríguez Becerra, Salvador, Introducción al libro de C. Álvarez Santaló, María de Jesús Buxó y S. Rodríguez Becerra (coords.), *La religiosidad popular: antropología e historia*, Barcelona, Anthropos, 1989.

_____, "Formas de religiosidad popular. El exvoto: su valor histórico y etnográfico", Álvarez, Buxó y Rodríguez (coords.), 1989.

Rojas, Teresa (comp.), *La agricultura chinampera, compilación histórica*, México, Universidad de Chapingo, 1983.

Romanini, Claudio, *Ecotecnias para el trópico húmedo*, México, Centro de Ecodesarrollo, 1981.

_____, *Agricultura tropical en tierras ganaderas. Alternativas viables*, México, Centro de Ecodesarrollo, 1981.

Salles, Vania, "Cuando hablamos de familia ¿de qué familia estamos hablando?", *Nueva Antropología*, núm. 39, México, 1991.

Salles, Vania (coord.), *Érase una vez un gran lago*. Informe del proyecto UNRISD/Colmex, México, 1993.

_____, "Las familias, las culturas, las identidades", José Manuel Valenzuela (comp.), *Decadencia y auge de las identidades*, Tijuana, 1992.

_____ y José Manuel Valenzuela, "Acerca de la interpretación" mimeo, CES, El Colegio de México, México,1990.

Sánchez Nava, Pedro Francisco, "La importancia de las chinampas en la fundación y desarrollo de México-Tenochtitlan", varios autores, *Por la regeneración de Xochimilco*, México, GEA, 1989.

Sanders, William, "El lago y el volcán", Teresa Rojas (comp.), 1983.

Santamaría, Miguel, "Las chinampas del Distrito Federal", Teresa Rojas (comp.), 1983.

Schteingart, Martha, *El proceso de estructuración del espacio en el área metropolitana de la ciudad de México*, México, Delegación Venustiano Carranza, 1978.

Scilling, Elizabeth, (1938), "Los jardines flotantes de Xochimilco", en Teresa Rojas (comp.), 1983.

Stephen-Otto, Erwin, "Recreación del pasado, presente y futuro del hombre y las chinampas", en Teresa Rojas (comp.), *Presente, pasado y futuro de las chinampas*, México, CIESAS/Patronato del Parque Ecológico de Xochimilco, 1995.

Thomas, L.V., *Antropología de la muerte*, Fondo de Cultura Económica, México, 1983.

Tylor, Edward B. (1861), "Fragmento sobre las chinampas", Teresa Rojas (comp.), 1983.

Valenzuela, José Manuel, "Los referentes fundadores", en Vania Salles (coord.), *Érase una vez un gran lago*, Informe de proyecto, UNRISD/Colmex, México, 1993.

_____, *Decadencia y auge de las identidades*, El Colegio de la Frontera Norte, México, 1992.

_____, "El color de las sombras: Identidad cultural y la acción social de la población de origen mexicano en Estados Unidos", El Colegio de la Frontera Norte, México, 1993.

Varios autores, *Hacia el nuevo milenio: estudios sobre mesianismo, identidad nacional y socialismo*, vol. I, México, UAM, 1986.

Velasco, Honorio, "Leyendas y vinculaciones", *Actas del Coloquio celebrado en la casa de Velázquez: La leyenda, antropología, historia y literatura*, Casa de Velázquez, Universidad Complutense, Madrid, 1989.

Vera, Ramón, "Xochimilco. Este horizonte chinampero", *México Indígena*, núm. 38, 1991.

Vernik, Esteban, "Mirando los políticos por televisión", mimeo, CES, El Colegio de México, 1992.

Vincent Thomas, Louis, *La muerte: una lectura cultural*, Barcelona, Paidós, 1991.

Weber, Méx, *Economía y Sociedad*, Fondo de Cultura Económica, México, 1981.

Weitlaner, R., *Relatos, mitos y leyendas de la Xinantla*, Instituto Nacional Indigenista (INI), México, 1981.

West, Robert y Pedro Armillas (1959), "Las chinampas de México. Poesía y realidad de los jardines flotantes", Teresa Rojas (comp.), 1983.

Wilken, Gene C., *Traditional agriculture, ressource management in Mexico and Central America*, Berkley California, University of California, 1990.

Zamora Acosta, Elías, "Aproximación a la religiosidad popular en el mundo urbano: el culto a los santos en la ciudad de Sevilla", Teresa Rojas (comp.),1983.

En muchos lugares y todos los días
se terminó de imprimir en noviembre de 1997 en
Corporación Industrial Gráfica, S.A. de C.V.,
Cerro Tres Marías núm. 354, 04200 México, D.F.
Composición tipográfica y formación:
Grupo Edición, S.A. de C.V.
Se tiraron 1 000 ejemplares más sobrantes
para reposición. La edición estuvo al
cuidado de Armando Castellanos y el Departamento
de Publicaciones de El Colegio de México.